「幸せ」の戦後史

菊地史彦
Kikuchi Fumihiko

トランスビュー
TRANSVIEW

「幸せ」の戦後史＊目次

第Ⅲ部　アメリカの夢と影——労働・消費・文芸

エピローグ　392

装幀　菊地信義

「幸せ」の戦後史

幸せは空の上に

（「上を向いて歩こう」作詞・永六輔／作曲・中村八大）

序章　〈社会意識〉とは何か

一　フルサトの歌の変容

二〇一一年の大晦日、NHK紅白歌合戦の白組司会を務めた〝嵐〟は、彼らのオリジナル楽曲「ふるさと」を歌った。櫻井翔が、大震災で被災したが地元楽器店で修復されたピアノを演奏、多数の出場歌手が斉唱に参加した。また、ステージの背景には、同曲を歌う被災地の人々の映像も流された。

この曲は、前年の紅白歌合戦のために制作され、歌われた楽曲であったが、二〇一一年には二番の歌詞が新たに付け加えられた。作詞を担当した放送作家の小山薫堂は、一番にはない強い調子で「花も星も虹の橋もすべては心の中にある」と書いた。

この夜、嵐の他にも何人かの出演者が、〝フルサトの歌〟を選んだ。猪苗代湖ズの「I love you & I need you ふくしま」や西田敏行の「あの街に生まれて」といった新曲もあったが、北島三郎の「帰ろかな」、森進一の「港町ブルース」、五木ひろしの「ふるさと」、千昌夫の「北国の春」、石川さゆりの「津軽海峡・冬景色」など往年のヒット曲が、犠牲者への悼みと失われたフルサトへの思いを重ねて歌われた。

戦後、この国で歌われた〝フルサトの歌〟には、二つの転換点がある。最初の転換点は、一九五〇年代の半ばから六〇年代初頭にかけての時期である。地方から大都市圏へ大量の人口が流入し始めると、彼らを主人公とする望郷の歌がいくつも生まれた。春日八郎の「別れの一本杉」(一九五五)、三橋美智也の「りんご村から」や「哀愁列車」(ともに一九五六)、島倉千代子の「逢いたいなァあの人に」(一九五七)などが代表作である。

これらの歌は高い頻度で、男女の別離をサブテーマに含んでいた。都会へ出た者が故郷の相手を思い、また逆に残された者が出郷した相手を思う。そこには、「惚れていながら」故郷を飛び出し、待っていると分かっていながら帰れない、というジレンマが埋めこまれていた。しかし、これらの戦後望郷歌謡は、戦前のそれらとは異なるニュアンスも持っていた。

社会学者の見田宗介によれば、戦前から敗戦直後まで望郷の心情は、出郷した者が都会の孤独を嘆くのが通例だった。ところが、五〇年代には、「ふるさとを離れてあることの孤独ではなく、ふるさとに取り残されてあることの孤独が歌われはじめる」(『近代日本の心情の歴史』、一九六七)。

たとえば「別れの一本杉」(曲・船村徹、詞・高野公男)では、村に残された赤い頬の娘が、東京に着いたら必ず便りをくれと男に訴えている。男は、彼女が適齢期を過ぎても自分を待っていると知りながら、帰ろうとしない。男は嘆いているが、聴き手に迫ってくるのは村の娘の孤独感の方だ。

実はこれらの望郷の歌と並行して、都会への憧れも多く歌われた。三浦洸一の「東京の人」(一九五六)、フランク永井の「東京午前三時」や「有楽町で逢いましょう」、コロムビア・ローズの

「東京のバスガール」（いずれも一九五七）などである。

つまり、郷愁は都会への憧れと同時に発生しているが、もはや故郷の暖かさは格別のものではなくなっていた。出郷者たちは、家族や恋人を残してきた心の痛みを感じてはいるものの、帰郷への強い動機を失っている。そこには、都会に出た者の優越感さえ滲んでいる。

戦後の望郷歌が戦前と違うのは、都会に出た者たちの成功確率が多少高まったからである。裸一貫で村を出てきた人々が、企業社会で一定の地位を占めたり、自力で一旗上げたりするような事態は、高度経済成長期にはまだあった成功物語である。

音楽評論家の北中正和は、「ふるさと歌謡」最後の傑作として「達者でナ」（三橋美智也、一九六〇）を挙げ、主人公の馬子《まご》は――都会の優位を認めるかのように――未練や悔恨を表明せず、町へ売られていく栗毛を、突き放すように送り出していると述べた。村の人々は、村の劣位を一種の断念をもって捉えるようになった。また村から出ていった人々も、いったんは村を忘れ、街の喧騒にまみれながら、「豊かな暮らし」のために寝食を忘れて働いた。故郷を懐かしんだり、残された者を気遣ったりする気持ちはしばし後景に退く。

二〇一一年の紅白歌合戦で歌われた北島の「帰ろかな」（一九六五）も、こうした望郷歌の流れを汲んでいる。ただ、当時最強のモダンコンビ、永六輔（作詞）と中村八大（作曲）は、「故郷のおふくろ」や「村のあの娘」などお決まりの要素を織り込みながら、北島の明るい声を生かして憂愁を取り除き、軽快な曲調に仕上げている。「達者でナ」と同様に、町と村の力関係はすでに決定的になり、歌の主人公も「やればやれそな東京暮らし」と自信を深めている。同時に、村は牧歌的な絵の中の世界のように理想化され、村の暮らしが抱える重苦しさを隠してしまっている。

次にもう一度、フルサトが歌われたのは、七〇年代の半ばである。人々は、高度経済成長が終わったあたりでもう一度、望郷という観念を思い出したらしい。

五木ひろしの「ふるさと」（一九七三）は、いうまでもなくこの時期の代表曲である。またフォークソングという新たなジャンルが、フルサトを採り上げたことも重要である。吉田拓郎の「夏休み」（一九七二）あたりがはしりで、山崎ハコの「望郷」（一九七五）や中島みゆきの「ホームにて」（一九七七）へと続く。

六〇年代を通して続いた世界的な経済成長は、七〇年代初頭に転機を迎えた。小休止の中で、郷愁が蘇った可能性はある。また自家用車を含めた交通手段の多様化が、帰郷をたやすくしたことも手伝っているだろう。しかし注目すべきは、これらの歌が、以前の望郷歌とは異なるトーンを持ったことである。

山口洋子（作詞）・平尾昌晃（作曲）のつくった五木の「ふるさと」は、汽笛が想起させる村祭りや独り身を守る恋人などにふれているものの、永・中村の「帰ろかな」と同様、このジャンルの歌の約束事以上のものではない。むしろ印象的なのは、「誰にも故郷はある」というサビの女性コーラスの方で、フルサトという〝普遍的な観念〟を強くアピールしていることだ。

名古屋生まれの山口も、新宿生まれで湘南育ちの平尾も村の人ではない。この二人がつくりだしたフルサトは、たぶん日本のどこかにありそうでどこにもない虚構のフルサトである。それは、五〇年代に出郷し、フルサトから遠ざかっていた人々には、却って都合のいいイメージだったかもしれない。人々は、距離が生まれた分、フルサトは〝誰にもある〟美しい場所へ転じてほしいと願ったのである。

一方、フルサトを歌う七〇年代のフォークソングは、一貫して「帰郷の不可能性」とでもいうべき観念の回りを巡っている。吉田拓郎の「夏休み」は、夏のフルサトの点景を回想しながら、それらが失われて戻らないことを自身に言い聞かせている。山崎ハコの「望郷」は明らかに、村を懐かしむ歌ではない。しかも都会（横浜）の欺瞞も見抜いている。田舎へ帰ろうかと迷いながら、帰るべき家はもう存在しないと言い切り、誰も言いださなかったこの真実を口にすることで、望郷歌の長く続いた「約束」を破ってしまっている。

中島の「ホームにて」は、フルサトそのものを歌うのではなく、そこへ向かう列車に乗り遅れるというシーンを借りて、「帰郷の不可能性」をもっとソフィスティケイトしたかたちで歌っている。フルサトへ向かう列車の中では乗客がさんざめいており、乗り遅れた自分はそこからはじかれている。だが、その列車が停車している駅は――詩人の天沢退二郎の連想によれば――どこか銀河鉄道の駅のように、この世のものならぬ気配を漂わせている。

つまり七〇年代の望郷歌も、〃フルサトには帰れない〃という一点で、五〇年代の望郷歌に通じている。しかし、歌われているフルサトはもうそこにはなく、失われている。帰りたくないのではなく、もう帰るところがない。五木の歌う「ふるさと」と山崎の歌う「望郷」は、別種の楽曲のようだが、フルサトに対する認識では共通している。それは「棄郷者」あるいは「無郷者」たちが、喪われたフルサトへ向ける視線なのだ。

一九七五年の十二月には、太田裕美のヒット曲「木綿のハンカチーフ」がリリースされている。望郷歌に加えるのは異例かもしれないが、この曲こそ、七〇年代の望郷歌に連なりながら、このジャンルそのものに引導を渡した歌であるといっていい。

「木綿のハンカチーフ」の曲は筒美京平、詞は松本隆が書いた。筒美はすでに飛ぶ鳥を落とす勢いだったが、ロックバンドの〝はっぴいえんど〟で日本語ロックの詞を書いていた松本は、歌謡界に進出したばかりだった。ついでにいえば、筒美が新宿区、松本が港区、太田が荒川区出身という、まぎれもない東京人たちによって送り出された曲である。

筒美の速度感と上昇感のあるメロディも秀逸だが、遠距離恋愛の関係にある若者たちの対話を、モノに託して組み立てた松本の詞は、今でも印象的である。よく知られているように、都会へ出ていった青年がしだいに街の暮らしになじみ、故郷の少女から遠ざかっていくという物語である。青年が少女への贈り物を申し出ると、彼女はなにもいらないと断る。二番の歌詞で具体的に指輪が贈与の候補に上がるが、彼女は彼の接吻が欲しいと応答する。三番では都会を闊歩するスーツ姿を自慢する青年に対し、少女は草に寝転ぶ彼の姿の方が好きだと言う。そして四番では、「帰れない」彼を断念する彼女が、別れの徴《しるし》として木綿のハンカチーフを要求する。詞の終結では、「ハンカチーフください」が二度繰り返される。

七〇年代後半、日本の大都市はすでに高度消費社会にさしかかっていた。青年はそこでモノを介して少女とのつながりを維持しようとするが、彼女はその欺瞞に気づいて拒む。しかし、彼が、彼女（と故郷）の引力圏からついに脱出したことを知ると、はじめてモノを求める。それが、「流行の指輪」ではない、ありふれた木綿の（絹でも麻でもない）ハンカチであるところに、この曲の対比構造の面白さがある。モノに対してモノで応じ、しかもズレをつくる。日本語歌詞の実験をやってきた松本が、歌謡曲の世界に持ち込んだ斬新な方法だった。

巷間伝えるところによれば、松本はボブ・ディランの「スペイン皮のブーツ」に着想を得たともいうが、男女の贈り物をめぐる掛け合いは類似しているものの、村の少女が青年に見せる、健気《けなげ》だが断固たる言葉つきは独特だ。少女の強い意志は何かを終わらせようとしている。詞の表層では、青年との甘やかな記憶からの決別だが、実は深いところで、望郷歌というジャンルそのものに別れを告げているように聞こえる。

松本の詞は、先に述べたように指輪とハンカチーフを対比的に提示しているが、この贈与をめぐるちぐはぐなやりとりは、意味深長である。指輪はいうまでもなく、未来の婚姻を約束する象徴である。青年のスーツは未来の社会的成功を予見する表徴である。二つの徴《しるし》は、男が村から街へ出て組織に仕え、その稼ぎで伴侶を迎え、家庭を営むに至る、昭和戦後のなじみ深い「上昇の物語」を語っている。

とすれば、少女が青年の提示する「未来」を決然と否定するのは、戦後日本のメジャーな物語の否定と等しい。松本は、出郷する恋人を想うストーリーを再現した上で、これが「最後」だと少女に言わせ、その系譜を自分自身で終了させたのである。

戦後の終わり――それは確かだが、ここにはもうひとつの絵が重なっている。

七〇年代の望郷歌は、「棄郷者」や「無郷者」によって生まれた。「棄郷者」や「無郷者」とは都会人である。彼らはすでに都市生活者として安定を得た者たちであり、相対的な優位に立つ者たちである。

松本は、ことさらに優位を主張しているわけではない、しかし、彼の〝微熱〟を帯びた都会的嗜好は、都会へ出た田舎の青年の高揚感をたしなめる方へ旋回している。彼は村の少女の側に立って、無知で軽薄でふらちな若者に警告を発しているのである。

都会の風俗に染まり、流行のスーツを纏《まと》って「愉快に過ごす」青年の行きつく先を、我々は知っている。その予感があるからこそ、少女の拒否は正当性を持っている。少女の視線には、純朴だった恋人を愛しむまなざしと、遅れて出ていった寄る辺ない若者を案ずるまなざしの両方がある。

さらにいえば、後者の案ずるまなざしには、ほんの少しだが、新参の出郷者に対する侮りが混入している。それは少女自身のものではない。不思議なことに、都会人の醒めた観察眼が少女のまなざしの中に転移し、混入しているのである。有頂天の青年に対するどこかシニカルな描写は、明らかにその反映である。

もちろん意図されたシニシズムではない。七〇年代に就職し、家庭を築いた団塊世代が大都市圏〈郊外〉を拡張していく中で、このマジョリティが生み出した〈社会意識〉に、ソングライターの方が対応しているのだ。この新都会人たちはすでに「棄郷者」であり、「無郷者」であるが、同時に「木枯らしのビル街」の過酷を知っている。わずかな優越感と大きな無力感の両方を携えた彼らは、村から来た青年の挫折を予感し、村の少女の別れの決意の方に共感したのである。★1

嵐が歌った「ふるさと」は、先に書いたように、二〇一〇年の紅白歌合戦で初めて披露され、翌年二番の歌詞が付け加えられた。望郷歌の定型的な要素は、すでに消えている。ムラの風物や待つ少女はもうそこにはいない。穏やかな自然と笑顔だけがある。フルサトと呼ばれるある種の記憶を語ってはいるものの、そこへ戻っていく手がかりは見えない。一番の歌詞には、「なつかしい匂いの町に帰りたくなる」とあるものの、その理由も動機も歌からは読み取れない。

しかし、二〇一一年三月十一日の出来事によって、本当にフルサトへ帰れなくなった人々にとって、この歌は別のリアリティを喚起することになった。根こそぎ押し流され、汚染されたフルサトには、もうかつての望郷歌を支えた風景がない。「なつかしい匂いの町に帰りたくなる」という歌詞は、二〇一一年の現実の中で、降り立つ場所さえ失ってしまったのである。

カタストロフィは、社会・経済システムの弱点を暴きだしてしまうものだが、併せてその時代の〈社会意識〉の姿を見せつけてくれる。「花も星も虹の橋もすべては心の中にある」という二番の歌詞は、慰藉《いしゃ》や希望をもたらすように見えて、実は強烈な断念を求めている。

二　社会意識論の方法

本書は、敗戦後から二〇一〇年代まで、六十余年にわたる日本の〈社会意識の変化〉を捉える試みである。

しょっぱなから流行歌を論じたが、このような文化現象や雇用慣行などの社会現象をひとつずつ辿りながら、変化の微かなあるいは明らかな兆候を見つけ、解析していくことで、昭和と平成を生きた人々がどのような「意識」を紡ぎながら、日常や現実や歴史に相対してきたかを考えてみたいのである。

そこへ入る前に、いくつかの前提や仮説を述べておきたいと思う。

まず〈社会意識〉というテーマについて触れておく。

この言葉は、内閣府の「社会意識に関する世論調査」によって比較的知られているし、見当をつけるのにそれほど難しい言葉ではない。はしょって言えば、社会心理とイデオロギーの中間ぐらいに位置するものと思っていただければいい。社会という「実体」とは異なる、〈社会意識〉という「虚体」が別にあるという想定だ。ただし、「虚体」は「実体」の上に雲のようにぽかりと乗っかっているわけではなく、両者は互いにズレあいながら、複雑な入れ子になっているように見える。その構図はかんたんに絵に描けるものではないが、本質的なのは絵に描くことよりも、両者のズレや絡みあいを（一般則ではなく）なるべくていねいに記述していくことである。

もう半歩踏み込んで言えば、「実体」と「虚体」は、必ずしも対置的に区別されるものではない。社会という「実体」が、社会意識という「虚体」に先行することはあるが、その逆もある。「実体」と「虚体」が追いかけっこをしながら、いつの間にか見分けがつかなくなる事態の方がありふれているだろう。

言葉の定義については、いったん社会学者の見田宗介に依拠する。[★2] 私見はその周辺に追記していく予定である。見田によれば、〈社会意識〉は「ある社会集団の成員に共有されている意識」である（「社会意識論の方法」、綿貫・松原編『社会学研究入門』、一九六八、所収）。社会集団とは、階級・階層・民族・世代などで括られる人間の集合だから、日本民族の、中流階級の、団塊世代の、それぞれの〈社会意識〉が観察できるということになる。その意識はスタティック（静的）なものではなく、「さまざまな階級・階層・民族・世代その他の社会集団が、それぞれの存在諸条件に規定されつつ形成し、それぞれの存在諸条件を維持し、あるいは変革するための力として作用するものとしての、精神的な諸過程と諸形象である」（前掲書）。つまり、〈社会意識〉は、規定されつつ形成し、維持しつつ変革する、このダイナミックな力であり、変化はその本質である。

見田の定義には、階級的な視点もある。「現在ある世界を、一つの苦悩として感受する意識にとって、はじめてこの世界（Sacheとしての既成性）が、なぜそのように存在するのか、その存立の機制の問題が、問題として意識の地平にあらわれる」（「現代社会の社会意識」、見田編『社会意識論』、一九七六、所収）。苦悩ゆえに社会を意識化するというモチーフは、いうまでもなく「階級意識」へつながるロジックでもある。

たしかに、階級や階層の視点を抜きにした〈社会意識〉論などありえない。ただし、見田自身が言うように、〈社会意識〉は「規定されつつ形成」するものである以上、階級や階層を実体的に想定して、その反映を観察するだけではことたりない。逆に〈社会意識〉の変容が階級や階層を幻想的に表出し、実体化させるプロセスを捉える方法が問われているのだろう。

ややレトリカルな言葉でいえば、〈社会意識〉とは社会そのものの自己意識である。私のイメージでは、社会は社会事象や文化事象を通して自己を理解し、その自己像を絶えず更新している。[★3]ただし、その自己像はそれほど確かなものではなく、理解の過程でさまざまな調整が行なわれ、加工や脚色が施され、隠蔽さえ起きる。つまり〈社会意識〉は、局部的には「嘘をつく」場合がある。ただし、その「嘘」は連鎖的に「嘘」を呼ぶから、連鎖の破綻した全体は、本当のことを伝えている可能性も高いのだ。

社会の構成メンバーとの関係からいうと、〈社会意識〉は、人々の多様多彩な欲望に一定の形式を与え、欲望の成就や達成に基準を与えている。ただし、人々の欲望が常に先行するわけではない。生理的欲求を含め、欲望はどこまでいっても社会的産物であり、社会的表象である。〈社会意識〉

によって欲望が引き出され、つくりだされ、広く普及することもある。〈社会意識〉は、欲望にカタチを与えながら、欲望によってカタチを変える。この自己編成的なふるまいによって、〈社会意識〉は社会に奥行きや広がり、さらには景観を与えているのである。

つぎは方法について。

〈社会意識〉を捉える方法は、〈社会意識論〉と呼ばれる。見田によれば、「社会意識の構造と機能、その形成と展開と止揚の過程を、経験的かつ理論的に研究することをその課題としている」(「社会意識論の方法」、綿貫・松原編『社会学研究入門』、一九六八、所収)。我々はその具体的な実践を、見田の『近代日本の心情の歴史』(一九六七)、「「立身出世主義」の構造」(一九七一)、「まなざしの地獄」(一九七九)などで見ることができる。

たとえば、「「立身出世主義」の構造」は小論だが、立身出世主義を日本近代の主導精神として活写している。人を門地家柄ではなく、能力と業績によって位置づけるという伊藤博文の発想が、福沢諭吉や中村正直の書物とともに、明治期の青年たちに「競争的上昇」の気運を与えたこと。その「構造」が、学校制度と官員登用のルートだけでなく、サブ構造として、下層庶民向けの「二宮金次郎主義」をつくりだしたこと。またその「機能」が、天皇制国家の防衛と、「上からの産業革命」の促進にあったこと。しかし、その内に孕まれた①競争原理と共同性(家郷)、②国家(タテマエ)と個人(ホンネ)、③目的(欲望)と手段(禁欲)、④立身出世の理念と現実(挫折)という四つの矛盾が、日本近代の〈社会意識〉に不信と懐疑を生み出し、さらに政治や文学や犯罪の世界で、抵抗や反俗や非行などの陰画像をつくりだした過程が、冷静だがややパセティックな文体で綴られている。

本書で主に採用した方法は、〈社会意識〉が溢れ出したと思える行動や言動を、社会事象や文化事象から取り出し、その背景を探るというやり方である。[★4]〈社会意識〉事象の発見と分析と言い換えてもいい。特定の社会集団やそれに属する個人へのフォーカスには、あまりこだわらなかった。ただし、私の仕事柄、産業組織の制度や慣行、労働現場には一貫した関心を寄せている。もちろん、〈社会意識〉はそれらにきわめて大きな影響を受けている。

採り上げた事象は、多くの場合、人々が関心を持ち、見聞きしたモノやコトである。それは〈社会意識〉が、その時代に通有した、よく知られた観念や感覚であることにもよっているが、本書の読者と円滑にコミュニケートするための便法でもある。それを指し示すことで、すべてを説明せずとも共通の理解が利用できる〝メジャーな〟事象のメリットは大きい。

また社会事象と文化事象は多くの場合、同じ土俵の上で扱われている。極端な喩えでいえば、文芸作品と雇用慣行は、あまり区別されずに引用や分析の対象になっている。これは、両者がともに〈社会意識〉の表象であるという前提によっているからだ。不思議なもので、同じ時代に属する社会・文化事象は、内容を異にしていても同じカタチをしていることが多い。

「木綿のハンカチーフ」と村上春樹の『ノルウェイの森』は、彼岸（山）の女と此岸（町）の男という同じ作品構造を持っているし、彼岸（郊外）と此岸（都市）の往還という意味では、同時代のセゾングループのマーケティングとも同型である。〈社会意識〉は、同じ表象パターンをとって多様多彩な社会・文化事象に出現するし、逆にいえば、そのような反復的な表象を通して、人々は〈社会意識〉を内面化していくのである。

各章の内容についても触れておきたい。

第Ⅰ部は、一九九〇年代から二〇〇〇年代（ゼロ年代）にかけて起きた、労働、雇用、職場などの社会事象を扱っている。日本社会が決定的な変容を遂げた時期であり、そのインパクトを我々はまだ消化しきれていない。リストラ（第1章）や非正規雇用（第2章）や職場の変調（第3章）は、高いリスク意識と、競争的な個人主義と、格差への恐怖を生み出したまま、安定した〈社会意識〉へ着地していない。そのトラウマの深さを測ろうとしている。

第Ⅱ部は戦後家族の意識変容をテーマにしている。六〇年代から九〇年代にかけて、家族がどのような欲望をどのような手段で実現しようとしたのか、日本映画（第1章）とオタク文化（第2章）とオウム真理教（第3章）を素材に、欲望の成就と失敗を描いている。戦後家族の「大きな物語」を背景に置くことで、オタクとオウムが〈社会意識〉のほころびを繕《つくろ》った跡が見える。家族の中の最も弱い環である少年－青年が、自己防衛にあたって選んだのは、「人工的な自己」の構築だったという顚末である。

そして第Ⅲ部は、アメリカとの接触のもとで進行した〈社会意識〉の構造的変化を、労働と消費と文芸という三つの切り口で論じた。具体的には日本的な雇用・労働管理（第1章）、消費社会の成熟（第2章）、村上春樹の初期作品（第3章）を扱っている。戦後の〈社会意識〉は、主にアメリカに学びながら形成されたが、ぎりぎりのところでアメリカから身を離すことに成功した。しかし、その七〇年代後半の「離陸」は成就せず、頓挫した可能性がある。戦後はいったん終了したが、〈社会意識〉はついにモデルチェンジを果たせないまま、バブルと平成不況に呑み込まれてしまったように見える。

これはおそらく日本だけの現象ではない。欧米でもアジアでも同様のことが起きている。ただ、我々はこの〈社会意識〉の変容と漂流を、戦後昭和の歴史的パースペクティブから見つめることをしてこなかった。九〇年代（「失われた十年」）とゼロ年代（「新自由主義」）より以前に立ち返って、変容の前史に目を向けるのは、このような理由によっている。

終章は「自己」を論じている。戦後の〈社会意識〉を屋台骨のように支えてきた「豊かな暮らし」という観念の裏側には、そうした観念をすんなり受け入れられない、あるいは、そのような場所から自分ははじかれていると思う「自己」がいた。この「受け入れられない自己」というテーマが長らく気にかかっていたのである。主に六〇年代以後の事象を扱っているが、実際の人物のほかに、作品の中の「自己問題」にも触れている。人々が、「豊かな暮らし」を享受したいと願う一方で、自らの不遇をどのような作品体験で埋め合わせたかを知りたいと思ったからである。

三　書き手の身上書

書き手の履歴を少しだけ記しておこう。本書で扱う事象を、書き手がどのあたりから見ていたかを明らかにした方がいいと思うからだ。書き手の様子を知れば、読者は書かれたことの周辺にも、想像力を働かせてくれるかもしれない——そんな不精な期待もある。

私は、オイルショック後の就職難のただ中で大学を卒業した。運良く筑摩書房という中堅の出版社に入社することができ、営業部門に配属された。同期の友人たちの中では比較的高い給与に与ったが、二年後に同社は、会社更生法を申請して事実上倒産した。

ここで、私は大きな勘違いに気づく。それまで、経営者とは、世の中の動向も商売のコツも十分にわきまえたオトナであると思い込んでいたが、倒産後に聞かされた話から、彼らがそれほど賢明でも鋭敏でも強靭でもなかったことを知って、私の幼い先入観は消えた。実は多くの年長の同僚たちも、多かれ少なかれ私と同様の子どもっぽい会社観に泥《なず》んでいた。先輩社員が旧経営陣を批判する言葉が、じつは素朴な庇護期待の裏返しであることは容易に察知できた。

私は筑摩書房に残り、八〇年代の十年間、編集部で働いた。多くの古参社員が辞めていったため、戦後民主主義と教養主義と権威主義が渾然と混じり合う組織文化が半壊し、社内の権力構造は曖昧になり、ある種の無重力状態の中で活気が生まれた。若手が発言力を持ち、これまではとうてい通らなかったような（新鮮だがシロウトくさい）企画が、次々と会議を通過した。田中優子の『江戸の想像力』（一九八六）や伊藤俊治の『裸体の森へ』（一九八五）など、同世代の著者との仕事は楽しかった。世の中はバブルに差しかかっていた。本社屋の土地を信じられないような値段で売って借金を返済すると、筑摩書房は神田小川町から蔵前へ移転した。

私はこの時期まで、会社を辞める勇気を持てなかった。辞めると、自分がちょっとした高みから転げ落ちてしまうのではないかという不安があった。「世間」を知らない出版人特有の怖気《おじけ》だったが、恐らく八〇年代の後半まで、多くのサラリーマンが共有していた意識だった。だから、本社移転を絶好の機会として生かそうと考えた。九〇年代の最初の年の一月に、私はつてを頼って、わざわざ別の業界のベンチャー企業へ転職した。

正直にいえば、厳しい転職だったが、行動原理と組織文化のまったく異なる企業を体験したのは、悪くなかったと思う。しかし、この最初の転職は、相当なレベルで心身の危機をもたらした。三カ月ほど後には、鏡に写った自分の顔を覗き込むという、漱石の作品のような悪夢を見た。鏡を見るのは怖かったが、思い切って目を上げると何も写っていなかった。

この会社では、毎週新人が入社し、毎週、「ついていけない」と感じた人間が出ていった。経営陣は、このような激しい人の出入りについて、「ミスマッチ」という言葉を使った。「ミスマッチのまま引き止めておくのは、会社にもその人にもアンハッピーだ」という発言が印象に残った。

実は私も、当のベンチャー企業にミスマッチな人材だった。最初の転職から十八カ月ほど後、一九九一年夏に辞表を出した。バブルはすでに破裂し、景気後退が始まっていた。

この時点から、私の本当の九〇年代が始まった。

ベンチャー企業の次に、松岡正剛が主宰する編集工学研究所に加わった。産・官・学共同のマルチメディア・プロジェクトを立ち上げようとしており、構想の新しさと規模の大きさに惹かれた。ただし、このプロジェクトはバブルの崩壊とともに潰えたため、我々は企業や行政を顧客とするクライアントビジネスで糊口を凌ぐことになった。

編集工学研究所は小さな企画・制作会社だったが、松岡が持ちこんでくる案件は、当時の日本の産業と文化の（狭い範囲ではあったが）最先端にあるように見えた。

研究所のメンバーは、目黒区青葉台の広壮なマンションに閉じこもって、（比喩でなく本当に）昼夜兼行で働いた。クライアントとのミーティングのほかは、外に出ることもなくなった。友人とのつきあいは途絶え、自身を幽閉するように世間から遠ざかった。出版社で習い覚えた「編集」という手わざではなく、松岡の唱導する「編集工学」という方法を使って大企業と渡り合うのが面白かったからである。

九一年から七年あまり、さまざまな分野の仕事をこなした。大手証券会社の研修で受講生の猛反発を食らったり、地方自治体の産業振興企画を請け負って冷や汗をかいたこともある。

九七年に旧通産省の受託研究プロジェクトを担当した後、心身ともに疲弊し切って、辞職を考えるようになった。たまたま『情報文化の学校』（一九九八）という論文集に原稿を書くことになったので、これを機に頭の整理をしようと心を決めた。

自社の宣伝的な文章にはしたくないと思って、松岡に相談したところ、立場は気にしないで自由に書けと言われたのが嬉しかった。ここぞとばかりに、知っていることを全部叩き込んで、「知識の相互編集ゲーム」という小論を仕上げた。

考えを巡らせる上で支えになったのは、ミシェル・フーコーだった。『言葉と物』（一九六六）に、「有限性」という言葉を見つけて、目を開かれる思いがした。フーコーは、古典主義時代の「表象の秩序」が壊れていく過程で、実体や構造に注意が向かうと同時に、人間の「有限性」が発見されたのだと言う。ならば、有限性に目覚めた近代知が、デカルトからカントに至るまで、有限性を刻印されながら、それを超えていこうとするプロジェクト（投企）型の知であった事情が合点される。また、アダム・スミスの「分業」が生産工程を部品化し、労働を計量可能なものに変え、結果的に、一方で労働価値説を、もう一方では生産性という概念を生み出していった背景も見えてくる。これら一連の「有限性革命」を実現したのは機械論的世界観であったとし、その限界を指摘しながら、自己編集的世界観への移行を考察するというのが、我が小論の方針だった。

『情報文化の学校』が刊行された年の暮れ、私は編集工学研究所のオフィスからダンボール箱ひとつをタクシーに乗せ、隣り町の渋谷区南平台《なんぺいだい》に移った。三回目の転職だった、というより一人ぼっちの独立だった。友人のオフィスの一隅を借りて、マッキントッシュ一台で仕事を始めた。翌月の稼ぎもあてがついていなかったが、家族の心配をよそに気分は晴れやかだった。

それから十四年経った。ケイズワークという小さな会社をつくり、企業の組織やコミュニケーションの課題解決を主なテーマに、コンサルティングやメディアの制作を生業にしてきた。クライアントから与えられる（けっして簡単ではない）テーマに一つひとつ取り組み、それに学びながら、自身の方法を仲間とともに削り出してきた。これから読んでいただく文章に、多少とも現実の風が吹き込んでいるとするなら、我が稼業によるものが大きい。

本書が扱う〈社会意識〉の物語は、一九五〇年代の初頭から二〇一〇年代まで、ちょうど私自身の人生に重なっている。そのために、書かれた内容のいくぶんかは、私的経験に足を取られている可能性がある。しかし、その偏狭さが、〈社会意識〉を描く上で避けられない制約であることをお断りしておきたい。なぜなら、私もまた昭和と平成を生きてきたひとつの社会的現象だからである。

註

★1　もちろんフルサトの歌は八〇年代以後もある。松山千春の「ふるさと」（一九八一）や「望郷」（一九八八）、玉置浩二の「田園」（一九九六）、〝モーニング娘。〟の「ふるさと」（一九九九）、アンジェラ・アキの「HOME」（二〇〇五）などである。いい歌もあるし、それほどでもない歌もある。確かなのは、以上の歌が、かつてのような意味の望郷歌ではないことだ。出郷者が、残された者に「未来」の成就を語り、その期待によって心を繋ぐようなことはなくなった。「木綿のハンカチーフ」で、そのような歌のリアリティはいったん終わったのである。フルサトの歌は、七〇年代にはすでに「観念としてのフルサト」へ純化していたが、八〇年代以後は、その地点から個の体験を想起させるための「喩」のようなものへ縮減していったように思う。

「木綿のハンカチーフ」は、望郷歌の変貌を伝える象徴的な作品だが、この時期の流行歌のめまぐるしい変化は、おそらく七〇年代後半の社会的変化がつくりだした「亀裂」に起因している。

例えば、山口百恵の歌は、歌の成り立ちも歌手自身の表現も含め、戦後歌謡史の中で特筆すべき趣向を示した。「横須賀ストーリー」（一九七六）、「秋桜《コスモス》」（一九七七）、「いい日旅立ち」（一九七八）などの曲では、阿木燿子・宇崎竜童のコンビをはじめ、ニューミュージック系のソングライターが起用され、サビから入る倒叙法、会話口調のような字余りの言葉遣い、大胆な転調など、ニューミュージックで試みられてきた手法が洗練され、集大成された。

特に「横須賀ストーリー」から「プレイバック Part 2」（一九七八）、「ロックンロール・ウィドウ」

（一九八〇）へかけて、百恵は阿木・宇崎コンビと一緒に、その偽装米国的な世界でヒロインを演じながら、その世界そのものを破砕していった。最初は「波のように」抱かれた女は、恋のやりくりに「疲れる」女に変じ、ついに男の「ママ」役を放棄する。太田裕美の歌った村の娘と同様、横須賀から来た少女は、都市の風俗に首まで浸かりながら、それらを否み捨てる。

竹田青嗣が異様なほど感情移入して井上陽水論、『陽水の快楽』（一九八六）を書いたのは、陽水の音楽が、やはりこの時期に大きな変容を遂げたからだ。竹田は、『二色の独楽』（一九七四）に収められた「ゼンマイじかけのカブト虫」を陽水のロマン的世界の喪失と位置づけ、ここに決定的な転回を認めている。冷笑か愛想笑いか分からないが、おかしいことがないのに笑う女の目が壊れて「ゼンマイじかけ」が覗いた瞬間、恋愛が生みだすロマン的世界の向こう側に荒涼とした現実世界の光景が出現する。しかし――と竹田は書く――陽水は、自分の中のリアリストの部分を断念し、自らのロマン的世界への欲望の方を選んだのである。その結果、陽水の音楽は「胸をつくような響きの変容をとげて」しまう（前掲書）。

『二色の独楽』のつぎのアルバム、『招待状のないショー』（一九七六）のタイトル作は、誰の喝采も当てにせずに歌う孤独なショーの自由と空虚を表出している。言葉と気持ちが「はるかな君」に届けと願いながら、絶望的な諦念を漂わせている。また、アルバム中の異名同曲「枕詞」と「結詞」は、「浅き夢淡い恋」と歌って、「いろは歌」を響かせながら、ただいまの感傷もこれまでの記憶も、遥々とした遠路の途中の出来事にすぎないと突き放す。

百恵や陽水の歌の変容は、アーティスト個人の成熟や変化をはるかに上回っている。「木綿のハンカチーフ」のように、彼らの歌もまた、既存の歌のメジャーテーマ（偽装的アメリカや表面的なロマンチシズム）を終わらせている。この強制終了こそ、「亀裂」が生み出した現象である。

阿久悠もこの変化に気づいていた一人である。一九七六年から七八年まで、「北の宿から」（都はるみ）、「勝手にしやがれ」（沢田研二）、「ＵＦＯ」（ピンク・レディー）と連続三年で日本レコード大賞受賞曲を作詞した阿久が、「一九七九年になって、レコード業界の雰囲気が一変する」と書いている。「前年のピンク・レディーのブームが、大仰にいうと、ひとつの大きな幕引きであったかのように、突然にして静かに」なったのである（『夢を食った男たち』、一九九三）。

★２　〈社会意識〉に関する見田の定義は「いまのところ完璧なものだと思う」という原田達の見解（「社会意識の現在」、池井望・仲村祥一編『社会意識論を学ぶ人のために』、一九九八、所収）に私も倣うものである。付言すれば、〈社会意識〉という発想がマルクスから来ていることはまちがいない。『経済学批判』（一八五九）で定式化された「上部構造論」は、長らく「意識」という言葉を呪縛してきたといえよう。見田も社会心理学から出発しながら、マルクスにこだわり続けていた。しかし六〇年代後半には、サルトルの時間論などを参照しつつ、〈社会意識〉を単純な上部構造論から解放している（サルトルは「時間的奥行き」を重視し、プロレタリアートの階級意識を、過去のみならず未来への可能性に開かれている意識の本質に求めた）。

また、池井望によれば、「社会意識」は戦後日本では比較的関心の高いテーマであったようだ。それは一種の「拡大解釈」に近いものらしい。欧米には〈社会意識論〉や〈社会意識学〉のような講座・演習は見当たらないという。

★３　私は、〈社会意識〉は、現に起きている事象に対するモニタリングと考えている。社会学者、アンソニー・ギデンスは、『近代とはいかなる時代か？』（一九九三）の中で、「行為の再帰的モニタリング」について、「人間の行為は、一群の相互行為と理由が鎖状につながったものではなく、行動とその行動の生じた脈絡にたいする一貫した――そして、とりわけゴッフマンが明示したように、つねに緊張にみちた——モニタリングを具体化している」と述べている。

ギデンスは、「行為の再帰的モニタリング」は近代社会に特有ではないが、その必須の基盤であるという。近代社会においては、「社会の実際の営みが、まさしくその営みに関して新たに得た情報によってつねに吟味、改善され、その結果、その営み自体の特性を本質的に変えていく」（前掲書）。伝統社会が「行為の再帰的モニタリング」を「共同体の時空間組織に結びつけていく」のに対し、近代社会では「慣習の修正が、物質的世界への技術的介入も含め、原則として人間生活のすべての側面に徹底して及んでいく」。なぜなら、「再帰的に適用される知識」が方向感覚を失わせ、際限のない不安を生み出し、モダニティを浮遊させるからだ。

本書で論じる〈社会意識〉も、こうした「再帰的」な現象のひとつである。人々は共同体の文化や制度として伝承されてきた知識に頼ることを止め、文化や制度そのものを絶えずモニタリングしながら、社会と自身の関係を調整・修正し、場合によっては変形・隠蔽しながら、更新し続けていく。ゴールは定まらず、マイルストーンも曖昧なメンテナンスは、それ自体が目的となる。ギデンスによれば、近代社会の特徴とは、「目新しいものをそれが目新しいという理由だけで取り込むことではなく、再帰性が——もちろん、省察それ自体に対する省察も含め——見境もなく働くことなのである」。

★4　社会構築主義に学んだところもある。それは、〈社会意識論〉が、そもそも社会構築主義的な考え方だからである。上野千鶴子によれば、「社会の構築は言語を通じてのみ行われ、そして言語こそがつねに・すでに社会的な存在」である（上野編『構築主義とは何か』所収「はじめに」、二〇〇一）。言語はつねに／すでにある。つまり、社会は言語の産物であって逆ではない。このロジックで無理やり定義すれば、〈社会意識〉とは、言語が社会を実体化していく途次に立ち寄る中継所のようなものである。

第Ⅰ部　壊れかけた労働社会

第1章　リストラがやって来た

第I部で扱うテーマは、九〇年代からゼロ年代にかけて起きた労働、雇用、職場などの社会事象である。日本の社会が決定的な変容を遂げ、その多くの要素が破棄された時期である。リストラと非正規雇用が常態となり、職場の変調と見える事象が各所で起きた。我々は「リスク」という言葉を繁く使うようになり、貧困という久しく忘れていた観念に再会した。そうした中で、人々が意識の中につくりだした「分割線」を見ていく。

一　平成リストラの衝撃

一九九〇年代は、多くの日本人にとって幸福な時代ではなかった。国内ではバブルが弾けて、膨大な資産価値が消失した。昭和が終わってみると、新しい元号を冠した不況が始まって延々と続き、トンネルの出口はさっぱり見えてこなかった。海外からは、八〇年代の「ジャパン・アズ・ナンバーワン」という称賛に代わって、戦争に参加しない「小切手外交」の国と呼ばれるようになった。人々の暮らしにも長い影が差していた。

オランダ人のジャーナリスト、カレル・ヴァン・ウォルフレンは、辛辣な日本論『人間を幸福にしない日本というシステム』（一九九四）を書いた。その冒頭で、なぜ日本には学校嫌いの子供や退屈そうな学生や結婚しない女性がこんなに多いのか、なぜマンガでは「サラリーマン人生」があれほど自嘲的に描かれるのかと自問し、それは日本の社会がひどく歪んでいるからだと自答している。

彼は「うちひしがれた人々の国」のサラリーマンをこんなふうに書いている。

　サラリーマンは会社と「結婚」することを求められているので、サラリーマンの妻たちは、夫の愛情不足の代償をほかに探さなければならない。たいていは息子たちが代役を務めさせられて、過剰に世話をやかれることになる。その不健全な影響については多くの論評がなされてきた。いずれにしろ、聞くところでは、日本のテレビドラマは、十代の息子にマスターベーションをしてやる欲求不満の母親を描き出しさえしている。（前掲書）

日本のサラリーマンの悲劇は、会社との「結婚」だけでは終わらなかった。一生添い遂げようと誓ってくれたはずの相手（会社）が、その婚姻を解消しようと言いだしたために、二番目の悲劇が始まったのである。「リストラ」と呼ばれる離別の儀式は、九〇年代の後半から大々的に始まり、二〇〇〇年代半ばの小休止を除いて、今でも続いている。[★1] 日本企業で特別な位置を占めていた「終身雇用」が終わりを告げたのだ。

ウォルフレンは、サラリーマンの「会社への忠誠」についてこんなことも書いている。

しかし、「忠誠」という言葉でサラリーマンの状況を形容するのは間違いだ。「忠誠を尽くしている」というからには、前提として本人の主体性が保証されていなければならない。日本のサラリーマンには、会社に忠誠を尽くすも尽くさないも、選ぶ余地がない。なぜなら会社をやめられないからだ。（前掲書）

会社をやめられないのは、日本には「働く中間階級のためのきちんとした労働市場」がないからだと著者は付け加えている。もし、より良い給与や労働条件を求めて転職できるなら、日本の雇用関係はもう少しまともなものになるだろう、と。

その通りに違いないが、この時期の「リストラ」は、辞められないはずのサラリーマンを次々に辞めさせていった。アメリカのように、レイオフを受け止める「きちんとした労働市場」が形成されていないことは、追い出す側も出される側もよく知っていた。にもかかわらず、「リストラ」は「失われた二十年」を通して、かなり徹底的に行なわれていったのである。

「平成リストラ」が〈社会意識〉を大きく変えたことはまちがいない。終身雇用や年功制などの「旧習」は、リストラの攻撃を受け、実質的に終わりを告げた。もちろん八〇年代の好況期でも、終身雇用を保証されていた労働者は一部にすぎないが、多くの日本人は同じ企業で働き続けるのが当然だと思っていたから（日本人はそれなりにカイシャを信じていた）、その崩壊は労働と生活の前提を大きく揺さぶることになった。

「平成リストラ」をきっかけに、長期の正規雇用、安定した家庭生活、教育投資による階層維持（運が良ければ上昇）、退職後の年金生活などで構成されていた、なじみ深いライフコースが崩れ始めた。七〇年代以後、日本人が満喫してきた「中流」の底がぱっくり割れて、その下へこぼれ落ちる人々が出てきたのである。

しかし、「平成リストラ」に遭遇した人々の声は、あまり文字に残されていない。そもそも企業から追い出された無名の人々が、記録や証言を残すようなことはほとんどないからだ。

ゆえに、『夕刊フジ』の「同時進行ルポ　大リストラ時代を生きる」は、今となっては貴重な資料かもしれない。一九九八年にスタートし、六百回を超えて続いた長期連載で、その中から選ばれた七十八篇の記事が書籍に再録されている。『こんな人が「解雇《クビ》」になる』（二〇〇二）という扇情的なタイトルの新書だが、二十代から五十代後半まで幅広い事例が集められており、解雇の背景や個々人のキャリアにもバラエティがある。紋切り型に流れがちなライターたちの筆も、事実に基づくリアリティをかろうじて失っていない。

たとえば、倉庫管理会社に務めていた二十七歳の男性は、五千本のビデオを四畳半の自室に積み上げたオタクだった。残業代を含めて二十万円足らずの給与でも、勤務先の巨大な倉庫は自室同様、外界を遮断してくれる恰好の「殻」だった。それが、前々年の春、リストラによって失われた。外の世界にさらされて萎縮した彼にとって、第二の「殻」はハローワークになった。

代議士の秘書を辞めた三十歳の男性は、大学を卒業しながら就職を拒否してフリーターになった。

世の中のルールに染まるのが馬鹿らしいと思ったからだ。流れ着いた代議士事務所で奴隷のように働いて、そして辞めた。次の仕事は見つからない。就職した仲間たちの賢明な選択と自分の青臭さにようやく気づいたが、やや遅すぎた。

マンション販売会社を辞めた三十五歳の男性は、通販ビジネスを一人で始めた。ブランド品、パソコンソフト、家屋の外壁材、化粧品とやみくもに商材を替えながら、無残な投資を続けている。法人登記もしていないのに、「代表取締役」の名刺をつくって独立の気分に浸ったこともある。「成功者続出」の広告に誘われて始めた健康器具の代理店も、閑古鳥が鳴いている。

電話も書類も名刺もない――三十九歳の男性は、段ボールが積み上げられ、埃の積もった机と椅子だけの物置に押し込まれた。中堅の建設会社で転籍を言い渡され、拒否したあげくの配置転換だった。意地を通して「定年まで頑張る」と上司に言ったら、懲戒解雇を言い渡された。退職金も出ないし、次の仕事も探せない。撤回を求めて、東京地裁へ仮処分の申し立てを行なった。

都市銀行の人事部から転職してきた四十一歳の男性は、準大手ゼネコンで人員整理だけを担当してきた。百五十人以上をリストラしてきたその首切り役が、今度は上司から辞職を求められた。強引すぎるやり方が、社内で反発を招いているという理由だった。プロパー社員にはできない汚れ役を押し付けた上で、一仕事が済むと用済みにされたという次第だった。

もちろん、もっとふつうのリストラ話も載っている。

中堅事務機器メーカーが倒産して放り出された四十七歳の男性は、毎朝ハローワークに通う。午前中はチェックした求人企業に電話をかけるが、ほとんどの企業から体よく断られる。年齢のせいだ。午後は呆然として過ごし、夕方五時になると、絶望的な気分でハローワークを後にする。拾った夕刊紙を肴に酒屋で発泡酒を立ち飲みし、公園で酔いをさます。ほかのサラリーマンの目を避けて、犯罪者のようにあたりをうかがいながら帰宅する。その自宅は、しかし、針のムシロである……。

読んでいるうちに、『こんな人が「解雇《クビ》」になる』という意味深長なタイトルの狙いが伝わってくる。この本は、実に巧みに——サブリミナル効果を発揮するように——彼らにはリストラされる理由がある、と読者に語りかけてくるのだ。

書名がうたっているような、リストラされる人の性格や行動の傾向が、はっきり抽出されているわけではない。それでも読者の側には、〝こんな人がクビになる〟という見方が形成される。読み手の方が、クビになりがちな〝こんな人〟のタイプを見分ける視線を身につけていくのだ。

私の知人にもリストラされた人がいた。彼は私より一回り年下で、中堅不動産会社の子会社に勤めていた。そこは比較的手広く、広告やイベントの制作・運営をやっていたが、親会社が行き詰まって、そのあおりで希望退職を迫られた。二〇〇〇年の正月がすぐそこまで来ていた。

それほど深いつきあいではなかったのに、リストラをめぐって彼と数回話をすることになった。私は前年に自分で仕事を始めててんてこ舞いの最中だったが、彼の話し相手をつとめるくらいの時間はあった。酒を飲まない人だったから、私は勝手にビールを飲み、相手は餃子か焼売をつつきながら、上司や同僚の様子を語ってくれた。

「ひどいんですよ」と彼は言った。「自分が辞めるのはもう決まってるみたいなんです」。

「辞めるって言ったわけじゃないんでしょう」と私。

「言ってません。でも顔に書いてありますよって、若い女の子に言われました」。

「へえ」。

「たぶん、彼女たちには、誰が辞めるか分かってるんです。これまでも仕事で何かトラブルがあると、たいてい自分のしたことが絡んでいる。そんなつもりもないのにちょこっとやったことが、後になると、なにかのトラブルにちゃんとつながっているんです」。

ほんとですか、と聞き返したら、寂しそうな顔でほんとなんですよ、と答えた。

つまり同僚は、彼の表情や身振りの中にスティグマ（差別や受難の刻印）を感じ取り、それが集団の不幸につながっていると感じていた。なぜそうなのか、どうして彼なのかという合理的な理由が問い直されることはないまま、彼は排除されるべき対象として、しだいに追いつめられていった。

二　締め出されたのは誰か

では、「平成リストラ」で、実際に締め出されたのは誰だったのか？

当時、まっさきに注目を集めたのは中高年である。人件費の相対的高さからして、彼らが集中砲火を浴びるのは必至だった。『平成11年度版経済白書』（一九九九）も、「特に中高年のホワイトカラー層を中心に企業は雇用過剰感を高めているとみられ、失業者が大幅に増加している」と記した[★2]。「リストラ中高年」は再就職の困難も予測されることから、世間の同情を誘う向きもあったし、いくつかの作品で主人公の座を得た。

たとえば、一九九八年に公開された映画『学校Ⅲ』（監督・山田洋次）もそのひとつだ。ボイラー技士の資格を取ろうと、東京下町の職業訓練校に通う生徒の中には、倒産した町工場の社長や経営に失敗した喫茶店のマスターに混じって、リストラ中高年たちがいる。

証券会社の部長だった高野周吉（小林稔侍）は、「五十歳以上は勇退」という会社のリストラ方針で、希望退職を余儀なくされた。友人を頼って再就職を果たそうとするが、相手にしてもらえない。授業に熱の入らない高野は、教室でも疎んじられてしまう。部下を従えて現場を仕切った記憶がプライドとなって、尊大な態度をとらせてしまうのだ。

山田監督は、そんな高野の姿にスティグマを描き込んでいる。高飛車な妻と離婚協議中の彼は、家庭にも職場にも、決して器用になじむことのなかったタイプである。映画の観客は、山田監督の演出に沿って、彼をリストラされても仕方のない人物として観るようになる[★3]。

江波戸《えばと》哲夫《てつお》の短編小説集『退職勧告』（一九九四）も、リストラに直面した男たちの物語である。七つの短編の主人公たちは、出向や解雇という不条理な現実に直面して、怒り、脅え、うろたえる中高年だ。会社の排除通告で自尊心を傷つけられ、妻や子どもに対する体面が損なわれていく。長い年月をかけてなじんできた関係が壊れ、あてにしていた未来が急に怪しいものになる。その当惑や不安が、主人公たちを苛立たせる。

例えば、「人生の歯車」の主人公、武村喜一は、同期入社の石黒の下で働いている。武村は、三十代なかばから「自分は頭が悪いのではないかと思うようになった」という人物である。会議の話題についていけず、ＯＡ機器がうまく操作できず、子どもの宿題が解けない。頭はまるで「油切れの歯車」のようである。当初は遠慮していた石黒も、そんな武村を次第に下に見るようになるが、武村の方は大して気にせず、むしろ中間管理職の責任を回避できてほっとしているようなところがあった。ところが、バブルが弾け、人員削減が打ち出されると、そんな気楽なことは言っていられなくなる。部長から関連会社への出向を打診され、必死になってそれを断ろうとする。

また、表題作「退職勧告」の主人公、大下光彦は、バブル崩壊後、営業組織の統合で課長から部次長に昇格した。もう一人の課長だった柳田が部長に就き、権限が柳田に集中したため、大下は実質的にラインから外されてしまう。営業案件は大下を素通りして決まり、かつての自分の部下たちも柳田の指示を仰ぐようになる。いわゆる「社内失業」の仕打ちである。

仕事を失った大下は、十五年前に自分を引っ張ってくれた常務に不満を述べるが、取り合ってもらえない。しかも、まるでその返答のように地方支店への転勤を命じられる。これを嫌がらせと感じて拒否すると、次はなんと解雇通知が送られてくる。

江波戸作品に登場する男たちにも、リストラされる理由がある。武村は、「油切れの歯車」のような頭のせいで社内の人望を失い、大下は上司の柳田に皮肉な言葉を投げつけてしまう。彼らはいつの間にか、リストラ対象者に仕立てられ、その役割から抜け出せなくなっていく。

「リストラ中高年」のイメージには、このように悲哀と滑稽が混在している場合が多い。すでに述べたように、リストラ対象者にはスティグマがある。いったんターゲットとして認知されたら最後、その徴《しるし》は容易に消えない。だから、彼ら当事者たちは悲哀にも滑稽にも頓着せず、標的とされないようにいじらしい努力を試みる。が、それらの大半は水泡に帰する。

しかし、中高年だけが犠牲者だったかといえば、そうではない。いや、全体の動向からすれば、中高年よりさらに割を食った世代がいる。

労働経済学者の玄田有史は、後に述べるように、平成リストラのさなか、リストラ中高年、中でもホワイトカラーの「対岸」に、若年層の逆境が発生していることを見抜いていた。同じ分野の熊沢誠も、一九九四年と二〇〇一年の年齢階層別失業者を比較した統計を提示しながら、中高年の失業者数を凌駕する、二十～二十四、二十五～二十九、三十～三十四歳の若年三階層のボリューム（男性八十一万人、女性六十六万人）を示し、「玄田有史がはじめて明示的に述べたように、日本企業の労務による時代への適応が、さしあたり若者の多くを犠牲にしながら進んでいることに注目しなければならない」と述べている（『リストラとワークシェアリング』、二〇〇三）。

ここで、「平成リストラ」の〈事実〉を見ておこう。

例えば、一九九八年の時点で企業が実行したリストラは次のようなものだった。

・採用の停止・抑制　四七・四パーセント
・部門間の配転　三〇・九パーセント
・部門の整理・業務の外部委託　一七・〇パーセント
・転籍出向　一〇・三パーセント
・一部職種の派遣社員等への転換　八・五パーセント
・派遣社員等の再契約の中止・解雇　一一・七パーセント
・一時帰休・休業　五・二パーセント
・残業の抑制　二九・七パーセント
・希望退職者の募集　九・一パーセント
・正社員の解雇　四・二パーセント

・賃金カット　一二・五パーセント

＊比率は実施事業場の割合

（人事院「職種別民間給与実態調査」平成十一年調査報告書）

リストラは、上記の施策の組み合わせであり、実行の手順でもある。何から手をつけるか、何を後回しにするかは経営者の判断である。元労働基準監督官の櫻井稔は、「雇用リストラ手段の順序にルールはあるのか」と投げかけ、「オーソドックスなものの考え方からすれば、正社員の雇用の重さと期間契約従業員の雇用の重さにはそれなりの差異があるので」期間契約従業員の雇い止めあるいは解雇が、正社員の解雇に先行すべきであるとしている（『雇用リストラ』、二〇〇一）。

ただし、右の統計によれば、〈派遣社員等の再契約の中止・解雇〉は一一・七パーセントで、他の施策に比べてそれほど大きくない。「本丸」に手をつける〈希望退職の募集〉と〈正社員の解雇〉を合わせた一三・三パーセントよりも小さい。むしろ注目すべきは、〈部門の整理・業務の外部委託（一七・〇パーセント）〉や〈一部職種の派遣社員等への転換（八・五パーセント）〉に見られるような、アウトソーシングが並行して起きていることである。

特に、九〇年代後半からこの傾向は顕著になった。一九九七年から二〇〇一年にかけて、正規雇用の激減（百七十一万人の減）の一方で、非正規雇用の激増（二百六万人の増）があった。正規雇用の減少をはるかに上回る非正規雇用、これこそ、「平成リストラ」の中で発生した新しい事態である。

さらに傍証を挙げれば、一九八六年から二〇〇一年にかけて、女性では正規雇用が六八パーセントから五三パーセントに低下し、非正規雇用が三二パーセントから四七パーセントに高まった。男性では、正規雇用が九三パーセントから八六パーセントに低下し、非正規雇用が七パーセントから一四パーセントに高まった。二十一世紀初頭、非正規労働者は、日本の全勤労者（役員を除く）の二八パーセントにまで達していたのである。

今振り返ってみれば、事態の意味は明瞭である。雇用は構造的な変化を遂げていた。この変化はもうひとつの事実とつながっている。

雇用調整策のリストのトップは、〈採用の停止・抑制〉の四七・四パーセントである。多くの企業が、現在の内部者の「痛み」を回避するために、未来の内部者である就職希望者から機会を奪い、彼らに「痛み」を押し付けたのである。いわゆる「就職氷河期世代」の問題はここに発している。

玄田有史は『仕事のなかの曖昧な不安』（二〇〇一）で、それまであまり話題にされることのなかった学歴・年齢別の失業実態を分析してみせた。中高年、なかでもホワイトカラーの失業にスポットライトが当たりがちだが、ホワイトカラー率が高いと見なされる四十五〜五十四歳大学卒の失業者は五万人にすぎない。一方、二十五歳未満の中学・高校卒の失業者は、三十八万人に上る。雇用問題の中心は、むしろこの大量の若年層失業者の方にあった。

玄田によれば、四十五歳以上の比率が高い大企業ほど、新卒採用の求人が大きく減少する。中高年による雇用の占有が、若年層の正社員への道を狭めている。さらに、景気の悪化と中高年の「既得効果」が相乗して、求人の量と質が低下し、人と仕事のミスマッチが起きやすくなる。これが若年層の短期離職につながり、非正規雇用へ流れていく比率を高める。こうした悪循環の中で、かつて企業の中で若年層に提供された現場の学習（ＯＪＴ）の機会が失われていく。企業での学習機会が減り、次世代の産業人の育つ場が消えていく。

このような事態を中高年が知らなかったわけではない。玄田によれば、彼らは「暗黙のうちに自覚して」（前掲書）いた。また、若年層本人たちも知っていた。彼らの方は「どうにもならないことと、思考すること自体を避けて」（前掲書）いた。

こうして、事実の隠蔽が起きたのである。リストラ中高年は、映画や小説のなかでステレオタイプとして利用され、世間の耳目をそちらへ集める役割を果たした。高度成長期を担ったサラリーマンたちは、同情を集めるのに格好の存在だったからだろう。その陰で、中高年よりも——既得権がないために——いっそう弱い立場にいた若者が、雇用という稀少財からはじき出されたのである。

この排除には、若者に対する嫌悪や恐怖という巧妙なキャンペーンも伴っていた。

まず、働かない／働きたがらない若者像が流布された。労働への意欲や執着が弱く、気が向かなければ簡単に辞めて転職を繰り返す若者たち。このふらちな若者たちに対する厳しい視線が、不況の中でしだいに大きくなっていった。

確かに、「会社勤め」の軽視はバブルと共に始まった。好景気による売り手市場の中で、サラリーマンを嫌う風潮が生まれた。コンビニやファーストフード店が急増する時期であったため、大量のアルバイターが求められ、賃金も高騰していた（背景には製造業からサービス業への産業シフトもあった）。就職せずとも食べていける環境が生まれたために、若者たちは窮屈なカイシャを敬遠して、自由な雇用形態を選ぶようになった。「フリーター」という呼称は、一時、自由の匂いがする働き方だった。

いうまでもなく、九〇年代半ばから、「フリーター」の意味合いは大きく変わる。「フリーター」は、選ぶものから強いられるものに変わっていく。ただし、労働に対する忌避感はむしろ強まった。

就職できない若者たちは労働社会の縁辺に置かれ、断片的で達成感のない仕事しか回されなかったからだ。つまらない仕事、報われない仕事に精を出す人間はいない。しかし世間は、世の中が厳しくなったのに、若者たちはあいかわらず働きたがらないと見た。

「パラサイト・シングル」という、親がかりの「独身貴族」も問題視された。彼らは、実は低賃金ゆえに自立できず、親元で暮らす若者である。ただし、ささやかな消費に回す金ならかろうじてある。この言葉を広めた社会学者の山田昌弘は、その数は一千万人に上ると述べた。彼らは、結婚・独立によって生活水準が低下するのを嫌う。仕事は小遣い稼ぎや趣味的作業としてとらえられており、当然のことながら会社に対する帰属感や忠誠心も薄い。若年層の失業率が高いのは、自発的失業者が多いせいである、彼らのように恵まれた連中の「ぜいたくな失業」が失業率を押し上げている、という見方はかなり定着していた。★4

さらに、引きこもり、オタク、オウム真理教、少年犯罪などの事象が、「不気味な若者」というイメージへ集約され、流布した。社会学者の中西新太郎は、日本の若者の孤立・排除は、他の国に比して特異な現象であると述べている。青少年の逸脱・反社会的行動に対するモラル・パニックは欧米諸国にも共通だが、日本社会に独特な「ユース・フォビア（若者嫌い）」は、この「不気味な若者」像に起因しているという。

こうして人々は、若者を怖れ、忌避し、それゆえに排除を求めた。若者たちは労働市場のみならず、市民社会からも排撃されたのである。

ただし、因果の関係は――冷静に考えれば――通念と逆なのではないか。リストラという排除行動が求められた時、一番弱い〈環〉である若者が標的になったのである。若者がはじき出しやすい存在であったために、その排除を正当化するために、「若者嫌い」がつくりだされたと考えた方が理に適っている。排除の原因を、若者の労働忌避やパラサイトや「不気味さ」だけに帰するのはまちがっている。排除の方が、正当化の論理を連れてきたのだ。

三　排除の「分割線」

リストラ被害者の実体を見た上で、なおかつ気にかかるのは、リストラされそうな人を他の人と分け隔てる「視線」の由来である。人々は、どのような視点と角度で彼らを見抜いたのか。「平成リストラ」の経済的背景へ目を向けてみる。★5

『平成11年度版経済白書』は、「リストラ圧力」の理由を三つ挙げている。第一は、不況が長引き、国の景気回復策の効果もうすく、企業自身の体質改善で乗り切る必要がようやく認識されたこと。第二は、含み益が底を尽きかけたことである。バブル時期のピークに約三百兆円あった企業の含み益は、三分の一になっていた。そして第三は、自由化・国際化した資本市場からの圧力の高まりだった。株式の持ち合いが大きく減ったぶん、外国人の株式保有割合が大幅に増加した。彼らはリストラを重視する厳しいステークホルダー（利害関係者）である。

外国人投資家は、間接金融時代のメインバンクよりずっと声高にものを言う資本家である。社債やコマーシャルペーパー（無担保の約束手形）、増資や上場で資金を調達した日本企業に対し、彼らは低い利益率を指弾し、それをもっと高くすることを求めた。リストラはその方策として位置づけられた。

「平成リストラ」が拡大、深化した大きな理由は、ここにあるとされる。世界中のマネーが、気息奄々だが潜在的な収益力を持つ日本の企業を買った。彼らの期待は、リストラによって日本の企業が再び競争力をつけることだった。リストラの標的は、前記『経済白書』が挙げた「三つの過剰」（過剰設備・過剰雇用・過剰債務）へ向かう。中でも過剰雇用が、最も喫緊のテーマだったことはいうまでもない。

しかし、外国人投資家だけが悪者だったわけではない。事態はもう少し複雑である。

グローバリゼーションはもちろん背景にある。ただし、それは日本の経済システムと企業が、グローバリゼーションに十分に適応できず、苦境に陥ったという意味だけではない。注意すべきは、グローバリゼーションがもたらす「二極化」とリストラの、やや複雑な関係である。

エコノミスト、水野和夫によれば、グローバリゼーションは、国民国家の内部で成立していた同質性・均質性を解体し、「新しい国境線」で世界を二つに分ける。一方は高成長の「近代」であり、もう一方はいまだ混沌と停滞の中に佇む「ポストモダン」（あるいは「新しい中世」）である。念のため付け加えれば、「近代」は成長著しいＢＲＩＣｓ（ブラジル、インド、ロシア、中国）の方に移動してしまっている。先進国の多くは、すでに「近代」から「ポストモダン」（「新しい中世」[★6]）に移行している。

この「二極化」は、世界をいわば「成長圏」と「停滞圏」に分割する。「成長圏」に属するのは、「帝国」化していくＢＲＩＣｓと米国である。[★7]「停滞圏」の中では、「成長圏」に関与できる一部の企業が成長の波に乗り、それ以外は停滞の中に沈み込む。

日本企業でも、海外に利益の源泉を見出したグローバル企業と、国内の市場だけを相手にしているドメスティック企業の間に、大きな格差が生まれる。[★8] 事実、日本の九五年から〇六年までの実質GDP成長率は平均一・三パーセントだが、「成長圏」に関与する大企業・製造業では七・五パーセントに達するのに対し、中小企業・非製造業は九〇年をピークにマイナス基調を強いられている。平均値の中に隠されたこの格差こそ、「二極化」を象徴している。

ちなみに、前者に属する産業は、非鉄、電気機械、精密機械、一般機械、情報通信、鉄鋼、輸送用機械産業の七分野である。これらの産業は、中国などの高度経済成長に乗じて、二度目の「近代化ブーム」を享受した。

当然ながら、「成長圏」に関与する企業と「停滞圏」に属する企業の行動は異なる。

「成長圏」に関与する大企業・製造業は、この勢いを借りてコストカットに邁進した。大型のリストラが相次いでマスコミを賑わせたのもこの時期だ。二〇〇一年末から二〇〇二年三月にかけて、日立製作所一万一千百名、NTT東日本一万名、NTT西日本九千名、松下電器産業（現・パナソニック）八千名、富士通五千五百名、NEC二千八百名などの人員削減計画が発表されている。[★9] 狙い通り、労働分配率は八〇パーセント台から六〇パーセント台まで急降下した。[★10] そのぶん利益率は向上した。二〇〇二年以後、好況に転じて収益が回復してもリストラを続行する企業が相次いだのは、こうした論理によっている。

他方、「成長圏」に関与できない中小企業は、労働分配率が八〇パーセント台半ばに高止まりしており、リストラに踏み込めなかった。中でも中小・零細企業は、大企業の需給調整のあおりをうけただけでなく、不良債権による銀行の金融仲介機能の低下によって資金調達に苦しんでいた。その結果、整理解雇四要件（整理の必要性、回避努力義務、選定の合理性、手続きの妥当性）や解雇予告などの法規制を無視した首切りが行なわれ、退職を促す配転や差別などが蔓延した。それでも延命できなかった企業は倒産や解散へ進んだ。

さらに世界の分割は、国家や産業や企業に留まらず、経済と社会のあらゆる領域に及ぶ。マクロからミクロへ、職業・教育・衣食住の生活分野に至るまで、「分割線」は亀裂となって走り、あちらとこちらを隔てるボーダーラインが浮上した。

職場の中にも、「分割線」が引かれた。締め出される人と居残る人があちらとこちらに分かれた。事業の「選択と集中」のモノサシが、そのまま従業員に転用されたわけではないが、それは人々の中に「内面化」され、浸透した。経営者や管理者が、残したい社員と捨てたい社員は、名指ししなくても、誰の目にも明らかに見えている。

「平成リストラ」には、厳しい評価が下された。経営史家の下川浩一は、「目先の業績回復に目がくらんで、従業員に一方的に犠牲を強いる戦略なきリストラ」(『「失われた十年」は乗り越えられたか』、二〇〇六)と断じ、経済アナリストの森永卓郎は、『リストラと能力主義』(二〇〇〇)で、デフレ下にもかかわらず拙速に強行され、生産性への影響も雇用慣行も無視した乱暴なリストラと酷評した。

しかし、「平成リストラ」は批判に頓着することなく、黙々と進められ、無言の「分割線」が後に残った。無事だった人々も口をつぐんだ。隣りのデスクに座っていた人や同じ生産ラインについていた同僚が、分割線の向こうへ追いやられた時、こちらに残った人々は、その理由をことさらに言い立てたりはしないものだ。分割線は事実として自分の目の前で引かれ、此岸と彼岸が分かたれただけなのである。[★11]

おそらく、この新しい「分割線」は、山一證券、長銀、日債銀などが破綻し、金融システム危機が到来した、一九九七〜九八年頃に生まれた。従来のような、外部を積極的に包摂し、内部を均質化するように働く〈社会意識〉に代わって、内部を分割し、選別的に外部へ押し出すように働く新しい〈社会意識〉が浮上してきたのである。

山田洋次や江波戸哲夫の作品が扱っているのは、旧来の〈社会意識〉に最後に映じた心象である。人々の視線は、中高年を中心とするリストラの「犠牲者」に向かっている。リストラは、悪意のある（または無能な）経営者のしわざであり、彼らによってもたらされた災厄と見なされている。

先に述べたように、山田も江波戸も鋭敏に犠牲者たちの弱点へ言及しているものの、作品の基調は〝被災〟した人々への共感であり、その苦難を共有しようとする態度である。

たとえば、江波戸の「退職勧告」には、主人公の大下が解雇通知に憤慨して、結成されたばかりの管理職組合に駆け込む場面がある。彼が組合を介して求めたものは、復職と謝罪の二項目だけだったので、組合のリーダーはもっと多くの要求を出すように示唆する。しかし、大下は断り、こんなふうに語る。

「その二つも、私が本当に望んでいることなのか分からなくなりました」
「望んでいないんですか？」
「本当に私が望んでいることは、そっくり以前の状態に戻ることなんですが、もう何を要求したって元には戻らんですよ。覆水、盆に返らず、ですよ」（江波戸哲夫『退職勧告』、一九九四）

大下は、会社との交渉の末、結果的に解雇撤回を勝ち取るが、復職することなく、辞表を提出する。たとえ復職しても、裏切られた約束は取り返しがつかないし、傷ついた自尊心も回復することはないからだ。作家は、この持ち帰る先のない喪失感の共有を読者に迫っている。

他方、『こんな人が「解雇《クビ》」になる』では、新旧の〈社会意識〉の色合いが変化している。こちらにも共感は垣間見えるが、「分割線」は所与の現実として受け止められ、むしろリストラされる「傾向」への関心が強まっている。まず、リストラ対象として指されることへの恐怖があり、危険が及ぶ人とそうでない人の選別に意識が向かっている。

リストラで助かる人と助からない人がいるのは、選別を誘導するなんらかの標識がある、と人々は考え始めたのである。書き手も読み手もそれを知っている。知っていながら、言及しようとはしない。ゆえに山田や江波戸の作品のような「物語」は発生することがない。七十八篇のレポートは、辻褄合わせの答案のように深みを欠いたまま、放り出されている。

二〇〇九年に刊行された門倉貴史の『リストラされた一〇〇人　貧困の証言』でも、この印象は変わらない。正社員だけでなく、「派遣切り」や内定を取り消された学生の証言も載せ、全体にワーキングプアの惨憺たる生活ぶりをコンテンツに据えた印象もある。しかし、ふらちな物言いかもしれないが、登場する人々は紙切れのように薄っぺらでつまらない。それはおそらく、「分割線」に対する違和感を書き手がすでに持っていないからだ。〈社会意識〉の変容自体が気づかれていない。そのため、『こんな人が「解雇《クビ》」になる』にあった、くちごもるような調子はすっかり消えている。八年の時間の経過は、「分割線」のあちらとこちらを固定化し、非正規化など雇用の構造変化による貧困が、日本社会にしっかり根づいてしまったからだろう。

それでもリストラされた社員の事例の中に、一篇だけ印象に残るレポートがあった。家電製品販売店に務めていた三十五歳の男性の事例である。コスト削減でアルバイターが減り、労働過重が進む中で、職場の雰囲気が悪化していた。同僚からも上司からもさまざまな嫌がらせを受け、最終的には自分から辞職を申し出ている。

本人は、同僚とのつきあいのない非社交的な性格が、いじめを誘発したと分析する。自分以外にも、「職場で存在感のないタイプの人が三人、解雇されたようです」（『リストラされた一〇〇人　貧困の証言』、二〇〇九）と語る。

「存在感のないタイプ」こそ、「分割線」がつくりだした新しいタイプの弱者である。この弱者は、仕事の能力に欠ける人々ではない。合理的な思考も一貫した行動もできる。ただし、そのような「個」がここに存在していると、告げ知らせることが不得意なのである。

「分割線」は実のところ、個々の能力を評定する精妙な基準を持っているわけではない。たんに存在の見えやすいタイプと見えにくいタイプを瞬時に振り分けて、その間にラインを引いているにすぎない。それでも、こうした大雑把なモノサシが機能するのは、「あちら」へ振り分けられた人々がたちまちスティグマを帯びてしまい、放っておいても自身の追放を開始するからである。「存在感のないタイプ」とは、つまり、存在感の抹消へ向かって自己運動するタイプなのである。

先に挙げた私の知人も、そちらのタイプだったにちがいない。年下の女子社員に辞職を予言された通り、自ら身を引くように会社を去った。半年ほど経ってから携帯電話からのメールが着信した。こんな文面だった。

「すっかりごぶさたしてしまい、もうしわけありません。退職後、田舎へ戻ったのですが、仕事が見つからず、また出てきました。いったん身を引いてしまうと、もとの場所へ戻るのはむつかしいものです。職探しもうまくいきません。電話で年齢を告げると、担当者がすっと身を引くのが分かります。で、おしまい。そこから先へ進みません。

正直、後悔しています。ハローワークの人にも、なんで前の会社をやめちゃったのと訊かれますが、うまく説明ができません。自己責任という言葉を最近よく聞きます。それなのかもしれません。半年前の自分も、その自分につきあってくれた皆さんも、はるか遠くの方に感じます。こう遠くては、戻れそうもないように感じます。お元気で」。

また会いましょうと返信したが、それきり連絡はなかった。以来、彼の消息は途絶えたきりである。

四　後期近代の正体

我々はまだ「平成リストラ」のトラウマから脱しきれていない。いや、「平成リストラ」は、それ以後も時代の基調音として響き続けている。「リストラ」は常態化し、ごく当たり前のものになった。

日本企業は「改造」を遂げ、従業員も「改造」を余儀なくされた。彼らは会社が安全でくつろげる場所ではなく、じっくりと腰を落ち着けて何かを成就する場所でもないことを理解した。また、自分がそこからいなくなっても、コンピュータや他の誰かが代替してくれること、たとえ不在による空虚が放置されても、組織はすぐにその事実を忘れてしまうことも知った。

会社との一体感は、長らく日本人のライフコースを支えてきたものだから、人々は大いにとまどった。最初に述べたように、「平成リストラ」をきっかけに、終身雇用と年功制、家族形成と子育てといった、大半の人に手が届くライフコースが怪しくなり始めた。「総中流」へ均質化を進めてきた社会に「分割線」が走り、締め出される人々が続出した。

このような社会変化は、日本だけで起きたことではない。

イギリスの社会学者であるジョック・ヤングの『排除型社会』（二〇〇七）の少々乱暴な区分によれば、後期近代は「排除型社会」に突入したのである。ヤングは、一九五〇年代から六〇年代にかけて、欧米は「包摂型社会」のピークをきわめたという。「包摂」は「同化」といってもいい。下層労働者や女性や若者などの幅広い層の人々を取り込み、移民を単一文化に組み込もうとする社会、「多数者への同調が重視される社会」（前掲書）である。ヤングが描いている典型的なモデルは、豊かで保守的で画一的な戦後のアメリカ社会である。

この包摂型社会が、六〇年代末の「文化的革命の時代」とその後の経済危機を経て、排除型社会へ変貌する。排除は三つの次元で進行した。第一は労働市場からの経済的排除、第二は市民社会の人々の間で起こった排除、第三は刑事司法制度と個人プライバシー保護の領域で広がっている排除活動である。★12

日本に置き換えてみると、労働市場からの排除は、まさに「平成リストラ」の中で起きた。市民社会からの排除は、「若者バッシング」として出現した。欧米では移民や異民族などが攻撃の対象になりやすいが、同質的な日本社会では若者がスケープゴートになったのである。法制度では厳罰主義にその兆候が見られるというが、日本の場合は、少年法の刑事罰対象年齢の引き下げや刑法・刑事訴訟法の改正などがそれに当たるだろう。

〝元祖〟リストラ、すなわちリストラクチャリングは、一九八〇年代のアメリカで猛然と開始された、事業と組織の再構築である。[★13] それは、何度か繰り返された構造転換に伴う産業組織の再編成であると同時に――今振り返れば――近代社会の大きな変容に発するものだったことが分かる。ヤングになぞらえていえば、前期近代から後期近代への転換に際して、アメリカ産業社会の基本モデルが弱体化したあげくにたどり着いた方法が、リストラクチャリングだった。「選択と集中」のかけ声の下、不採算事業の売却や労働者の解雇を通して、アメリカの先端的な大企業は、モノをつくるだけの製造業から知識サービスを付加した新しいタイプの製造業へ転身した（失敗した企業は市場から退出した）。

この結果、アメリカ産業社会はいったん息を吹き返す。ただし、産業の知識化によって従来のブルーカラーが仕事を失い、この層の大きな労働力源であった移民や若者が締め出された。そうした市場と社会の排除に伴うリスクを抑え込むために、それまでの寛容な包摂性が急激に縮小し、法制度が強化され、監視の目が厳しくなっていく。こうした変化は欧州を含め、世界の先進国で起きたことである。

アメリカのリストラクチャリングは、リストラと略称されて、九〇年代の日本へやってきた。その後の成り行きは、本章で述べてきたとおりである。日本のリストラは、ゼロ年代の景気回復を挟んで、「永久リストラ」と化している。企業や産業の構造改革がいっこうに次の場所に着地せず、漂流を続けている。社会も政治も同様である。「失われた十年」は、いつの間にか二十年に延長され、二〇〇八年のリーマン・ショックを挟んで、三十年のロストエイジへ向かっている。そして、このうんざりするような漂流と喪失の長い旅の中で、さまざまな変化が、「いわば猫の歩みのようにこっそりと引き起こされていく」[★14]のである。

個人にとっても組織にとっても、リストラによって損なわれるものは大きい。個人には締め出され、外されたという記憶が残り、それを仕掛けた組織には、埋めようのない不信（次は誰だ？）が残る。それらの「外傷」について、我々は歴史認識を通して向き合っておく必要があるし、その傷跡を手がかりに、こっそりと引き起こされた変化の正体を追ってみる必要がある。そうしなければ、九〇年代を振り返る意味はない。

註

★1　リストラは、二〇〇二年から始まった景気回復（いざなみ景気）とともに、いったん沈静化したものの、〇八年のリーマン・ショックに刺激されて復活した。二〇一〇年代に入って状況はますます厳しくなった。二〇一二年には、ルネサスエレクトロニクスの五千人を筆頭に、NEC、シャープなど電機大手で千人単位の希望・早期退職を募っている。

★2　「リストラ中高年」について、玄田有史は「このリストラ失業ほど、話題がセンセーショナルなぶん、その実態がイメージだけで語られてしまう場合は少ないのではないだろうか」と述べている（「リストラ中高年の行方」、玄田・中田編『リストラと転職のメカニズム』、二〇〇二、所収）。

玄田によれば、経営上の都合で会社を辞める中高年が増えた理由のひとつは、出向の頭打ちである。出向・転籍は、多くの部門や子会社を抱える大企業では「首切り」を回避する有効な手立てとして、それまでも多く活用されてきた。出向や転籍（特に転籍）は、給与などの労働条件の引き下げにつながる場合もあるが、中高年にとっては、慣れ親しんだ（あるいはそれに近い）組織文化の中で仕事を続けられる得難い選択肢である。そのような〝旨みのある〟出向が、稀少な機会になったのである。

一九九〇年代半ばまで、四十五～五十九歳の非自発的離職に占める出向の割合は、二〇パーセント以上の水準にあった。それが、一九九七年の二九・三パーセント（約三人に一人）でピークアウトし、以後は大幅な減少に転じた。背景には、出向先のない中小企業からの離職が増加して比率を押し下げているという事情もあるが、大企業でも九八年前後に出向の飽和が起きていた。受け入れ先の関連会社の経営悪化（もう採れない）、系列的な企業間関係の弱体化（そんな義理はない）、さらに出向人事の公平性チェック（説明がつかない）などの諸事情が飽和を引き起こしていたのである。

★３　リストラされた高野は、同じ教室に通う小島紗和子（大竹しのぶ）と心を通わせる。紗和子は過労死で夫を失い、自閉症の息子を一人で育てていたが、不況の影響で解雇され、一念発起して職業訓練校へやってきたのである。ひょんなことから始まったやや切ない恋は、その後、高野の離婚した妻の自殺未遂に見舞われて、断ち切られる。このラブストーリーは、リストラ中高年の行方とは別の方角のエピソードである。ちなみに、二人は別れ、映画の終盤で、乳癌を発症した紗和子の手術直前に再会する。

★４　「パラサイト・シングル」へ至る若者言説を振り返っておく。青年期と成人期の間に、「ポスト青年期」と呼ばれる新しいライフステージが目に見えるかたちで出現したのは、一九七〇年代であろう。日本では、小此木啓吾の『モラトリアム人間の時代』（一九七八）がその新現象を指摘していた。小此木は、エリク・H・エリクソンの「社会心理的モラトリアム」を援用して、六〇年代末の全共闘とヒッピーをその先駆けとしたが、さらにその特徴が、日本人の心性全般に通じる「社会的性格」へ拡大・浸透したと論じた。つまり、日本人全体がモラトリアム化したと述べたのである。

　ポスト青年期は、先進国に共通して見られる現象で、日本に特有の現象ではない。ところがなぜか、わが国の論壇は一貫して、各時代の「ポスト青年期」現象に対して揶揄と批判を投げつけてきた。「ポスト青年期」のモラトリアムな時間は、経済成長・消費社会と手を取り合い、華やかに軽やかに伸長していったから、その野放図に対する反発が現われるのは自然だったのだろう。ただし、その論調は比較的穏やかで、小此木にしてもどこか「モラトリアム」を文明論的現象と見ているフシがある。

　それが急激に、サディスティックな様相を帯びたバッシングに変わっていったのは、九〇年代半ばのようだ。後藤和智（評論家）は本田由紀（教育学者）との対談で、オウム真理教事件と神戸連続児童殺傷事件が転換を促したと語ったが、本田の方は、九〇年代の社会・経済的不安が若者の行動へ投影されたのではないかと問いを返している。

ちなみに、大澤真幸はオウム真理教を論じた著作『虚構の時代の果て』（一九九六）で、この時代の不安を象徴するキーワードのひとつは「パラサイト」だったと指摘している。大澤は、オウムが合わせ鏡のように日本の社会を映していたと述べた上で、彼らがさかんにスパイを恐れていた事実を挙げ、敵対的他者が自己に内在しているかもしれないという恐怖は、実は日本社会の側にもあったのではないかと論じている。瀬名秀明の『パラサイト・イヴ』（一九九五）や鈴木光司の『らせん』（一九九五）、岩明均の漫画『寄生獣』（一九八八〜九五）もその兆候だという。そして、この後に（しかもパラサイト・ブームが記憶にあるうちに）登場したのが、山田昌弘の『パラサイト・シングルの時代』（一九九九）だった。パラサイト・イメージはもうおなじみで、大人たちはすでに寄生される恐怖を持っていたから、寄生しているのが若者であると知ったとたんにバッシングする側に回った。

パラサイトは、組織論の視点から見ると、フリーライド（タダ乗り）問題として捉え直すことができる。社会や組織には、誰もが利用可能な集合財や公共財が備わっているが、これらの財には、その維持・管理に貢献していない人でもフリーライドできるという厄介な特徴がある。集合財や公共財は、企業では、認知度の高いブランドから整備された職場環境まで数多くある。地域社会なら、住民の協力による治安や相互扶助などがそれにあたる。これらは、その恩恵に与るすべての人たちが支えるべきものだが、実際にはタダ乗りを許しているし、タダ乗りがあることを半ば前提に運営されている。

ただし、フリーライディングが一定の限度を超えると、危機意識が生まれる。集合財や公共財は、使いっぱなしの冷淡な利用者が一定以上になると、急速に価値が低下してしまうからだ。七〇年代以後、若者たちへの風当たりが強くなっていったのは、彼らがフリーライダーに見えやすかったからだ。バブル期までは見逃されていたものの、九〇年代には、その素行に対して刺々しい眼差しが投げかけられたのである。

★5　「平成リストラ」の背景である「平成不況」には、国のミスリードもあった。宮崎義一は、ベストセラーになった『複合不況』（一九九二）で、九〇年春、東京証券市場のトリプル安（円安・株安・債権安）に直面しながら、三重野日銀総裁も橋本蔵相も、日本経済のファンダメンタルズには変化がなく、「依然力強い拡大を続けている」（橋本蔵相）と語った事実を挙げている。ところがこの時期、東京市場（及びニューヨーク市場）のトリプル安によって流出した資金は、実はフランクフルト市場に向かっていた。前年の「ベルリンの壁」の崩壊に続く、東ドイツの市民革命、東西ドイツの統一がフランクフルト市場を活性化し、東京・ニューヨーク市場のトリプル安に対応するトリプル高を招き寄せていたのである。一国のファンダメンタルズには左右されない大量の資金が流れ始めていた。金融では他の産業に先駆けてグローバル化が始まっていたが、その変化に対する理解が追いついていなかったのだ。

また、バブル崩壊後、九三年から九五年にかけて数度の景気対策を実行し、公定歩合を史上空前の低レベル（一・七五パーセント〜〇・五パーセント）へ引き下げて、九六年までは景気を浮揚させたにもかかわらず、九五年の住専七社の不良債権処理、九七年の橋本内閣による九兆円増税が、「二番底」への引き金を引いてしまう。折しも九七年はアジア通貨危機が勃発し、国内では山一證券や北海道拓殖銀行の破綻など、金融危機が表面化した。「平成不況」はさらに世紀を超えて長期化していった。

金融経済の発達による経済の不安定化も大きな要因である。宮崎は、日本と米国のリセッション

（景気後退）の共通性を指摘している。米国では、一九八二年暮れから始まった鉱工業生産指数の上昇局面は、八七年十月十九日の「ブラックマンデー」にもかかわらず持続した。日本では、八六年十一月から始まった景気の拡大局面は九一年七月まで続き、株価の急降下を横目で見ながら、「いざなぎ景気」（六五～七〇年）の記録を抜くかもしれないといわれていた。

実体経済は好調に推移しながら、金融経済がクラッシュし、それが実質ＧＮＰのマイナス成長を引き起こしていく――この「新しい経済現象」は、世界経済の構造に、根本的変化が生じていることを伝えていた。その変化は、例えば八〇年代に外国為替の取引額が財・サービスの貿易取引の額を圧倒的に上回り、かつ猛烈な勢いで伸長していることと同根である。「すなわち、一九七〇年代以降、世界経済を動かす力が、もはや財・サービスの取引（実需取引）ではなく、金融面の取引に大きく移行したこと、換言するとモノの経済にとってかわって、おカネの経済が世界経済のリーディングファクターになってきた」（前掲書）のである。宮崎は、この「ニューフェースのリセッション」を、従来のような有効需要不足によるフローのリセッションではなく、「金融の自由化による不良資産の調整過程（クレジット・クランチ）が先行し、やがて重なり合い連動する複合不況」（前掲書）と認識していた。日本の金融機関が金融自由化の一環としてＢＩＳ規制（自己資本比率の国際統一基準）を受け入れた結果、金融システムが麻痺してマネーサプライが低下し、経済活動全体が沈滞していったのだ。しかし、政策当局は従来の景況観から離れず、そのような認識には至らなかった。

★6　「新しい中世」は、ヘドリー・ブルや田中明彦が唱える近代世界システムの次の「現代世界システム」の概念で、国民国家のパワーが相対化され、多国籍企業など多様な権力主体が横断的に並存する国際政治体制を描き出している。田中は、『新しい中世』（一九九六）で自由民主主義と市場経済の発達度の最も高い圏域を「新中世圏」、それらがもっとも低い、停滞・混乱の渦中にある圏域を

「混沌圏」、中間的な圏域を「近代圏」と呼んだ。

水野和夫は、この田中らの構想と、ウォーラーステインが一九八九年を区切りとして近代世界システムが危機を迎えたと述べる認識を重ね、九〇年代後半の世界経済を論じている。本文で紹介した「成長圏」と「停滞圏」という二分法は、田中の三圏域論から来ているものと思われる。

★7　BRICsのBを除く三国は、かつての「帝国」である。すなわち、ロシア帝国（R）、ムガール帝国（I）、清帝国（C）である。これに帝国化する米国を加えると、五百年続いた国民国家の時代が終わりを告げ、新旧帝国の支配する二十一世紀の「帝国の時代」が浮かび上がる。ただし、アントニオ・ネグリが、「帝国」は脱中心性かつ脱領域性を帯びた支配装置であるというように、現実の国家がそのまま「帝国」の機能を果たすわけではない。「新しい中世」化が進展する中で、多様な権力主体のせめぎあいをコントロールするメタシステムが「帝国」の本領ではないか。

★8　企業間格差は、グローバリゼーションによって初めて発生したわけではない。従来、日本の産業に潜在していた「二重構造」が、グローバリゼーションの高波に洗われて、より鮮明なかたちで表出してきたといった方がいいだろう。日本経済は、戦後復興を成し遂げた後、造船↓家電↓自動車↓半導体↓電子と花形分野をシフトさせながら、「貿易立国」の成長モデルを実現してきた。しかしその陰には、規制に保護されてきたために対外的な競争力を持たない「成熟衰退産業」が存在していた。農業・漁業はもとより、建設業、百貨店・大型スーパーマーケットなどの流通業、そして「護送船団」に守られた金融業などである。

日本経済は二度の石油危機や円高不況を乗り切ってきたものの、その実態は「GDPの二割しか占めていない輸出産業が牽引し、素材産業や部品産業が支援し、成熟衰退産業はその恩恵と国内需要で何とか存続が可能になるという構図」（下川浩一『「失われた十年」は乗り越えられたか』、二〇〇六）だった。この「輸出産業」の中から、グローバル「成長圏」でも競争力を発揮できる企業が選別された。ただし、従来の米国を中心とする先進国向けの事業構造や製品ラインがそのまま、新しい「成長圏」で通用するわけではないから、今後も「構造改革」が止むことはない。ましてや、「成熟衰退産業」では、有効な施策はいまだ明確に見えておらず、産業そのものの再編成は必至である。

★9　大企業のリストラには、それなりに手厚い優遇措置が盛り込まれているのが特徴である。当時、松下電器は、リストラや「退職勧奨」などの言葉を排し、「特別ライフプラン支援施策」の名称のもとに、「特別ライフプラン支援金」（退職金の上積み）、「転職支援プログラム」（再就職支援）、「キャリア開発休暇」（再就職先探しのための休暇）などの制度を設けた。結果として、二〇〇三年三月までに、当初の目標八千名をはるかに上回る一万三千名が希望退職に応じた。

★10　労働分配率は、人件費を付加価値（人件費と利益の合計）で割って求められる。この数値は、一九七三〜七四年のオイルショックの後上昇を続けていたが、大企業・製造業では九〇年代の半ばから下がり始め、七〇年代初頭の水準（六〇パーセント台）に戻った。

★11　「分割線」は、かつては内部と外部を隔てていた。大多数を占める平均値前後の能力の保有者は組織のマジョリティとして、「分割線」の内側で比較的平和な環境を許されていたのである。ところが、八〇年代バブルとその崩壊、深刻な平成不況によって、日本企業は「分割線」の内部を守る力と自信を失った。組織全体への視点が薄れ、狭い範囲の個人評価へ偏していった。成果主義がガタついた経営の隙間に入り込み、個の短期的な評価に傾いていった。誰が平均を上回る稼ぎを果たしているか、誰が他人の足をひっぱっているか、という視野の狭い考課の中に「分割線」が引き込まれ、弱者探しに拍車がかかったのである。

★12　包摂型社会と排除型社会は、「差異」と「困難」でも説明される。前者は多様性（差異）を忌避するが、反抗者や強情者を改心させ復帰させる「困難」には、頓着しない社会だった。後者は、これとは逆に、多様性（差異）を好み、消費するが、同化困難な人々は許容しない。選別や格付けのプロセスがいたるところにあり、条件を満たさない場合はどしどし下位のグループへ排除する。

★13　アメリカのリストラクチャリングについて記す。当時のアメリカでは、深刻な不況に加え、ドル高や規制緩和に伴って海外の低コスト企業との競争が激化し、多くの企業が戦後ほぼ初めて経営の根本的な再編と合理化に着手した。その行動の第一歩がリストラクチャリングだった。

最も一般的な手法は、自動車や鉄鋼などの成熟産業で起きた工場閉鎖やレイオフである。IBM、AT&T、ゼロックスなどの高成長企業にも波及し、「フォーチュン五〇〇」（雑誌『フォーチュン』が発表する全米の収入上位五〇〇社のランキング）では、七九年から九三年の間に四百四十万人の人員（四人に一人）が削減されたという。こうしたダウンサイジングと並行して、多角化で肥大した事業・製品を整理し、絞り込む「選択と集中」も一世を風靡した。また、事業・企業を売却・買収するM&Aが、マネーゲームと相乗して大々的に展開されたことも特徴的である。

リストラクチャリングを経営行動の中で最も明快に示してみせたのは、GEのジャック・ウェルチである。よく知られた「ナンバーワン・ナンバーツー戦略」で、巨大なGEの事業を入れ替え、文字通り、再構築してみせた。ウェルチの自伝『わが経営』（二〇〇一）はこの経緯をつぶさに述べている。一九八一年、CEOに就任したウェルチがレストランの紙ナプキンに書いた「三つの円」が、「ナンバーワン・ナンバーツー戦略」を具体化するチャートになった。タービン・輸送機器・モーターなどの「中核」事業、医療機器・素材・航空宇宙などの「ハイテク」事業、金融・情報・原子力などの「サービス」事業――この「三つの円」に入らない事業は売却の対象に、「三つの円」を補完・強化する事業が買収の対象になった。この事業の大々的な入れ替えによって、全世界で十一万二千人の人員整理が行なわれ、五年間に全社員の四人に一人が同社を去った。

この結果、GEは八〇年代を通して、多くの事業を売却しつつ、三大テレビネットワークのひとつNBCを擁するRCAや、投資銀行のキダー・ピーボディ、医療機器などの企業を買収し、より高度な製品とサービスに業務の主力を移した。

ちなみにリストラクチャリングの発想は、本質的に米国の市場（原理）主義に通じている。米国企業では、伝統的に株主の権利が優先し、従業員や供給業者などは経営資源のひとつとして、それぞれの市場から随時調達されるべきものと考えられている。企業や事業も同様である。米国の株式市場は資金の調達の場であるとともに、事業・企業の売買の場として活用されてきた。つまり、リストラクチャリングとは、労働市場を通して従業員を入れ替え、部品・原料市場を通して供給業者を入れ替え、株式などの証券市場を通して事業を入れ替える、一連のリプレース作業なのである。

★14　ウルリッヒ・ベックによれば、「再帰的近代化」は、近代社会が「近代社会に内在するダイナミズムによって、階級や階層、職業、性役割、核家族、工業設備、企業活動等のあり方を、また、いうまでもなく自然成長的な技術発達や経済発達の前提条件とそうした発達の持続をむしばんでいく」新たな段階である（「政治の再創造」、『再帰的近代化』所収、一九九七）。ベックはこの認識に立って、工業社会が「時代遅れ」になり始め、その裏面で「リスク社会」が出現し、「社会的、政治的、経済的、個人的リスクが、工業社会における監視や保安のための諸制度から次第に身をかわす傾向」（前掲論文）が顕著になると言う。これが、ベックの主著『リスク社会』（原著一九八六）の主題でもある。

ただし、「再帰的近代化」はマルクスの予言した資本主義の危機ではなく、その「勝利こそがまさに新たな社会形態を生み出している」。たとえば、労働時間や雇用契約のフレックス化は、労働時間に関する旧来の境界線を解体していくが、こうした小さな施策は目に見える対立や宣伝を伴うわけではないので、「何の疑問もいだかずに旧来のカテゴリーでデータ集めを続ける社会学者が気づかないうちに、いわば猫の歩みのようにこっそり引き起こされていく」（前掲論文、傍点引用者）。

第2章　雇用ポートフォリオの誕生

一　悪名高いレポート

「元凶」と名指されて久しい文書がある。

一九九五年に日経連（日本経営者団体連盟）が発表した『新時代の「日本的経営」――挑戦すべき方向とその具体策』である。このレポートは、企業組織で働く人々を、「長期蓄積能力活用型グループ」「高度専門能力活用型グループ」「雇用柔軟型グループ」という三つのグループに分け、異なる雇用制度を適用する「ポートフォリオ」で管理すべきであるとした。

長期蓄積能力活用型グループは、企業のコア機能を担う管理職・総合職・基幹職であり、期間を定めない継続的雇用関係を結ぶ。高度専門能力活用型グループは、汎用的な問題解決力が求められるエキスパート人材で、有期の契約関係で働く。雇用柔軟型グループは、契約社員・パートタイマー・アルバイター・派遣社員など多様な雇用形態で働く人々だ。

九〇年代から急激に高まった非正規雇用へのシフトは、このレポートに端を発すると多くの論者が語ってきた。従来日本企業が（暗黙裡とはいえ）維持してきた終身雇用が、複数種の混成雇用へ転じたのである。リストラによる終身雇用の有名無実化は、現実の雇用調整場面で進んでいたものの、経済団体の公式レポートが、真正面からこの「聖域」に踏み込んだのは衝撃的だった。前章で述べた「分割線」は、労働市場では、この「雇用ポートフォリオ」で正当化されたのである。

例えば、雨宮処凛《あまみやかりん》は、「フリーター、派遣、請負、契約社員などの非正規雇用」のワーキングプアが直面している過酷な現実の元凶をここに求め、三種類の雇用グループについてこう書いている。

つまり、これからは幹部候補生レベルのエリート正社員と、特別なスキルを身につけたスペシャリスト、そしていつでも使い捨てにできる激安労働力の三つを組み合わせて使っていきましょうという提言をしたのである。非正規雇用層はもちろん「雇用柔軟型」だ。こうして「死なない程度のエサ」＝「低賃金」でいつでも使い捨てにできる層が非正規雇用という形で国内に誕生した。いわば、国内に奴隷制度ができたようなものである。（『プレカリアート』、二〇〇七）

引用の中で「国内」という言葉が二度出てくる。九〇年代、グローバル経済の急速な浸透によって、日本の製造業は高コスト構造を解消すべく、生産拠点を早々と途上国へ移転させつつあったが、流通・サービス業など内需関連企業は、外国人労働者とともに「国内」の使いやすい労働力を求めていた。すでに述べたように、九〇年代は大規模なリストラの一方で、非正規雇用の比率が急激に高まったが、その流れにみごとに巻き込まれたのが「国内」の若年層だったのである。

小林美希は、自分と同世代の「就職氷河期世代」を取材して、「正社員」もまた厳しい現実のさなかにあることを明らかにした。大卒就職率は、九三年度の七六・二パーセントという高水準の数値を最後に急激に落ち込み、二〇〇〇年度には五五・八パーセントに達した。小林は、この狭小な関門を突破し、正社員として採用された若者たちが、人員削減のあおりを受けて長時間労働や過重な責任を負わされ、疲弊していく様子を報告している。

その小林もまた、『新時代の「日本的経営」』に言及している。私なりに整理すると、このレポートが引き起こした非正規雇用の増大が、結果的に正規雇用を希少化させ、若い正社員たちは「少しばかりの雇用の安定と引き換えに」激しい労働を強いられることになった、という論理である。

高度成長期のような、若いうちの努力がいつか報われるという展望も見えず、若者は雇用環境が厳しいことを肌で感じている。そして、仕事にやりがいを感じても続けていくことが難しい労働条件・労働環境にある若者、給与は平均以上に得ることはできても仕事の内容に悩み職場を去る若者、過労死寸前のところでやっと職場を去る若者……。正社員といっても名ばかりの彼女ら・彼らは少なくない。(『ルポ〝正社員〟の若者たち』、二〇〇八)

『新時代の「日本的経営」』は、「雇用ポートフォリオ」によってつとに悪名高《なだか》いが、実際にはこれ以外にも、労働政策に関する幅広い提言を含んでいる。一言でいえば、いわゆる「日本的経営」の衣替えを企図し、彼らにとって「負の遺制」と映る要素をまとめて洗い流そうとしたフシがある。日経連という労務対策のプロ集団が本気で「戦闘」を宣言した文書として、エポックメーキングな意味を持っている。

その成立の経緯は、同レポートの「はしがき」によれば、九二年八月の報告書『これからの経営と労働を考える』にさかのぼる。日経連は、この報告書の中で日本的経営の基本理念として、「長期的視野に立った経営」と「人間中心（尊重）の経営」を打ち出した。ところが、その後、バブル崩壊と長期不況に見舞われて、上記の二つの理念が「わが国企業の基本的経営理念たりうるかを検討するために」始まったのが、「新・日本的経営システム等研究プロジェクト」であったという。「長期的視野に立った経営」と「人間中心（尊重）の経営」の有効性・普遍性を検討するという大義名分はいささか白々しいが、当時の財界が経営環境の急転に見舞われて、労働政策の迅速な改変を求めていたことはまちがいない。

そして、九四年八月に、二大理念が正当であることをみずから（！）確認した上で、雇用システム、人事・賃金制度、組織、能力開発の基本方針を、プロジェクトの「中間報告」として発表したところ、「それらの考え方を踏まえた、実践的でかつ具体的な指針を示してほしいとの各方面からの強い要請」があり、それに応えるかたちで『新時代の「日本的経営」』が作成されたという。経営の現場からすれば、マニュアルとして役立つものは喉から手が出るほど欲しい時期だったろう。

当のレポートは、第Ⅰ部が「総論――日本的経営システムの今後のあり方」と題され、以下のような章で構成されている。

第１章　環境変化にともなう経営理念の確立と経営のあり方
第２章　雇用・就業形態の多様化と今後の雇用システムの方向
第３章　賃金決定システムの見直しと職能・業績にもとづく人事・賃金管理の方向

第４章　動態的組織編成のあり方
第５章　個性重視の能力開発
第６章　福利厚生の今後の基本的方向
第７章　これからの労使関係と企業の対応

この七つの章は、「日本的経営」を支える「三種の神器」――終身雇用・年功賃金・企業別組合――を完全に包囲する構成になっている。

第１章の主な主張は、「長期的視野に立った経営」と「人間中心（尊重）の経営」が、引き続き日本的経営の基本理念であると述べ、九〇年代の環境変化の中で、この理念の「新たな展開」が求められているというものだ。

具体的には、①今後の「相応の成長」を維持するには新しい産業や市場を育成し、同時に「市場開放・規制緩和による産業構造の転換と企業のリストラ」を進めていかなければならない。②しかし、この過程で必然的に雇用過剰が生じるので、これを調整し、労働力の円滑な移行を支援する仕組みづくりが求められる。③それには、「従業員個々人の主体性を尊重」し、「従業員のニーズに即して多様な選択肢を用意する」ことが必要になる。④すなわち、「企業を超えた横断的労働市場」の形成が求められている。

砕いていえば、環境変化に対応して雇用を流動化するためには、個々人の「主体性」で多様な働き方ができるように、組織から個人を引き離すべきとし、終身雇用など従来の日本的労使関係から脱却して、もっと柔軟な組織にしていかないと日本の企業は立ち行かなくなると警告している。もっとも、表向きの表現はもう少し麗々しくて、「変化に柔軟に対応するダイナミックでチャレンジングな創造性豊かな企業経営」とされている。

「平成不況」の中で、財界はそれがたんなる循環的不況ではなく、日本の産業経済が本質的な危機に逢着しているものと認識していた。「平成不況」の本質はグローバル競争の進展にあり、もっとも顕著な現われは「高コスト」だった。九三年のいわゆる『平岩レポート』（平岩外四座長の経済改革研究会による報告書）は、この高コスト構造の打開をめざし、規制緩和と構造改革へ向かう道を示した。農業・流通業の保護政策、日本製造業のお家芸である「多品種少量生産」などと一緒に、労働コストが矢面に立たされたのはいうまでもない。高コストの元凶として「日本的システム」の存在が浮かび上がり、中でも日本的経営、日本的労使関係の「改革」にスポットが当てられたのだ。

先に述べたように、日経連は九二年以来、日本的経営の本質は――終身雇用・年功賃金・企業別組合などの制度・慣行ではなく――「長期的視野に立った経営」と「人間中心（尊重）の経営」にあると語り始めていた。

これは大きな転換だった。一九五〇年代のジェームズ・アベグレンの研究以来、長きにわたって日本的経営の基本要素とされてきた終身雇用や年功制を脇に置いて、日本的経営を再定義するのはいかにも無理がある。経済学者の牧野富夫は、この点を批判してこう述べた。

　すぐわかるように、「終身雇用慣行や年功賃金制度といった制度・慣行」ががらりと変わっても、「人間尊重」といった「日本的経営の理念」が叫ばれつづけているかぎり、それも「日本的経営」である――こういっている。もっといえば、「終身雇用」が「流動的雇用」へ、そして「年功賃金」が「成果主義賃金」へと完全に変質してしまっても、「人間尊重の経営」といった「基本理念」が標榜されつづけるかぎり、それはひきつづき「日本的経営」なのだ、こう主張している。（「「新・日本的経営」の21世紀展開」、『労務理論学会誌第16号「新・日本的経営」のその後』、二〇〇七、所収）

いわゆる「雇用ポートフォリオ」を提唱した第2章を見れば、『新時代の「日本的経営」』の考え方が、従来の「日本的経営」の通念とはまったく異なることは明白である。しかし日経連は、六〇年代以来、日本企業の成功要因として語り継がれ、八〇年代に「ナンバーワン」に登りつめたこのコンセプトネーム「日本的経営」を手放すことはしなかった。ここには、名前を継承しながら中身を詰め替えてしまえば、いつの間にか人は当初の中身を忘れてしまうだろうという図々しさがある。★1

そして「新・日本的経営」と略称されるこの労務思想は、日本の労働政策に小さからぬインパクトを与え、二〇〇〇年代前半にかけて様々な労働法制の改訂を引き起こしていった。その多くは、規制緩和や構造改革などの市場原理主義的な改革であり、日本の産業界には、「高コスト構造」の解消をはじめ、少なからぬ利益をもたらした。しかし、その言説には、今見たような「日本的経営」の詐称があったことは忘れられるべきでない。

二　柔軟で多様な管理とは

『新時代の「日本的経営」』の第2章は、「雇用・就業形態の多様化と今後の雇用システムの方向」

と題されている。冒頭では、「長期継続雇用」が、ポスト不足や人件費の増加、自主性・自立性・独創性の欠如や責任の稀薄化、企業偏重型生活スタイルなどを生み出したと述べ、単刀直入に新しい雇用慣行の必要を述べていく。どうやら、ここが核心である。

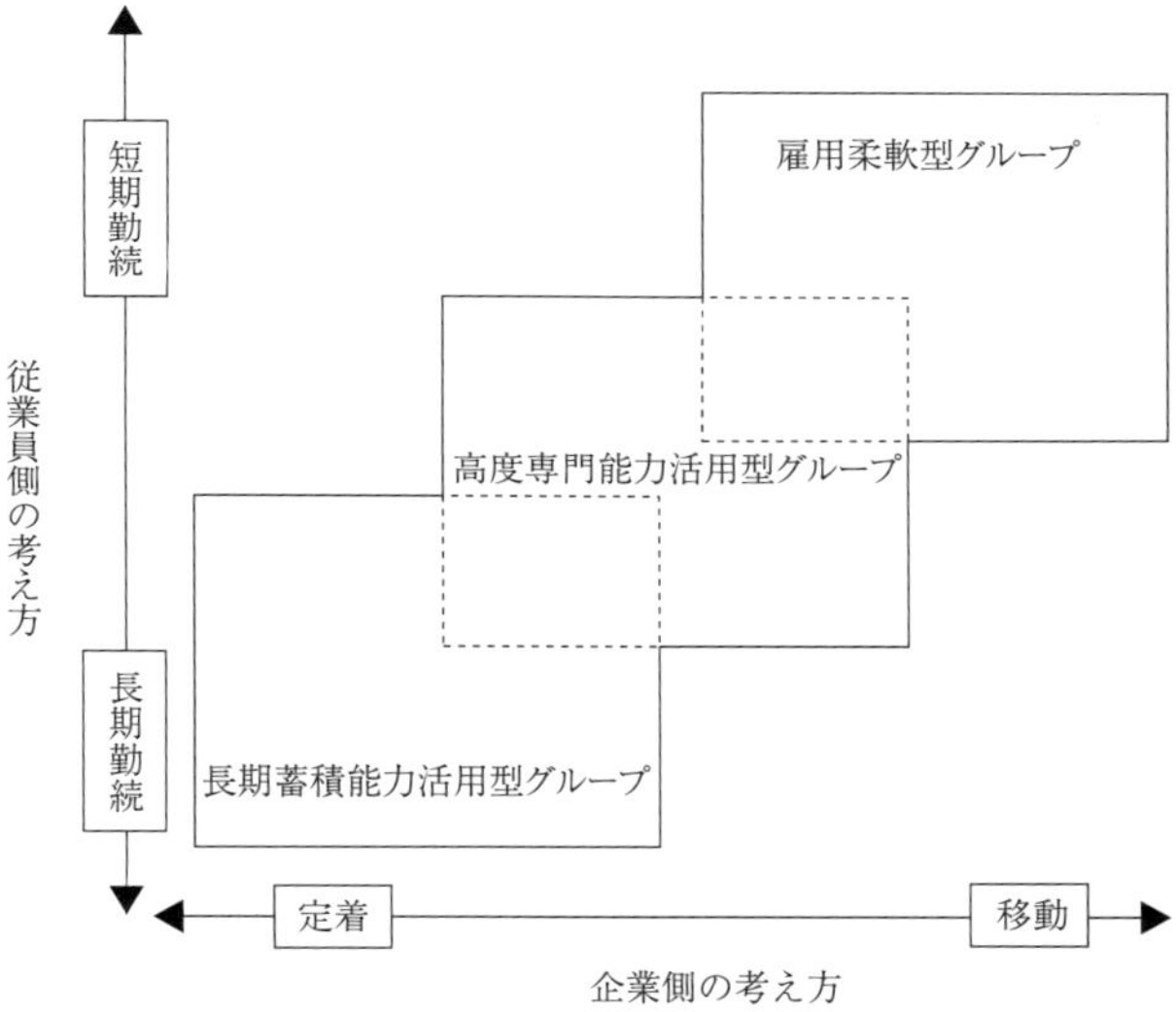

（原注：1　雇用形態の典型的な分類　2　各グループ間の移動は可）

図1　企業・従業員の雇用・勤続に対する関係
（『新時代の「日本的経営」』より）

> 新しい雇用慣行は、この理念（長期的視点と人間尊重——引用者註）をもちながら、産業の構造的転換、労働市場の構造的変化、従業員の就労・生活意識の変化に柔軟に対応できるようにその内容を整えることが大切である。それは長期継続雇用の重視を含んだ柔軟かつ多様な雇用管理制度を枠組みとし、企業と従業員双方の意思の確認の上に立って運営されていくものと考える。（『新時代の「日本的経営」』、一九九五）

用語レベルでいえば、「柔軟」と

「多様」がキーワードとして前面化している。注意すべきは、労働力を需要する側の事情だけで多様な雇用形態を導入するのではなく、供給する側も（少子高齢化や価値観の多様化で）様々な働き方を求めているというロジックが、この頃から浮上してくることである。「従来の包括・一元的な管理感覚と制度では対応できない」のは、需給（労使）双方の事情によるものだというロジックである。図1（前頁）にあるように、三種類の雇用形態が、「企業側の考え方」と「従業員側の考え方」の二軸上にマッピングされており、あたかも両者のニーズが一致したかのように描かれている。

　この章ではさらに踏み込んで、雇用形態のタイプ論を展開している。これが後に「元凶」とされた雇用形態の三分類だ。

退職金・年金	昇進・昇格	福祉施策
ポイント制	役職昇進 職能資格 昇格	生涯総合施策
なし	業績評価	生活援護施策
なし	上位職務への 転換	生活援護施策

　しかし、奇異なのは、なぜ三分類なのか、という理由が明白ではないことだ。「最近の雇用形態の動きから今後のあり方を想像してみると、だいたい次の三つのタイプに動いていくものと考えられる」という文章以外に、このタイプ論の正当性を説明した箇所は見当たらない。百歩譲って、当時このような考え方が産業界や経営者の常識だったとしても、本報告書の書き手たちがこの方針へたどり着いた筋道は明らかにすべきだった。

　三つのタイプとは、冒頭に述べた長期蓄積能力活用型グループ、高度専門能力活用型グループ、雇用柔軟型グループで、図2のように処遇が定義されている。

　長期蓄積能力活用型グループは、企業のコアを担う人材で

	雇用形態	対象	賃金	賞与
長期蓄積能力活用型グループ	期間の定めのない雇用契約	管理職・総合職・技能部門の基幹職	月給制か年俸制 職能給 昇給制度	定率＋業績スライド給
高度専門能力活用型グループ	有期雇用契約	専門部門（企画、営業、研究開発等）	年俸制 業績給 昇給なし	成果配分
雇用柔軟型グループ	有期雇用契約	一般職 技能部門 販売部門	時間給制 職能給 昇給なし	定率

図２　グループ別に見た処遇の主な内容（『新時代の「日本的経営」』より）

あり、本人も企業も長期にわたる継続的関係を望むグループである。彼らの能力開発ではＯＪＴ（職場での業務を通した教育・訓練）が重視されており、企業固有の知識を継承・発展させることを期待されている。

高度専門能力活用型グループは、エキスパート人材としてコア機能のサポート役を果たし、企業固有の知識をＯＪＴで叩きこむのではなく、ＯｆｆＪＴ（研修など職場を離れての教育・訓練）で各専門分野の先端的知識を習得させる。

雇用柔軟型グループは、定型的業務から専門的業務まで幅広い範囲を多様な雇用形態で働く人々である。そのつどの需給によって流動する傾向が強く、不安定な雇用条件の下にある。

と、ここまでは概説である。

この先は実践の世界である。企業は、三タイプのグループをどんなバランスで組み合わせればもっとも効率的な経営ができるのかを、考えるように求められている。一括採用の新卒社員が単線的な人事制度の上で均質化していく旧来のやり方を改め、働き方も処遇も異なる複数のグループが新陳代謝していく、ニュータイプの組織に変えるように要請されている。日経連は会員社に向かって、それぞれの運営や管理にふさわしい「自社型雇用ポートフォリオ」を開発せよと指令を飛ばしたのである。

では、日経連が「雇用ポートフォリオ」をこれほど強く求めた理由はどこにあったのだろうか。実状はかなりさし迫ったものだった。それは、「雇用ポートフォリオ」を紹介した第2章の次の第3章が、「賃金決定システムの見直しと職能・業績にもとづく人事・賃金管理の方向」であることから見て取れる。要は、人件費の問題だった。

第3章第2節の次の文章は、本音である。

マクロの賃金決定においては、日経連がかねてから提唱している生産性基準原理の考え方に沿って対応すべきであるが、個別企業においては厳しい経営環境を反映して、総額人件費管理のあり方が問われてきている。

わが国経済が今日まで比較的順調に発展してきたこともあって、人件費管理への対応が甘かったといってよい。現在、多くの企業はその改善に真剣に取り組まざるをえなくなっている。

（前掲書）

槍玉に上がっているのは「世界のトップクラスになっている」日本の賃金、つまり、いま企業が抱えている労働者の定期昇給やベースアップである。しかし、メッセージの本質はそんなところにはない。それが示しているのは、（誰が見ても）総額人件費管理を効果的かつ迅速に実行するには、「雇用ポートフォリオ」を使うに限るというコンテクスト（文脈）だ。

ここをうかうかと見落とす経営者はいないし、正規従業員に比べて、非正規従業員の方が低コストであることを知らない経営者はいない。

もうひとつ、「雇用ポートフォリオ」は、「労働・労働力供給におけるジャスト・イン・タイム（JIT）ともいうべき体制を作り上げようとしている」という指摘もある（浪江巌「雇用形態の多様化と正規雇用の変容」、原田實他編著『新・日本的経営と労務管理』、二〇〇〇、所収）。環境変化に対応して雇用を調整することは、企業経営の基本動作だが、一九九〇年代以後、日本企業は従来の雇用調整ではもう追いつかないという恐怖に近い実感を持った。当時、未曽有のリストラを進めるために、新しい雇用調整の方策を求めた経営者も少なからずいただろう。「雇用ポートフォリオ」は、そこに差し出された救いの手のようなものだった。

三　ポートフォリオとリスク社会

ここまで、「雇用ポートフォリオ」と呼ばれるものに触れながら、「ポートフォリオ」という概念を検討してこなかった。そもそも「ポートフォリオ」とは何か。それは、九〇年代に、なぜ雇用や人事と結びついたのだろうか。少々の迂回を覚悟の上で、この言葉の背景を探ってみよう。

ポートフォリオ（portfolio）とは、もともと携帯用の「紙挟み」を意味する言葉である。ラテン語のportare（運ぶ）とfolio（葉、紙切れ）が語源であるという。ただし、挟み込まれるものはなんでもいいわけではなく、その紙挟みを持ち歩く人の履歴、実績、作品、資産などを表わすものに限られていた。例えば、クリエイターは自分の作品を、モデルは自分の写真を、投資家は自分の有価証券の一覧表を、ポートフォリオに仕立てて持ち歩く。

ポートフォリオは、その人の過去であり、現在であり、さらにこれから生み出すかもしれない未来の価値の可能性を可視化するツールなのである。

ポートフォリオがアカデミックな言葉で初めて定義されたのは金融の分野だった。一九五二年六月、権威ある学術雑誌『ジャーナル・オブ・ファイナンス』は、二十五歳のシカゴ大学の大学院生、ハリー・マーコビッツの「ポートフォリオ選択」という論文を掲載した。マーコビッツはまだ無名だったが、この一本の論文で投資の世界に革命をもたらし、一九九〇年には経済学分野のノーベル賞を受賞した。それは、資産の証券化やデリバティブ取引など、八〇年代に盛んになった新しい金融技術の開発（いわゆる金融工学）が、マーコビッツから始まるからだ。

古くから、投資家は分散投資（diversification）の知恵を語っていた。「ひとつのカゴにすべての卵を盛るな」という諺は、その代表である。同じような値動きをする銘柄に投資を集中していると、値上がりする時は大きな儲けがあるが、逆に値下がりすれば全部損になる。できれば、相互の値動きに関係がない別々の銘柄に、投資を振り分けるべきだという教えである。ただし、なぜ、そうするのかを説明する理屈は存在していなかった。マーコビッツの功績は、投資行動に含まれる「リスク」の概念を科学的に定義したところにある。★2

彼のおかげで、投資家は、運命の気まぐれが支配する荒々しい博打的な世界を出て、「効率」という分かりやすい規準が通用する、平明で計算的な世界に移り住むことになった。そこは、リスクをコントロールしさえすれば着々と収益を上げられる世界、マネーがマネーを直接に拡大再生産していく世界、である。もっとも、ポートフォリオ理論から始まる金融工学の発達が、リスク回避の手法によって金融市場を拡大する一方、結果的にはその浮動性（volatility）を高め、この間何度も経済危機を生み出してきたことも想起すべきだろう。ポートフォリオは便宜を提供する一方で、回りまわってなにか禍々《まがまが》しいものを分泌する。

　世の中にはもうひとつ有名なポートフォリオがある。経営戦略論に触れたことのある方なら、「プロダクト・ポートフォリオ・マネジメント」（ＰＰＭ）はご存じだろう。「金のなる木」や「負け犬」などという、妙に生々しい言葉を聞いたことのある方はもっと多いかもしれない。「田の字」に四象限を切って、横軸にマーケットシェア（市場占有率）、縦軸に市場成長率を取る。すると四種類の特性の異なるゾーンが生まれるから、それぞれのゾーンに自社の様々な事業をマッピングする。こうして整理してみると、ヒト・モノ・カネなどの経営資源を各事業にどのように配分すればよいのかが見えてくるのだ。

　ちなみに、マーケットシェアが大きければ、有利な商売ができるので現金の流入が大きくなるし、市場成長率が高ければ参入する競争相手も増えるので現金の流出も大きくなる。

　左上のゾーンは「花形製品」（Star）である。たくさん稼ぐが出ていく額も大きいから、見た目ほど儲からない。左下のゾーンは「金のなる木」（Cash Cow）で、ぱっとしないようで実は稼ぎ頭である。右上のゾーンは「問題児」（Problem Child）だ。今は稼げないが、花形に育つ可能性があるから切り捨てられない。最後の右下のゾーンは「負け犬」（Dog）である。稼ぎはないが出金もたいしたことがないから、放っておいてもいい[★3]。

　ＰＰＭは、米国のボストン・コンサルティング・グループ（ＢＣＧ）によって、一九七〇年代初頭に発表されたものだが、各ゾーンの気の利いたネーミングもあって一世を風靡した。背景には、五〇年代後半から六〇年代にかけて、米国で「コングロマリット経営」の名のもとに、旺盛な（しかも放縦な）多角化が進んだという事情がある。多岐にわたり、しかも相互関係の薄い事業を抱える大企業にとって、限られた経営資源の配分は大きな課題だったから、事業の優先順位を評価し、絞り込みを図るために、ＰＰＭはまさに渡りに船のツールになったのである。

複数の事業に分散投資するコングロマリットの方法は、マーコビッツのポートフォリオ理論の延長線上にある。事実、当時の投資家は、リスク分散された安定的な投資対象として、コングロマリットを歓迎したといわれる。しかし、投資理論は企業経営とは別物である。分散投資は、企業経営に求められる有機的な統一性と矛盾し、大きな非効率を生みだすこともある。コングロマリットに走った企業は、危険を感じてもうひとつのポートフォリオすなわちＰＰＭに乗り換えていったということになる。

マーコビッツのポートフォリオとＢＣＧのポートフォリオ——両者の考え方は、限られた資源の配分（投資）を合理的に判断するという点で共通している。効率的な投資やリスク回避への志向は共通しているが、違いを大づかみにいうなら、マーコビッツはポートフォリオの「選択」を主題にしており、ＢＣＧはポートフォリオの「分析」にフォーカスしている。もちろん、選択と分析は行為として連動する可能性がある。分析の結果、ポートフォリオの入れ替えを決断する投資家もいれば、ポートフォリオの選択が分析を必要とする場面もある。あえていえば、前者はリスクをヘッジ（hedge）する方法であり、後者はリスクをマネージ（manage）する方法である。

では立ち戻って、「雇用ポートフォリオ」も、これらのポートフォリオの系譜に属しているのだろうか。

見てきたように、ポートフォリオは資産を管理するツールである。銘柄であれ、事業であれ、人材であれ、利益を生み出すものは資産である。そして、利益の創出にはリスクがつきまとう。株式投資にも事業投資にもリスクがあるように、人材への投資にもリスクが伴う。だから、雇用リスクをヘッジし、マネージするために、「雇用ポートフォリオ」が生み出されたと考える合理性はある。

最大の雇用リスクは、いうまでもなく、役に立たない従業員を雇ってしまうリスクである。コスト割れという直接的な損失もあるが、組織全体に対する見えない悪影響もある。もちろん、試験や紹介によってリスクの減少が図られるが、失敗する場合もある。見てくれは良くても期待はずれの食わせ者がいるし、後ろ足で砂をかけるように逃げていく輩もいる。雇用リスクは、いつの時代にもある。[★4]

しかし、「雇用ポートフォリオ」は、その手のリスクのためのツールではない。それの構成要素は、実は人材という個々の資産ではなく、長期蓄積能力活用型、高度専門能力活用型、雇用柔軟型という三つの被雇用者グループである。ポートフォリオの要素は、銘柄であれ事業であれ、なにか価値を生み出す資産である。だからこそ、人はそこに投資し、リターンを期待する。しかし、被雇用者グループはちがう。それは、雇われ方の異なる労働者の集団であって、個々の人材（資産）の実績や能力や資質に言及するものではない。つまり、「雇用ポートフォリオ」は、古典的な意味の雇用リスクにかかわるものではないのだ。

では、どんなリスクに、このポートフォリオは対応するのか。「平成リストラ」と同様、「雇用ポートフォリオ」の背景にも、経済と社会の変容がある。

ひとつは、いうまでもなく、グローバリゼーションの影響だ。経済学者、金子勝の『長期停滞』（二〇〇二）によれば、グローバリゼーションは金融市場から労働市場の順に進み、やがて農産物市場で壁に突き当たるという。こうした順序でことが進行してゆくのは、それぞれの生産要素市場の調整速度が違うからだ。

金融は空間も時間も楽々と飛び超えていく。国家や地域はいうまでもなく、未来にさえ先物取引によって越境していく。しかし、労働力は人間の身体や生活という自然に、農産物は天候や収穫という自然に制約されて、金融ほどの自由度を持たない。つまり、調整速度は金融に遅れ、相応の調整コスト（時には軋轢）を発生させる。軋轢とは、先進国内の製造業のリストラであり、労働力のサービス業への移動であり、非正規雇用の発生である。

一方、金融自由化の進行は、結果として世界中に様々なバブルとその破裂を生み出し、金融市場の浮動性を拡大した。こうした金融システム全体に及ぶリスクに対応するべく、三次にわたるＢＩＳ規制が導入され、市場の透明性を高めるために会計基準の統一が進められた。いわゆる「会計ビッグバン」である。透明性とは、投資家に対する投資先の正確な情報開示を意味しているが、そのためのモノサシとして、グローバルスタンダードな（実際にはかなり米国寄りの）会計基準が持ち込まれた。

雇用に決定的なインパクトを与えたのは、連結キャッシュフロー計算書、特に短期の企業収支を表わすフリーキャッシュフロー（税引き後営業利益と設備投資の差額）である。税引き後営業利益は、売り上げという最も変動の大きな要素と人件費という最も固定的な費用によって決まる。フリーキャッシュフローを常に「健全」にするために、企業は正規雇用の比率を下げ、雇用の弾力化（フレキシブル化）、すなわち変動費化に向かった。これが非正規雇用の拡大が意味するものである。

逆にいえば、雇用状況は、経営者のみならず、投資家にもきわめて重大な企業情報になった。労働コストだけではない。雇用のフレキシビリティも、投資判断に欠かせない材料と見なされるのだ。つまり、「雇用ポートフォリオ」のリスクは、古典的な雇用リスクではなく、投資の適否にかかわるリスクを意味しているのである。

もう少しいえば、雇用ポートフォリオは、三種類の被雇用者グループを三段階のリスクレベルで見ている。長期の正規雇用ではハイリスク・ハイリターンのモデル、有期契約や派遣社員などの非正規雇用では、ミドルリスク・ミドルリターン、ローリスク・ローリターンのモデルを使い分け、リスクを小さく、管理しやすくしている。ありていにいえば、高度専門能力活用型グループと雇用柔軟型グループには、限定された範囲の労働力をそのつど売り渡すことしか期待していない。

ここまでは容易に想定できる話だが、もうひとつ、社会変容による影響もある。

それは、ヤングが強調する「保険統計主義」の兆候である。

「保険統計的」とは聞き慣れない言葉だが、actuarial の訳で、元の名詞の actuary（アクチュアリー）は、リスクや不確実性の分析、評価などを仕事にする専門家のことだ（保険数理士や保険数理人と訳される）。前章でふれた「包摂型社会」が逸脱者を教育し、矯正し、連れ戻す困難をあまり厭わなかったのにひきかえ、「排除型社会」の専門家は、そのような努力に関心を持たない。

ヤングはこう書いている。

後期近代社会の社会統制の基調にあるもの、それは「保険統計主義」である。すでにみたように、ここでは正義を追求することよりも被害を最小限にすることが求められている。そして犯罪や逸脱の原因を探ったところで犯罪という社会問題は解決しないとみなされている。保険統計主義の中心にあるのはリスク計算である。それは精度の高い確率論的計算であり、そこで注意が向けられるのは問題の原因ではなく、その問題が起こる蓋然性である。保険統計主義にとって重要なのは、正義でなく、被害の最小化である。それが目的とするのは、世界から犯罪をなくすことではなく、損害を最小限にする効果的手段である。それが追求するのは、ユートピアをつくりだすことではなく、敵意に満ちたこの世界に塀で囲まれた小さな楽園をできるだけ多くつくりだすことである。(『排除型社会』、二〇〇七)

ヤングは犯罪について述べているが、もちろんその視線は社会全体に及んでいる。さまざまな逸脱や反抗や転落や離脱は、すべて「保険統計主義」の対象になりうるのだ。アクチュアリーは、ことの起きる確率に注意を払うが、その原因や解決法には関心がない。彼らは、リスクの起きる可能性を測ることが、できることのすべてだと考えている。[★5]

「雇用ポートフォリオ」にも共通するものがある。ひやりとするような低温の感触である。

たとえば、長期蓄積能力活用型は、内部者として人事制度の中で管理するが、高度専門能力活用型と雇用柔軟型は、外部者として、リスクマネジメントの対象と見ている。日経連の〝多様な働き方を求める社会のニーズには、従来の包括・一元的な管理感覚と制度では対応できない〟という考え方は、「保険統計的」な真意を半ば顕わにしている。包摂を拒否する態度であり、外部者にはリスク管理の姿勢で臨むという意志を表わしている。「分割線」が浮上している。

この時代の日経連が口にする「多様性」とは、彼らのルールをはみ出す外部性の意味である。外部者は見知らぬもの、不可知なものであり、ゆえに危険をはらむ。従来、大部分の従業員を内部に「包摂」していた企業は、少なからぬ部分を外へ出すにあたって、外の社会とそのリスクに直面することに気づいた。古典的な雇用リスクとはまったく異なる「街のリスク」に対して、彼らが選んだのが、雇用ポートフォリオという手法の「保険統計主義」だったのである。

外部者をリスクとして見る場合、その視線はヤングの言うように「正義を追求することよりも被害を最小限にすること」を求めるようになる。つまり、能力不足やミスマッチなどの「問題の原因ではなく、その問題が起こる蓋然性」を気にかける。そして、成果主義とは、長期雇用者に適用する、実は淫靡な「外部化」である――目標管理による契約と達成度による評価は外部者への態度である――ために、コア従業員もしだいに「保険統計主義」の視線にさらされていく。彼らは内部に丁重に囲われながら、かつてのように包摂される実感を持てない。もっと悪いことに、アクチュアリーの視線にあぶり出されて、逸脱し、反抗し、離脱したい衝動に駆られる。リスク管理的視線が、逆に第3章で述べるような不機嫌な態度と不可解な行動を誘いだしていく。

「雇用ポートフォリオ」には「保険統計主義」が潜んでいる。前章で論じた「分割線」にもこの考え方は通じている。リストラ期の〈社会意識〉の背景はここにもある。

四　何が失われたのか

日経連は、二〇〇二年に経団連と統合し、半世紀余の歴史を閉じるが、戦後財界の労務政策を中心的に担ったこの組織の最後の仕事こそ、「日本的経営」の衣替えであった。『新時代の「日本的経営」』について、熊沢誠は、「長期蓄積能力活用型グループ」を自認する中核社員に「活を入れる」(『能力主義と企業社会』、一九九七)ためのキャンペーンであり、「雇用ポートフォリオ」以外の内容に新味はないとした。しかし私は、終身雇用と同時に標的にされた「年功制」についても、「排除」という視点から見ると、見過ごせない内容を含んでいるように思う。

彼らの決意は、まず次のように語られている。

各人の人事・賃金等の処遇は、能力、成果をベースにした需要と供給との関係によって決まるため、基本的には能力、成果を中心とする処遇制度にしていく必要があろう。

したがって、これからの人事制度も経営環境や従業員意識の多様化がどのように変化するかを踏まえて検討することになるが、その際、「人間中心(尊重)」と「個人の主体性の確立」という基本理念をベースに、従来の減点志向ではなく、努力次第で過去の失敗をいつでも取り戻せる、いわゆる〝敗者復活〟が可能となるチャレンジ型、加点型の制度を導入する必要がある。

(『新時代の「日本的経営」』、一九九五)

日本企業の人事制度に明るい者でなければ、この文章の真意をただちに理解することは難しい。「従来の減点志向」とは一体何か。また、それと対比され、今後導入されるべきとされた「チャレンジ型、加点型の制度」とは、どのようなものを指しているのか。

経営学者の黒田兼一の論考「職能資格制度と人事考課」を参照しながら、年功制の転換がどのような論理によって、またどのような実態に即して進んできたのかをトレースしてみる。

まず、「減点志向（主義）」とは、「学歴や性別、労職身分や勤続年数を基準とした差別人事であり、社員はみな同じという会社中心の発想で評価・育成・配置し、そこからはみ出る人間の短所や欠点のあら探し（＝「減点」）を行ないながら選別する」（前掲論文）やり方であるという。一方、「加点主義」は、学歴・性別・勤続年数などを基準とした人事（年功的人事）に代わる、各人の適性・意思・個性を重視した人事である。

「減点主義」の前提は、日本企業の新卒一括採用である。「加点主義」が財界から強調されるようになったのは、従来の「能力主義管理」が、運用の不徹底ゆえに年功的な性格を色濃く残していたため、それを修正する必要があったからだ。

「能力主義管理」が登場したのは——第Ⅲ部第1章で述べるように——一九六〇年代半ばである。この頃から日経連は、従業員を経験・学歴でなく、「職務遂行能力」で処遇することを求め、その中軸システムとして、職能資格制度の導入を企業に要請した。この時点で、年功制は明らかに追い落とすべき主要なターゲットとして設定されていた。

しかし、日本では職務の内容や範囲が曖昧なため、その遂行能力もまた曖昧にならざるをえない。すると評価者の解釈は自在となり、結果的に、従業員の能力発揮への努力（いわゆる「情意」、すなわち潜在能力）を重視することになり、結局のところ、能力主義といいながらも、その「年功的運用」へ落ちついていく。

九〇年代に、減点主義に対して加点主義が対置されたのはこのような経緯によっている。日経連は、もう一度、個々の従業員の働き具合に目を凝らすために「加点主義」と言い、さらに「職務遂行の能力」ではなく、可視的な「職務遂行の成果」に視線を向けた。いうまでもなく、「成果主義」への転換である。

さて、職能資格制度は、従業員を能力や貢献に応じて職務資格等級に格付けする仕組みである。賃金・昇進などの処遇は、すべて職務資格等級に基づいて行なわれる。つまり、そうすることで従業員の処遇と担当職務・職位を切り離し――分かりやすくいえばポストの数を増やさずに――従業員の自発的な努力や競い合いを促進できる便利な仕組みなのである。

『新時代の「日本的経営」』でも、職能資格制度は維持すべしと述べられている。ただし、「今まで以上に職務にリンクした」制度にするように求めている。そのために、職能資格基準の部門別・職掌別の詳細化や、資格数の増設を提案している。また、制度の運用すなわち昇格についても厳しい考え方を示している。

黒田は、「卒業方式」と「入学方式」という言葉で、昇格制度の新旧を説明している。卒業方式とは、現在の資格に求められる能力要件を満たせば「卒業」し、ひとつ上の資格に昇格させてもらえるが、入学方式では上位資格の能力があると判定されない限り、「入学」すなわち昇格できない。つまり、「卒業方式」によって、ある等級に格付けるのは、その「能力」を身につけているからではなく、その「能力」を身につけることを期待し、要求しているからである。未来のある時点で要求に適うことがあたかも当然のように想定されている。

「入学方式」は違う。こちらは、能力要件が満たされなければ、上位ランクへの門戸は永久に開かれず、場合によっては降格もある。

能力要件を証明するのは、潜在的な能力（未来の可能性）ではなく、顕在的な成果（直近の現実性）である。「新・日本的経営」は、執拗に、いま目に見える成果を求めることで、年功制についつい流されがちな「日本的経営」に楔《くさび》を打ち込もうとした。

『日経ビジネス』二〇〇四年三月一日号は、「社員の寿命は十五年」と題する特集を組んでいる。この年の春闘では、「定期昇給の廃止」が相次いだが、同誌はこのような動向にふれながら、「十年、二十年にわたって全員の能力が平均的に伸びていくという平等主義は全くの幻想に過ぎない」と書いている。ローソン、三越、武田薬品工業などの事例を挙げ、これらの企業の問題意識を集約すると、「社員が「旬」を迎えるのは三十代半ばから後半、新卒入社から十五年程度ということになる」と冒頭から結論づけている。事例に挙がった三社はいずれも、入社から十年〜二十年でなんらかの分岐点を設け、一定の成績を修めて突破する一部の者以外は、昇給が頭打ちになる。

このような年功制の見直しは、いわゆるバブル期入社世代を対象に実施されたと見る向きもある。猫も杓子も採用した「玉石混交」のバブル世代が四十代を目前にしたこの時点で、企業は年功制を捨てる決断をした、というわけだ。タッチの差で企業に滑り込んだバブル世代が、中堅にさしかかったところで思わぬ不意打ちに遭ったというべきかもしれない。

かつて、終身雇用と年功制はセットになっていた。若い頃の低賃金を、年齢が高くなってから穴埋めする後払い方式のはずだった。じっとがまんしていれば、最終的にはまあまあのレベルで中高年を過ごし、停年を迎えるという「お約束」だった。それが、十五年で頭打ちではハナシが違う……。

ささやかな未来は、こうして、少しずつ潰される。

現状の不足はあろうとも、「未来の可能性」に向けてコトを先送りする鷹揚さが許されたのは、さらなる経済成長が信じられた時代ゆえであった。日経連は、その鷹揚なやり方が失速しつつあることを察知していた。だから、終身雇用の終了とともに年功制の終了も宣言され、九〇年代の後半から、その宣言は企業の経営現場で実行されたのである。

確かに非正規雇用への急速なシフトと成果主義の導入は、「利益の出る体質」を生み出したが、一方で日本の企業とそこで働く人々の心を損なった面がある。

中でも、「情意」や潜在能力への期待――それが評価者の能力不足や怠慢による場合があったとしても――が失われたことのインパクトは大きい。未来があり、そこで自分がもう少し良き存在でありうるかもしれないという想念は、おそらくどんな人間にも力を与える。そのような想念を許容し、肯定する気風は、かつての日本企業に存在していた。[★6]

九〇年代に、その信頼は少なからぬ数の企業で失われた。そして、同時にその頃から「未来」という観念が働く人々の現場から喪われていった。こうして一方では、未来にはリスクがあるという「保険統計主義」が浸透し、もう一方では、「分割線」の向こう側に、未来を期待されない人々が押しやられたのである。

註

★1　日経連は、「日本的経営」を、自らの政策を正当化するために頻繁に活用した。ジョン・クランプの『日経連』（二〇〇六）によれば、一九七八年の日経連結成三十周年記念総会において、当時の会長櫻田武は、基調講演で欧米と日本の資本主義の違いを強調し、その要因を「日本の風土」と「経営とは人間集団の運営という意識」に求めた。後に刊行された『日経連三十年史』には、「『個と全体との調和を図る』ことがつねに優先されるというわが国の独自性」と述べている。

本書の第Ⅲ部第1章で述べるように、日本的経営には、確かに日本の「風土」や「独自性」と呼ぶべきものがある。ただし、それは自ずと生まれたものではなく、一九五五年前後の厳しい労働争議を経て、労働側と経営側がたどりついた雇用慣行上の合意を含んでいる。重要なことは、その時点で、労働も経営も戦後的教条主義を緩和し、大量生産と大量消費をつなぐ高度成長路線へ舵を切ったことである。「個と全体との調和」が目的であったわけではなく、企業の拡大と生活の充実を両立させる「豊かさ」のための絶妙な連携こそ、「日本的経営」のコアコンセプトである。ただし、成長期に有効なコンセプトは停滞期には機能しなかった。特に労働側は、「生活給」の論理に固執し、権利を主張しうる新しいロジックを生み出せなかったように思う。労働側が、もし『新時代の「日本的経営」』に対抗しうる構想を打ち出せていれば、決定的な敗北は避けられたかもしれない。

★2　マーコビッツのポートフォリオ理論をピーター・バーンスタイン『リスク』（一九九八）と今野浩『金融工学の挑戦』（二〇〇〇）を参照し、概要を紹介する。収益率が異なる複数の資産があり、それぞれの資産へ比率を変えて投資するポートフォリオがあるとする。マーコビッツは、このポートフォリオのパフォーマンスを評価する上で、二つの規準を設定した。

規準３・１：収益率の平均値は大きいほど望ましい

規準３・２：収益率の分散は小さいほど望ましい

規準３・１は誰が考えてもその通りだが、３・２は、漠然と認識されてきた投資の「リスク」を収益率の分散（variance、バラツキ具合の尺度、すなわち標準偏差）で表現するという画期的なアイデアだった。さてしかし、収益率を高めながら、その分散を小さくすることはたいていの場合うまくいかない。収益率の平均値を上げようとすると、いきおい同じ傾向の銘柄に集中することになり、分散も大きくなる。いわゆるハイリスク・ハイリターンになる。そこでマーコビッツは、規準３・１と３・２を次の規準に書き改めた。

規準３・１′：収益率の平均値が一定ならば、その分散は小さいほど望ましい

規準３・２′：収益率の分散が一定ならば、その平均値は大きいほど望ましい

となれば、数学的な設問が成立する。収益率を一定の値に固定した上で、分散の最小値を求めよ。そこから最も効率的なポートフォリオが作成できるであろう――。収益率を変えて最小値を次々に算出し、そのドットを結んでいけば、ボトムを持つ曲線が現われてくる。これが「効率的フロンティア」と呼ばれるものである。

★３　ＰＰＭの妙は、それぞれのゾーンへの分類だけではない。異なる事業のうち、あるものは成功して問題児から花形製品へ移行し、市場の成熟とともに金のなる木へ進む。そこで稼いだ金を問題児や花形へ投資することで次の稼ぎ頭を育てる。事業には、人間の一生のように成長と衰退があるから、経営者は、個々の事業のライフサイクルを管理することによって経営資源の合理的な配分を行ない、

事業全体のバランスを取り、良循環をつくり出すことができる、というわけだ。

★4　日本的雇用慣行は、多様性に配慮した分散投資にあまり積極的ではなかった。新規一括採用と長期育成は、技術的熟練と高いロイヤルティを持つ均質な従業員の確保には有効な仕組みだが、異質な発想や行動には抑圧的に働く場合がある。それは、八〇年代まで日本の製造業が取り組んでいた漸進的なイノベーションには整合的だったため、疑われることがなかった。あまりに不連続性の高い研究開発よりもマーケットの動向に寄り添った商品開発の方が、ずっと歩留まりが良かったからである。実際、安定した処遇と将来への見通しは、そのような連続的な開発行動を動機づける効果があった。また、多少器量が不足していても、均質性はコミュニケーションコストを低下させ、範囲の曖昧な分業を柔軟に展開する上で好都合だった。さらにいえば、日本の経営者は、異能の個よりも一定のレベルの個を統御する、優れた「型」の方に信頼を寄せていた気配がある。

★5　ヤングの「保険統計主義」の背景にあるのは、ウルリッヒ・ベックの「リスク社会」に共通する社会観である。ベックの言葉を借りれば、「リスクは、際限なく増殖する。なぜなら、多元的社会において人が決断を評定する際に必要とする決定事項と見地の数に応じて、リスクは、リスクそのものを再生産していくからである」（「政治の再創造」、ベック、ギデンス、ラッシュ『再帰的近代化』、一九九七、所収）。すでに読者が察知されているように、リスクとは危険の実体ではない。危険についての確率論的な知識であるために、際限がないのである。

★6　高橋伸夫は、『虚妄の成果主義』（二〇〇四）の中で、日本企業の伝統的な経営現象を説明するために案出した「未来傾斜原理」を紹介している。それは「過去の実績や現在の損得勘定よりも、未来を残すことを選択し、その実現への期待に寄り掛かり傾斜した格好で現在をしのいでいこうという意思決定を行なう原理である」（前掲書）。まちがってはいないが、高橋の観察はやや肯定的にすぎるように思える。むしろ、日本企業の従業員が比較的長期にわたって内部競争を続けるのは、「年」によって細かく区切られた「仕切りの枠」が設定されるからだという熊沢誠の説（『能力主義と企業社会』、一九九七）に説得力を感じる。その枠があるおかげで、早々に昇進競争からリタイアする人がそれほど多くならないのである。

第3章　職場シンドロームの出現

一　誰のための変革

二〇〇〇年代初頭、日本の企業は、九〇年代のリストラブームから転じて変革ブームへ走った。構造改革と規制緩和の大合唱を覚えておられるだろうか。小泉政権の「聖域なき構造改革」は、郵政民営化、道路公団民営化など「小さな政府」を標榜しながら、自民党解体宣言（「自民党をぶっ壊す！」）を掲げて、既存の権力・制度の破壊へ連想を誘った。

自民党が壊せるなら、企業の旧習も壊せないはずはない――経済界・産業界も、様々なキャッチフレーズで「構造改革」のメッセージを発信した。実際にいくつかの企業では、大がかりな変革プロジェクトが起きた。代表的な事例は、松下電器産業（現・パナソニック）の中村邦夫社長と日産自動車のカルロス・ゴーン社長による企業変革だろう。松下電器の中村改革は、小泉改革と符丁を合わせて「聖域なき構造改革」をうたったし、日産のゴーン改革は、「コミットメント」という社員参加による意識改革をアピールした。両社が「V字回復」を実現したせいもあって、構造と意識のチェンジ・マネジメントは、生き残りの至上命題として産業界を席巻した。

しかし、この頃、私が出会った某大企業の男性（当時三十三歳）は、「改革」に疲れ果てていた。異動になったというので慰労の席を設け、西新橋の料理屋で落ち合った。低い声で喋っているうちに、彼の疲労感がこちらにも伝わってきたのを覚えている。昨今の企業は若手にずいぶん重い仕事（と責任）を押しつけるものだなと感じたものだ。

「でも、やりがいは感じているのでしょう？」と水を向けると、こう語った。

「改革とか変革って、いったい誰のためのものなんだろうということですね。自分の会社なんだから、もっと儲かってもっと手を広げて、ブランドの認知が上がればいいだろうと思いますよ。でもそれは会社がしたいことで、僕がしたいことじゃないんです。

実は会社が考えていることは、社員に大体見透かされています。みんな、会社がやりたいことがなんなのか知っているんです。で、それにあまり魅力がないんだな。

企業って昔はもっと悠然としていたんでしょう？　万年課長がふんぞり返って部下を怒鳴りつけて、みんな飽きもせずに同じような仕事をして、でも歳を取っていくと少しずつ給料が上がっていって、それなりに格好がつく。そういう見通しってあったんじゃないかな。それがあるときから、変革ってやつに取りつかれた。変革しなくちゃ生きていけない。変革しないと見捨てられるって。

でもね、変革って会社をどんどん痩せたものにしていくんです。人を減らすだけじゃなくて、人と人の間にあった見えないものを剝ぎ取っていく。寄らば大樹なんて言い方がありますけど、寄りかかれるものを全部取り去っていくような感じなんです。だから、組織も個人もみんな裸です。裸だから傷つきやすい。下手に触れば、ブチ切れてぶわっと血がでるような、そんな感じですよ」。

「改革」の本質がどのようなものか、企業で働く人々は比較的早い時期に察知していた。アメリカ生まれの新しいマネジメントタームが、次々にやってきては宙を舞ったが、それらが狙っているものは、私の知人がいう通り、誰もが知っていることだった。

確かに、大方の企業は世紀が変わっても、非常事態から抜け出せていなかった。存亡の危機を乗り切ってはいたが、次はいよいよ「体質改善」の番だった。日本企業は景況が好転したこの時期、猛然と利益率の改善に着手したのである。

二〇〇二年以後、大企業を中心に業績は持ち直したが、〝にもかかわらず〟リストラは続行され、変革ブームへ引き継がれた。この年の春闘で、トヨタ自動車は過去最高益を記録したが、賃上げは定昇のみで決着し、ベースアップはゼロ回答だった。キヤノンのように定期昇給を廃止する企業も現われた。

第1章で述べたように、労働分配率は八〇パーセント台から六〇パーセント台に急降下した。この労働分配率の低下傾向は、世界史的な――十六世紀以来、四百年ぶりの――出来事である。二十世紀の資本主義は、冷戦のさなかで第三世界の共産化を防ぐために高福祉政策を打ち出し、それが一九四七年から一九七三年まで自由主義の「黄金の時代」を生んだ。

七三年以後、一転して危機を迎えると、資本サイドは福祉国家成功の代償である利潤率の低下に直面した。実質賃金は一九一八年から九一年までの間に、なんと四・九倍に上昇していた。

九〇年代後半から本格的に始まったグローバリゼーションは、資本サイドがこの不都合な事態を打開し、利益を取り戻そうとする動きだった。これこそ、十六世紀以来二度目の賃金抑制、つまり

「反革命」である。当時の支配層が、絶対王政と資本主義によって、中世末期に低下した利潤率を取り戻そうとしたのと同様、世界の資本家は、いま再び全力を挙げて労働分配率を抑えつけようとしている。

「改革」は、往々にして乱暴なコストカットによって、目にも鮮やかな「V字回復」となって現われた。しかしその陰では、目につきにくいが、もっと重要な変化が起きていた。

「平成リストラ」と「構造改革」は、中間共同体としての職場を掘り崩した。いうまでもなく、並行して進んだ情報化（ITによるフラット化やネットワーク化）が、それを強烈に後押しした。[★1]

八〇年代まで、企業で働く人々は、企業組織としての職場に属すると同時に、中間共同体としての職場にも属していた（あるいはそう感じていた）。職場は命令系統の末端であると同時に、業務から生まれる知識が交換され、共有され、創造される場であり、それが継承される教え／学びの場でもある。

そのような知識のプロセスは、固くフォーマルな関係より柔らかでインフォーマルな関係の方がうまく扱える。中間共同体は組織の管理と統制に従いつつ、自立的な性格も併せ持っているため、職場（現場）に発する知識のプロセスにいちばん寄り添っている。だから人々は、少々めんどうに感じながらも、職場のコミュニティを避けることはなかった。ふつうの企業のありふれた職場にもインフォーマルで共同体的な「つながり」があり、組織の経営者はその存在感に対して一目置かざるをえなかった。

それが九〇年代に衰微し、崩れ、かなりの程度消え去った。[★2]

どのように、か?

労働経済学者の小池和男は、『日本企業の人材形成』(一九九七)などによって、日本企業の現場が「問題への対処」と「変化への対応」について高い能力を発揮できたのは、業務の中に埋め込まれた「幅広く深いOJT」によるものであると述べた。後に述べるように、日本企業の雇用では職務が限定されず、様々な業務を多能工としてこなせる能力が高く評価された(第Ⅲ部第1章)。この幅広く深い多能工性は、とうていOff JTで引き出せるものではない。それを果たしたのは、終身雇用に支えられた日本企業の地道なOJTである。特に製造業の高い生産性が、OJTというこの日本的技術教育の賜物であったことはまちがいない。

とすれば、職場が衰退した理由もこのあたりにあると目星がつく。

九〇年代後半に、若年層の雇用が絞り込まれ、さらにベテラン中高年が減って、OJTの存立基盤が揺らいだ。すると、企業組織(特に生産現場)そのものもぐらついた。「幅広く深いOJT」を基本機能に組み込んだ組織であったがゆえに、OJTが失われると、急速に組織の活力も失われたのである。インフォーマルなOJTを支えていたインフォーマルな組織(中間共同体)は、教育対象である若年層を排除した結果、自らの存在意義を大きく損ねてしまった。

九〇年代に、職場から奥行きが失われていった理由については、非正規雇用者が増え、構成員の均質性が失われたこと、九〇年代の激しい合理化によって業務負荷が高まり、組織の余裕が失われたことが挙げられるが、私は育てるべき若者を失った中間共同体の衰勢も大きな影響を与えたと思う。そして、虚ろになった職場には、おかしな現象が相次いだのである。

二　不機嫌で不可解な職場

「構造改革」ブームがピークを過ぎた頃、あちこちから、耳慣れない軋《きし》みの音が聞こえてきた。たとえば、二〇〇五年頃からビジネス誌や一部の論者は、日本企業の組織が疲弊し、業務の現場にその兆候が表われていると報じ、論じた。職場の協力関係の崩壊、管理職の機能不全、鬱病に代表されるメンタルヘルスの悪化などが採り上げられた。〇八年には、それらの症候群に注目し、「協力し合う文化の崩壊」と捉えた『不機嫌な職場』が出版され、版を重ねた。著者たちは、この本の冒頭でゼロ年代の職場を以下のように描いている。

　職場がおかしい。何か冷めた感じのする職場、ギスギスした職場が増えている。会話が少なく、互いに関心を持たずに、黙々と仕事をこなしていく。深夜残業が続く人や切羽詰まった人がいても、気がつかないのか、気づかないふりをしているのか、お互いに声を掛けようともしない。
　そんな状況の中で、まじめな人、自分でどうにかしなければと責任感の強い人からつぶれていく。精神的あるいは体力的に追い込まれ、休職や退職する人まで出てきてしまっている。何かおかしい。（高橋克徳・河合太介・永田稔・渡部幹『不機嫌な職場』、二〇〇八）

似たような話は、私も聞いていた。

中堅のシステム開発企業のマネジャーは、チームがチームとして機能しないと言っていた。最初に業務の分担や進め方を相談するのだが、他のメンバーと調整しながらことを進めようという意識が薄い。自分で描いたイメージと段取りだけでこなしていくので、途中ですりあわせてみると、まるでかたちになっていない。上司が注意すると、三十代前半の男性は、それはあなたの仕事でしょうと逆襲したという。

別の、産業機械メーカーに勤める知人は、こんな例を話してくれた。

二十代後半の社員がやや過剰な業務を背負わされて、にっちもさっちもいかなくなっていた。口に出さないから、上司は気がつかない。納期が近づいてようやく事態が発覚するが、すでに手を打つタイミングを逸している。聞けば、回りの同僚たちは察知していたにもかかわらず、本人に声をかけようとも、上司に耳打ちしようともしなかった。

幸い顧客からのペナルティは発生しなかったが、意外だったのは、当の本人がさほど落ち込んだ様子を見せなかったことだ。同僚たちも、「ああ、やっちゃったのか」という程度の反応で、特に心配する様子もない。まるでちょっとした忘れ物のようだったという。

こうなると、「不機嫌な職場」というより「不可解な職場」だが、さらに意外だったのは、話してくれた方の口調に格別の困惑や驚きがなかったことだ。この手のことは前から起きていて、すでに事件性を失い、職場の自然な風景になってしまっていたのである。

『不機嫌な職場』の著者たちは、その原因を成果主義の導入や終身雇用の崩壊に求めている。成果主義によって、従業員は「成果を残せる仕事」に就きたがり、難易度の高い仕事や短期でかたのつかない仕事を敬遠するようになった。また個人の成果がはっきり現われる専門性の高い仕事が好まれるため、協力関係を軽く見る傾向も現われた。つまり、組織への配慮や寄与は二の次になるというわけだ。

また、終身雇用は、自分の「居場所」である会社や職場に、最低限の協力はすることの動機づけになっていたが、「平成リストラ」でそれがなぎ倒されると、会社や職場は顧みられないものになったのだ、という解説も付されている。

まちがってはいないが、個々の現われと原因の関係は、それほど直接的ではないような気がする。著者たちは、成果主義の導入や終身雇用の崩壊に対応する功利的な行動が選好されたと述べているが、現場の人々に出来していたのは、もっととりとめのない崩壊感覚のようなものだったのではないか。

中間共同体の喪失によって、組織の実感はつかみにくくなった。組織を意味のある協働の場と感じさせるものが失われたのである。第1章で述べた「分割線」の効果が現われたといってもいい。面妖な職場の症候群は、稀薄になった意味空間で起きた現象のように見える。ただし特徴的なのは、それらが（私の勝手な言葉でいえば）独行的であり、直応的であり、自損的であり、共通して反抗的な印象を含んでいることだ。

ちなみに「独行的」とは、自分がハンドリングできる範囲内から出ないという意味だ。当然ながら他者への働きかけにも想像が及ばない。「直応的」とは、眼前の問題や困難にそのまま反応する、あるいはそのままにして回避するような対応を指している。まじめだが、ぶっきらぼう。問題を解決して負担を減らそうという志向が薄い。「自損的」とは、展望のないままに大きな負担を背負う傾向である。過剰負担によって自己正当化を図りたいという願望が垣間見えるが、これは反転すれば、被害者意識に通じるだろう。

つまり、全体に他者との関係を薄くして、自身の判断だけで完結させたがる傾向が見て取れる。これは組織と自分の関係がよく分からなくなっているからだ。

組織とは、理屈でいえば、個々のメンバーの分業的役割分担と調整のためのヒエラルキーで成り立っている。若い従業員は、いったんわが身を会社の仕組みに投げ込まなければ、協働する機会もなく、面白さを知ることもできない。彼らはそのことを、社内のコミュニケーションを通じて知る。上司や先輩や同僚が組織とどのようにつながっているか（どんな使命感や忌避感を持っているか）を知る中で、しだいに自分と組織の位置関係やつながり方を決めていくのである。新卒の社員にとっては、これが会社に慣れることであり、その会社の社員らしくなっていく過程である。

このような学習には相応の場数と時間が必要だが、「平成リストラ」と「構造改革」によって、機会は激減した。新入社員たちはかろうじて仕事の仕方は教わったが、会社について学ぶ機会を失った。仕事の知識もこの時期、急速に標準化していったため、自分の会社の独自性も見えにくくなった。若い彼や彼女は、ますます多忙になっていく職場の中に放り出され、組織の中にいながら、組織との関係を見失っていったのである。

しかし、彼らの行動に垣間見える反抗や怒りのようなものは、まだ説明がつかない。

「七・五・三転職」と呼ばれる早期離職現象も、不可解な現象のひとつである。雇用不安が常態化したにもかかわらず、二〜三年で会社を辞める若者が増えている。

「七・五・三」とは、新規学卒就職者のうち、三年以内に会社を辞める割合が、中卒で七割、高卒で五割、大卒で三割に達する状況のことである。ちなみに、この割合は雇用保険の記録をもとに算出したもので、信憑性は高い。

第1章でふれたように、若者の就業意識の低下は、彼らに対する不平等に起因していた部分がある。「七・五・三」転職にも同様の背景がある。

玄田有史は、『仕事のなかの曖昧な不安』（二〇〇一）で、若年層の就業実態データから、卒業前年の失業率が高い年次の学生は、就職後の離職率が高くなることを観察している。就職難によって希望の就職先に入れず、自分の能力や価値観に合った仕事に出会えないからだ。不本意な勤め先では、何か些細なことでも離職への決意につながりやすい。つまり、新卒者の就業意識の変化ではなく、就業機会の減少がミスマッチを引き寄せ、離職を誘っているというのだ。

別の意見もある。経営コンサルタントの城繁幸は、『若者はなぜ3年で辞めるのか？』（二〇〇六）で、その原因が隠れ年功制にあると論じている。多くの企業は――たとえ成果主義をうたっていても――いまだに陰では年功制を残している。かつての年功制は終身雇用とセットになって、若い頃の低賃金を、「功」を積んで取り返す仕組みを用意していた。ところが序列アップと報酬アップのリンクは、ポスト不足によってすでに破綻しており、かつ定昇制も終身雇用もなくなりつつあるのだから、今の年功制は若年層にとって「空手形」になってしまっている。企業はそれを隠しているが、会社に入れば誰でもその虚偽に気づく。若者がインチキな年功制の残存する日本企業にうんざりして去っていくのは当然だという論理である。

玄田のミスマッチ説も城の年功制残存説も、若者の「失意」に原因を求める点では似通っている。

若者たちの脆弱《ぜいじゃく》な耐性ではなく、企業の側に原因を求めているのだ。

企業の現実に立ち会って、「失意」に捉われる若者は多い。大半の若者が世間知らずのまま社会人になり、なった途端にその社会の理不尽や非合理や馬鹿ばかしさに愕然とする。「失意」の大きさが、彼／彼女の許容限界を超えると、離職へ気持ちは傾く。

失意が大きくなるのは、事前の期待が現実より過大であるか、事後の現実が期待を手ひどく裏切る場合だ。ギャップが大きくなれば、失意もまた大きくなる。

過酷な「現実」については少なからぬ証言がある。たとえばジャーナリストの小林美希は、この時期に〝正社員〟として採用された若者たちが遭遇した過酷な（というより無茶苦茶な）労働現場をレポートしている（『ルポ〝正社員〟の若者たち』、二〇〇八）。名ばかりの正社員たちは、長時間の過密労働を低賃金で耐えながら、「すべり台社会」（湯浅誠『反貧困』、二〇〇八）の手すりに必死でつかまっている。

一方の「期待」の方はどうか？

「期待」などあるはずもないと思っていたが、実は予想外のデータに遭遇した。一部の若者たちは、暗澹たる労働現場の実態にもかかわらず、「就職」に対して過剰とおもわれる期待を抱いているのだ。

三　「かなえたい夢」に殺到する

「予想外のデータ」とは、日本生産性本部が毎年四月に行なう「新入社員意識調査」の結果である。

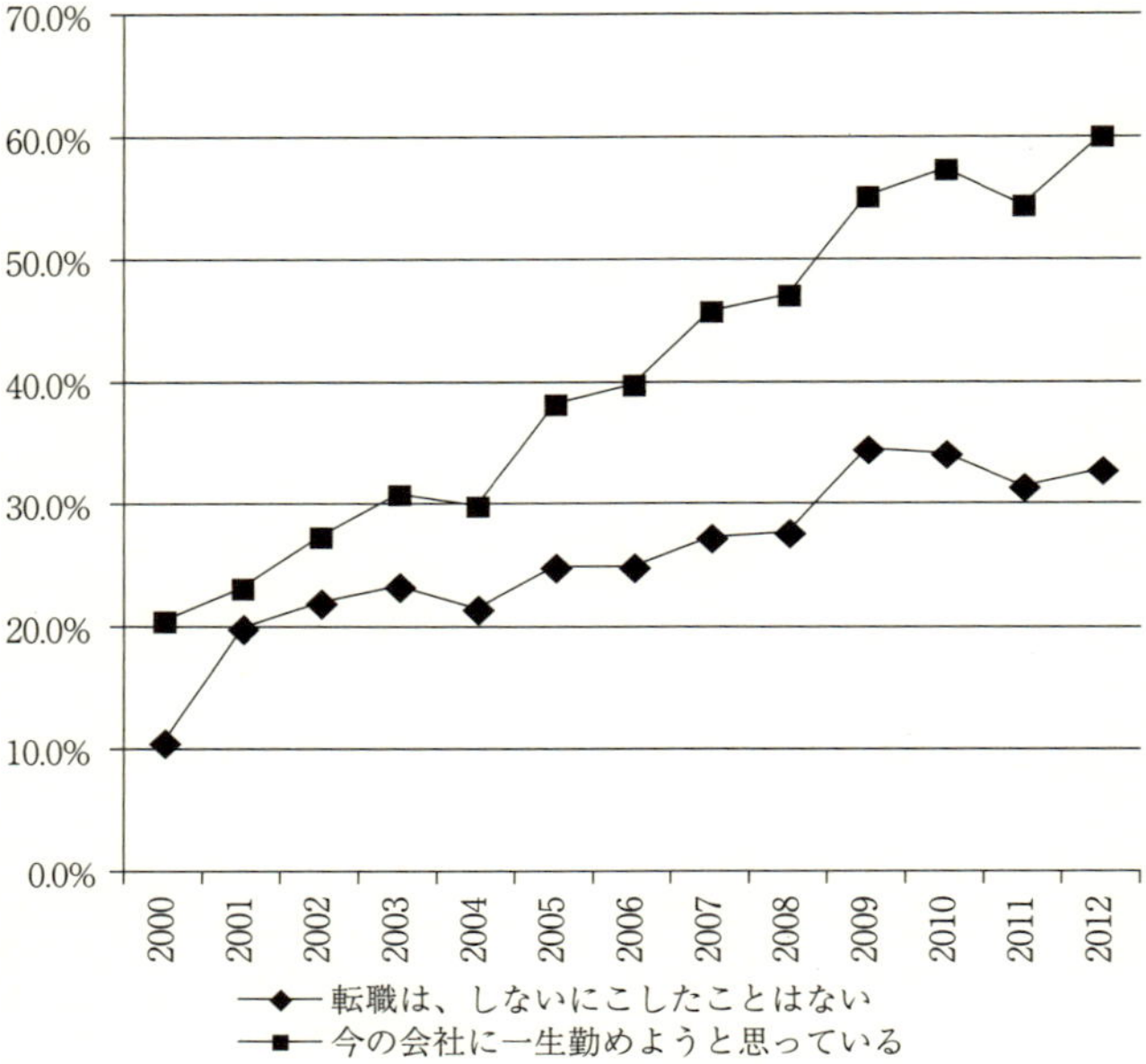

図３　新入社員の勤続観・転職観

この調査は一九九〇年から継続的に実施されており、経年変化を追跡することができる。

この調査で顕著な特徴は、勤続及び転職に関する回答に表われている。（図３）

まず、勤続に関して「今の会社に一生勤めようと思っている」とする回答は、この十年でじりじりと増加し、二〇一二年には六〇・一パーセントと過去最高値を記録した。二〇〇〇年（二〇・五パーセント）と比較すると約四〇ポイントも上昇したことになる。

転職について「きっかけ、チャンスがあれば、転職しても良い」とする回答は、過去最低の二六・六パーセントである。また、転職は「しないにこしたことはない」とする回答も、二〇〇九年の三四・六パーセントからは少し下がったものの高水準が続いている。グラフを見れば分かるように、この両数値は「就職氷河期」の二〇〇〇年代初頭と比べても明らかな変化を示している。最近の新卒者たちは、ひとつの企業組織に長く勤めたいと願っている。早期離職とはまったく逆の方向を向いているのである。

しかも、別の設問では、「仕事を通じてかなえたい夢がある」が、二〇一〇年に七二・九パーセントへ達して以後、高水準にある（図４）。集計結果の解説が「社内で出世するより自分で起業して独立したい」が同年に過去最低値（一二・八パーセント）であることと比較しているから、その「夢」は、彼らが自社の仕事を通じてかなえたいものと解するのが妥当だろう（起業・独立は、二〇一二年にはさらに一二・五パーセントに下がった）。

　なりたての正社員たちは終身雇用を望んでいる。しかも、企業の中で自分の「夢」をかなえたい（かなえられるかもしれない）と考えている。これだけ

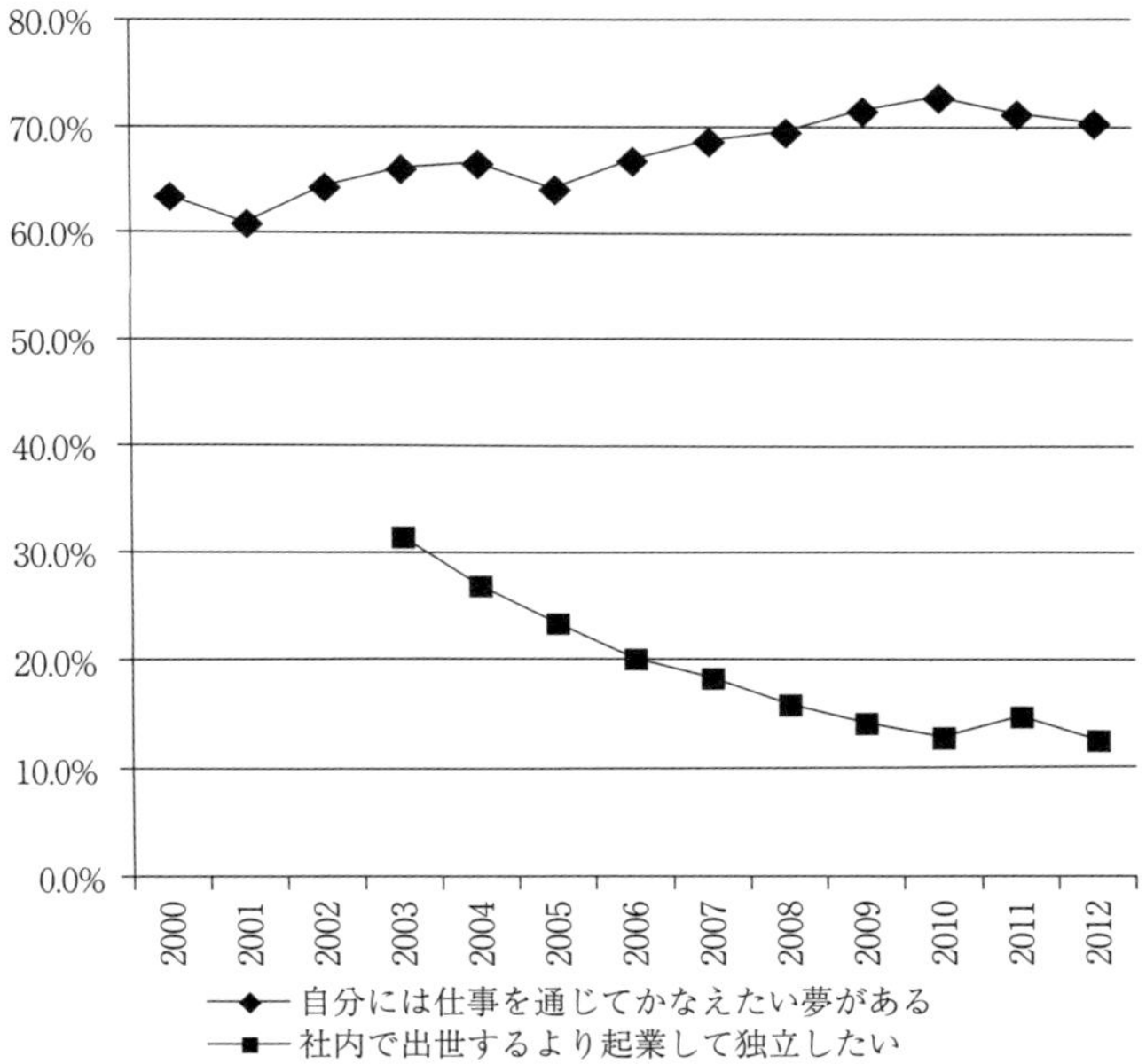

図４　新入社員の仕事観・キャリア観
（二つの図は「日本生産性本部　2012 年度新入社員春の意識調査（2012 年 4 月 23 日）」より作成）

「期待」が大きければ、「現実」とのギャップはそのぶん大きくなる。早期離職の条件は十分に整っている。

しかし、私には多少の当惑がある。

彼らが終身雇用を重視するのは、好転しない雇用環境の影響だろう。では、「仕事を通じてかなえたい夢がある」の高率はどうか？　これはおそらく、彼らの就職活動からきている。

近年の「就活」では、志望企業を調べるだけでなく、就きたい業務に踏み込んで〝研究〟し、自身の志望動機を隅々まで点検することが求められる。考え抜いて選んだ「その仕事」は、思いを巡らせるうちに理想化され、「かなえたい夢」へ結晶化していくのだ。★3

そこまではいい。不思議なのは、企業研究に熱心な彼らが、企業の現実にさっぱり頓着していないことだ。若者たちは、企業が夢をかなえるのにそれほど好都合な場ではないことを知らないのだろうか。仕事を通じて夢を実現できる者がごく少数であることには思い至らないのだろうか。実際に多発する「七・五・三転職」に、関心を持ったこともないのだろうか。私の当惑はそんな疑問からやってくる。

企業の現実を本当に知らないという可能性もあるが、大半は知らないふりをしているのだろう。多少できのいい学生が、〝自分はそんな目に遭わない〟とか、〝自分だけは別なのだ〟という意識を持ちやすいと聞いた覚えもある。心のバランスをとるために、過剰な期待を腕いっぱいに抱え、懸念材料に目をやらないようにしているのかもしれない。ありていにいえば、期待のイリュージョンが、現実の認識にフタをかぶせてしまっている。

そう斟酌《しんしゃく》した上で、では、彼らの過剰な期待の本音はどこにあるのだろうか？

そのまま受け取れば、彼らの要求はかつての日本的雇用の復活である。六割を超える「今の会社に一生勤めようと思っている」という声は、「平成リストラ」で命運が尽きたはずの日本的雇用慣習に対するラブコールに見える。「仕事を通じてかなえたい夢がある」は、その終身雇用への熱望が言わせたものだ。「一生勤めよう」と思う者は、「かなえたい夢」によって自己を正当化しなければならないからである。

ひょっとすると彼らは、「自立・自律」や「強い個」や「他流試合のできるキャリア」などのはやり言葉に、きな臭いものを感じたのかもしれない。財界とマスメディアが共同で仕組んだ労働力流動化のキャンペーンに――半ば無意識のうちに――終身雇用や年功制のような旧態の雇用慣習で対抗したのかもしれない。ただし、これは比較的小さな可能性である。

他方で、彼らは新しい雇用政策に迎合したにちがいないという意地の悪い見方もできる。終身雇用の復活要求のように見えて、実はちゃっかりと、「雇用ポートフォリオ」で長期雇用が約束された「長期蓄積能力活用型グループ」へ殺到したという解釈である。

かつては多くの者に門戸が開かれていた終身雇用や年功制が、限られた者の特権へ狭められていくのを見て、彼らはその稀少な身分を求めて走った。この殺到する若者たちが現われたから、「雇用ポートフォリオ」は現実の雇用実体へと化したのである。彼らはただたんに終身雇用を熱く求めただけかもしれないが、その行動は労働市場の再編に加担している。

旧習の復活要求か、あるいは狭き門への殺到か。二つの解釈のどちらが正解だろう?

私は少し迷いながら、後者を採る。なぜなら、彼らの過剰な期待には、苦労して手に入れた「身分」に対する権利意識を感じるからだ。「かなえたい夢」をめざして「一生勤めよう」とするのは、

稀少な正規雇用の特権を手離したくないと願っているからである。★4

強い権利意識は危機を感じると、対抗的な行動になって表へ出る。協力や共有の拒否、あるいはそのような場面の無視、さらには自身の正当性に対する過剰な防衛など——すでにおなじみの「不機嫌」で「不可解」な職場の現象である。早期離職は、それらの反発行為ですまなくなった場合の、最終的な解決法である。

彼らには、自身の稀少な地位はそれだけで価値があるという思いがあるようだ。ゆえに、その獲得に払った労苦に見合わない処遇には、断固対抗するという論理が生まれる。

現代思想研究者の内田樹は、『下流志向』（二〇〇七）で、消費の論理（等価交換の論理）が教育の現場に持ち込まれたあげく、〝割に合わない〟指導や指示には、いっせいに「不機嫌」の猛反撃が行なわれるようになったと述べた。生徒たちは、「苦痛」や「忍耐」というかたちの〝支払い〟に対して、どのような商品やサービスが「等価交換」されるかを問う。その場で等価交換されず、時間の経過の中で結果的にもたらされる（かもしれない）「理解」や「成長」などのあてにならない見返りに、彼らはがまんならないのである。

職場にも同様の傾向がある。「就活」や業務で味わう「苦痛」や「忍耐」に見合う処遇がただちにもたらされないと、不平不満はすぐに高まる。そのような意味では、玄田のいう「ミスマッチ」も、城のいう「隠れ年功制」も、選ばれた若者たちの権利意識を逆撫でするのだろう。

先に指摘した独行的・直応的・自損的な行動に反抗的な表情が見えるのはこの故である。稀少な身分を確保した者が、十分に遇されない時に噴出する怒りのような感情が反抗的な表情をつくりだす。こうして、「不機嫌」で「不可解」な職場が、どのような構図の中で生じたものかが見えてくる。それらは、職場に入ることを許された正規の被雇用者たちが自らつくりだした場面であり、彼らの権利意識が発露した現象である。

四　自己責任論はどこから

いうまでもなく、もう一方には、「職場」に入ることを許されなかった者たちがいる。九〇年代後半、「平成リストラ」と「就職氷河期」の影響を受けて、非正規雇用の比率が急激に上昇した。全体平均値は二〇〇三年に三〇パーセントを突破、二〇一一年には三五パーセントに至っている。

雇用の領域で若者が冷遇されたのは、日本だけではない。この現象は、欧米では八〇年代から察知されていた。途上国への生産拠点の移転によって製造業の空洞化が進んだ結果、従来はブルーカラーに就いていた低学歴層が就職難に見舞われた。サービス職種の増加によって、臨時・不定期な雇用も急増した（いわゆる「マクドナルド・プロレタリアート」）。さらに産業の高度化（知識化）に伴って高学歴が求められ、教育期間の長期化と費用の増大が追い打ちをかけた[★5]。

社会学者の宮本みち子は、『若者が《社会的弱者》に転落する』（二〇〇二）で、これらの構造変化が、経験もスキルも人脈もない若者を直撃したと述べている。さらに若者の親世代にも影響が及んで家計が悪化すると、離婚・再婚家庭の増加を促した。先進国に共通して現れた労働市場の悪化、教育水準の上昇、家族の不安定化という三つの要素が結合して、若年層の窮乏化が進んだのである。

こうした事情は、八〇年代の日本では、好況とバブルに隠されて気づかれず、「平成リストラ」のさなかでその姿が見え始めた。宮本は次のようにも書いている。

工業化時代に完成した標準的ライフスタイルの条件は、新規学卒就職、正規雇用、結婚、子どもをもつこと、子どもの教育への投資を通した階層上昇、退職後の年金生活などでした。このようなライフスタイルが広く大衆化し、中流意識が分厚く形成されたのが高度経済成長期で、その流れが、一九九〇年代初頭のバブル崩壊時まで続きました。その後の長期不況、グローバル経済競争の激化、規制改革と構造改革を経て、日本社会は構造的に変容を遂げたものと思われます。その結果として、若い世代を中心に、従来の標準的ライフスタイルに乗ることのできない層が分厚く形成されつつあります。（「失われた10年と若者」、長岡大学『生涯学習研究年報』第2号〔通巻第11号〕、二〇〇八年、所収）

正規雇用を基盤として、結婚、子育て、退職という双六《すごろく》を上がるような「標準的ライフスタイル」は、たかだか六〇年代から八〇年代までの三十年間維持されたものにすぎないが、崩壊後も表向きはスタンダードモデルの位置を占め続けた。

しかし、そのモデルを実現できる者の比率は低下し続け、ギャップはさらに拡大している。「従来の標準的ライフスタイルに乗ることのできない層」が、「第二標準」（中西新太郎『若者たちに何が起こっているのか』、二〇〇四）を形成しつつあるとの観測もある。年収百五十万円に満たない非正規雇用の賃金水準で生き抜くには、共働きが不可欠の要件となり、そのわずかな余裕の中で子育てに取り組む夫婦もいる。ぎりぎりの生の再生産の中で、親の窮乏と多忙が子育てに悪影響を与え、教育格差や文化格差の世代間継承を生みだすというやりきれない現実もある。

また、正規雇用に与った者たちの権利意識の真裏で、「標準的ライフスタイル」は、今や手の届きにくいステータスと見なされるようになっている。たしかに、そこへ到達するには実にたくさんの関門や障壁がある。学歴をめぐる競争を制し、「就活」の戦場を横切り、職場の同僚に伍し、さらに配偶者を獲得し、家族を養わなければならない。かつては誰もが語れそうに見えた人生の「話題」が、必死で闘い取らねばならない「難題」へ転じてしまった。不利な人々は多様な格差の連鎖によって、さらに不利な競争を強いられ、厭戦気分により深く沈みこむ。

分の悪い者は戦いを回避する。回避の弁明はやがて「自己責任論」という定型を生み出していく。

〈社会意識〉とは、序章で述べたように現在の世界を「一つの苦悩として感受する意識」でもある。人は違和や憤慨や悲嘆に見舞われると、なぜ目前の社会がそのようであるかを問いかけるが、理屈の通った解釈や明晰な回答にたどり着くことはまずない。その代わりに立ち上がってくるのは、ロジックとは言い難いがそれなりの合理性を備えた因果の物語である。

「自己責任論」もそのような〈社会意識〉である。

社会運動家の湯浅誠は、貧困状態に陥れる「五重の排除」があると述べ、第一の教育過程からの排除、第二の企業福祉からの排除、第三の家族福祉からの排除、第四の公的福祉からの排除を挙げた上で、第五の排除として「自分自身からの排除」があると指摘した。

「自分自身からの排除」とは、「何のために生き抜くのか、それに何の意味があるのか、何のために働くのか、そこにどんな意義があるのか」――そうしたあたりまえのことが見えなくなってしまう状態だ。この状態は、第一から第四までの排除が、「自己責任論」によって「あなたのせい」とされ、さらに内面化されて「自分のせい」へ転化した時に起こるという。そのときなぜか人は、自身を土俵際から突き落とすように、自己責任を語りだすのである。

とはいうものの、本来の自己責任は、投資リスクに関する特定領域で通用する観念であって、ある時期までは、人口に膾炙《かいしゃ》した言葉ではなかった。バブルの崩壊で、大量のアマチュア投資家が資産を失った九〇年代初頭、彼らの失敗をたしなめるために、この言葉がマスメディアに頻出するようになったと私は記憶している。

自己責任は、好機に投資する人間が、失敗しても成功しても、その結果を引き受ける責任である。自分で選んだのだから文句は言いっこなしというわけだが、誰もが知っているように、投資をめぐる情報には必ず非対称性があって、(特に徒手空拳の個人投資家は)いいように振り回され、巻き上げられてしまうのが常である。

さらにいえば、自己責任論は、投資する「選択肢」を持たない人にはナンセンスな物語である。実際に選べるものがひとつしかなければ、それは選択ではない。

人材派遣会社社長の奥谷禮子は、労働政策審議会や雑誌のインタビューで、過労死は自己管理意識が低く、休むという選択を行なわなかった「弱い人」の自業自得と言い放って、激しい顰蹙《ひんしゅく》を買った。多くの人々は、死んだ者や貧しい者を自己責任論で責めるのは、ナンセンスを通り越して反倫理的であると感じた。大半の人は、「自己責任論」のうさん臭さに気づいていたのである。

にもかかわらず、それが広く受け入れられたのはなぜなのか?

ひとつめの理由は、「自己責任論」が便利な論理だからである。個の命運は、誰のせいでもない偶然性に大きく左右されるものだが、それを「自分のせい」にしてしまえば、ことはずいぶんシンプルになる。競争に勝ち抜いたご褒美はすべて自分のものになり、惨憺たる現在の状況もすべて自分の不首尾のせいにできる。[★6]

このシンプルかつ傲慢な考え方は、実は自己愛に通じやすいがゆえに、成功者からも失敗者からも支持されてきた。成功した者にとって、自分の優位を賢い選択と適切な努力の結果と見なす論法は、心地良いナルシシズムをもたらす。失敗した者たちでも、「自己責任論」は安易な弁解の論法として使いやすい。失敗したのは自分が誤った選択をしたからだといっておけば、それ以上の追及に乗り出す非情な人間はあまりいない。本当は選択肢自体が与えられていなかったと告白するのはせつないものである。

ただし、「自己責任論」の浸透にはさらに別の側面もあった。〈社会意識〉の「同型的転移」とでも言ったらいいだろうか、従来の〈社会意識〉のかたちを受け継ぎながら、別の意味を込めていくような移し変えである。

右に述べたように、「自己責任論」は、成功者にも失敗者にも通用する論理である。資質や環境や努力によって、それなりの職にありつけた者と、それらの良きものと縁遠いために、職とは言い難い職にしか就けなかった者の両者を括って、統合的な説明体系を成している。

つまり、誰もがチャンスとリスクを含む「選択肢」に遭遇し、そのつど判断を迫られる。人生はそのような待ったなしの判断の連続であり、判断の集積がその人の「結果」となる。だから、今あるあなたという「現在」は、これまでのあなた自身の選択によってすべて説明がつく。人の生は可能性でもあるが、同時に結果なのであって、その結果に責任を持つのはあなたである――。

この一連の論理は最近生まれたように見えるが、実は戦後日本社会のいちばん基本的な信条によく似ている。それは、「誰もが努力すれば、よりよい明日を手に入れることができる」という信条だ。「よりよい明日」とは「豊かな生活」と言い換えてもいい。この春の陽光のように明るい信条を、戦後の日本人はかなり本気で守ってきた。よりよい明日を手に入れる権利は誰にでもあると考えていたのである。

これを「誰もが成功のために努力する機会に巡り合える（はずである）」と言い直すと陰影が加わる。「努力」には個々の器量の差があるとしても、「機会」は平等であるはずだという、および腰の権利意識が前面へ出てくる。

戦後の最大公約数的な〈社会意識〉は、この権利意識にあったのではないか。第Ⅱ部で詳しく論じる戦後家族のメインテーマはここに根ざしていたし、この「権利」が次第に真実味を失う中で、〈社会意識〉の調整がかなり頻繁に行なわれた様子を、本書は辿っていく。

とまれ、九〇年代後半に、日本社会は構造的に変容を遂げた。変容に際して、我々は「努力してもよりよい明日を手に入れることができるわけではない」という苦い事実を呑み込まざるをえなくなった。このシニカルな認識は――大人の苦い常識として――常に伏在していたが、日本人が真正面から向きあったのは、はじめてだった。

「自己責任論」が新自由主義に連れられて来たのはこの時である。

我々は、「誰もが成功のために努力する機会に巡り合える」という機会均等論が、すでに維持できないことに気づいていた。だから「誰もがチャンスとリスクを含む「選択肢」に遭遇する」という自己責任論へ、「誰もが」という分母を共有しながら転向した。「機会」から「選択肢」へ分子をすげ替え、均等主義を形式的に模倣しながら、内実の異なる思想を盛り込んだのである。

注意すべきは、機会均等論が「前」と「外」を向いていることだ。成長や成功は前方にあって、機会も自分の外部にある。戦後の人々は、前方の外部へつんのめりながら向かった。ところが、一方の「自己責任論」は「前」を向いているようで、実際は過去の「選択」に後ろ髪を引かれ、かつ「選択した自分」へ視線が内向している。現状を合理的に説明するために、「外」の偶然から「内」の因果へ、いわば視点を再帰的に転じることで、因果の「物語」を語りだしたのである。

この第I部で、我々はまずグローバリゼーションの「分割線」が、あちらとこちらを分けながら浮上する様子を見た。波浪のように押し寄せた環境変化にとまどいながら、経営者は雇用のフレキシブル化（ポートフォリオ化）を以て対応し、人々は「あちら側」を、リスクの棲む世界とみなす防衛策を講じた（保険統計主義）。すると、雇用不安の高まりに応じるように、分割された世界（格差）の出現を合理化する意識が生まれた。合理化は自己言及的な解釈を求め、「あなたのせい」を「自分のせい」へ内面化した。

それが自己責任論である。

自己責任論は、九〇年代に生まれた新しい〈社会意識〉である。終身雇用と相互関係にあった機会均等論を模倣しながら出現し、いまだに掲げられたままボロボロになった機会平等論の隣りに座った。このような模倣と二重化も、〈社会意識〉のふるまいのひとつである。

註

★1　情報化が促した、組織のフラット化とネットワーク化について述べておく。

九〇年代の産業界にとって、グローバリズムと並ぶもうひとつのビッグテーマは、まぎれもなく「情報化」だった。コンピュータの計算力を経営の意思決定に利用しうることは、すでに論じられていたが、情報技術が企業組織にもたらす変化には見当がついていなかった。それでも、ピーター・ドラッカーのような明敏な観察者は、八〇年代後半、情報化による組織の変貌について「大企業の組織階層は半分以下に、マネジャーの数も三分の一以下になるだろう」と刺激的な洞察を発表していた（「情報が組織を変える」、ハーバード・ビジネス・レビュー編『ナレッジ・マネジメント』、二〇〇〇、所収）。

この予言は的中した。九〇年代のリストラは、表面的には過剰雇用の「調整」として現われたが、深層では、組織の簡素化やミドルマネジメントの「中抜き」などの構造改革でもあった。コンピュータの導入は、それまで情報の整理や分析に当たっていた膨大なスタッフと社内外の調整業務に明け暮れていたミドルマネジメント（この両者がいわゆる「ホワイトカラー」の代表である）を不要にする。コンピュータによって直接にしかも迅速に情報にアクセスできるので、業務の中心は、それらの情報をいかに判断し、意思決定を行なうかにシフトする。組織で働く人間に求められるのは、コンピュータが出力するデータから意味情報（すなわち知識）を引き出せる専門的な能力になっていく。また、経営環境が複雑化し、変化が激しくなると、上からの「指揮命令」では現実に対応しきれなくなり、現場の裁量がますます重要性を増していく。

こうしてドラッカーは、ピラミッドを押しつぶすように、「組織空間」を縦に圧縮する改革（フラット化）の必然性を説いた。意思決定は迅速化し、そのプロセスは明快・透明なものになる。権利や慣習が張り付いた多階層組織の床が抜けて、平らになる。この痛快なイメージに反対する人は少なかった。

フラット化の波は日本企業をも席巻した。第2章で採り上げた『新時代の「日本的経営」』でも、トヨタ自動車、日本アイ・ビー・エム、富士製薬工業、丹青社など十四社の事例が報告されている。もっとも当時の日本企業が「フラット化」（構造の簡素化とポスト削減による組織改革）を進めた、その直接の理由は目前のコスト競争であって、ドラッカーが見据えていた「情報化」に、正面から取り組むものではなかった。

もうひとつの「ネットワーク」も情報化が発揮する効果である。空間的なイメージでいえば、情報化によって、組織のピラミッドは文鎮のようなかたちになり、同時に外部へ向かって網状の「つながり」を創り出す。八〇年代半ばには、情報工学者以外の人々にも情報ネットワークが具現化するものの姿が見えてきた。今井賢一もその一人だった。

今井は、『情報ネットワーク社会』（一九八四）で、コンピューティングや情報通信がもたらす便宜や効率を述べるに留まらず、新しい人のつながり方や産業組織のダイナミズムにも言及した。シリコンバレーをモデルに、整備されたインフラと「情報クラブ」のような緊密なつながりに支えられた社会像を描き出し、情報化の進展で市場参入の敷居が低くなれば、大企業と中小企業が異なる役割を担いつつ、企業同士のルースカップリング（緩い連結）な共存が可能になるというポジティブな未来像を打ち出した。

今井は、この四年後に金子郁容との共著『ネットワーク組織論』（一九八八）を出版する。同書は、企業が他の企業や市場・社会など「外部」とネットワークを結ぶことによって、新しい価値を創り出す仕組みを描いている。そこで使われているネットワークという言葉は、たんに人のつながりでもなければ、通信ネットワークなどのインフラでもない。著者たちは、多くの箇所で「コンテクスト」（文脈）という言葉で言い換えているが、その意味するところは、企業が外部と経営資源や、ビジネスモデルを共有する関係である。本の中で挙げられた事例は、多くの場合、外部と豊かな双方向関係を築き、ユニークな商品やサービスを提供している中小企業である。

ネットワークも、フラット化と同様、ポジティブな変革と捉えられた。また組織の情報化にともなって、働き手のあり方に変化が起きる可能性も注目された。ドラッカーはこれを、指示命令で動くホワイトカラーから自身の専門的知識で判断・行動するナレッジ・ワーカーへの転換と捉えた。共有された情報を自分で判断して最適解を見出し、実行する自立的なワーカーであり、自社の特殊事情（ローカルな知識）だけでなく、グローバルでユニークな知識に精通する専門家の集団である。こうして情報化は、新しい組織観とともに新しい働き方や働き手の姿を描き出した。

しかし、その「夢」が語られ、一部が実現していく中で、職場の「中間共同体」が図らずもパワーを失っていったことも事実である。この事情はまだ十分解明されていないが、①情報化によるリアルな「場」の解体、②その事態への補完策の欠如、③「場」や「人」に張り付いていた暗黙知の喪失、④暗黙知の形式化という困難な作業の軽視、⑤ＩＴに不慣れなベテランたちの沈黙などが考えられる。

★２　『平成19年版国民生活白書』の第三章は、「職場のつながりの変化と現状」と題して、働く人々の関係の変化を伝えている。職場で互いに助け合う雰囲気を感じない人（一八・三パーセント）、職場に相談相手がいない人（一四・六パーセント）が少なからず存在し、コミュニケーションが不十分と感じる人が二六・六パーセントと全体の四分の一を超えている。また、企業に対する帰属意識の低下が顕著である。一九九五年時点で「バブル崩壊前と比べ帰属意識に変化はあるか」と聞き、さらに二〇〇〇年に「五年前と比べ帰属意識に変化はあるか」と尋ねている。その結果、帰属意識が「薄れた」という回答は一九・四パーセントから三二・二パーセントに増え、「もともとない」（一八・四パーセント→二三・七パーセント）と合わせて、五五・九パーセントに達している。

★3　ゆえに新卒の彼／彼女は、入社後の配属が思惑通りでなければ困惑する。特に優秀な学生は、希望の業務と実際の業務の落差から、強烈なフラストレーションを抱え込んでしまうという。城は、『若者はなぜ3年で辞めるのか？』で、「隠れ年功制」のほかに、「仕事に対する高すぎる意識」が、早期離職の原因になっている可能性を認めている。また、私の友人は、かつて大手企業の新卒採用担当をやっていた時に、明らかに自社の業務に求められる能力を超える（つまり優秀すぎる）学生を多数採用してしまったことに、深い自責の念を持っていた。

★4　二〇〇〇年代初頭に、転職をよしとする若者が現在よりずっと多かったのは、彼らが望む会社に就職できず、不満を持っていたからだと考えられる。このころ景気がやや持ち直していたこともあり、そういう期待があったのかもしれない。しかし、実際に進行したのは、正規雇用のいっそうの絞り込みと稀少化だった。生産性本部の意識調査にあるように、二〇一〇年代の新卒社員たちが、終身雇用に強く執着するのは、この十年間で正規雇用の持つ社会的意味がすっかり変わってしまったからである。

★5　グローバリゼーションは、高等教育というハードルによって、少数のエリートと膨大な大衆たちに歴然たる格差を持ち込んだ。主役に就くのは、巨大な多国籍企業の経営者、先進国の国家官僚、ＩＭＦや世界銀行のような国際機関の官僚たちで、彼らはごく限られた有名大学・大学院の出身者であり、共通の価値観や生活様式を持っている。新世代のエリートコミュニティは、八〇年代以後、世界中の資本・エネルギー・技術を支配し、世界的な視野に基づく計画と意思決定に参画するようになった。彼らが台頭した背景に、金融経済と情報技術の飛躍的な進化があることはいうまでもない。経済学者の伊豫谷登士翁は、『グローバリゼーションとは何か』（二〇〇二）で、従来は領土に制約されてきた国家意識に代わって、「世界意識」とでもいうべき新たなイデオロギーが生まれてきたと述べている（事態はさらに進みつつあり、いまや気迫に溢れたインド人や中国人などの高学歴者が、欧米先進国のエリートたちを蹴落とすようになった）。

★6　自己責任意識の浸透は奇妙な倒錯も生みだす。学生たちは弾かれる不安とともに、誤解されたまま受け入れられる不安についてよく語る。「この会社は自分を本当に理解した上で採用しようとしているのか？」という強烈な自問が襲うらしい。だから、ずれているのではないか、カン違いではないのか、失敗したのではないかという類の心配を振りきって組織に飛び込んだ瞬間、彼らは獲得した稀少財について、大声で権利を主張するようになる。自分には「かなえたい夢」があるのだから、それを実現するための時間を保証してほしい。なぜなら、あなたはそのような自分を選んだのであるから、と。

第Ⅱ部　家族の変容と個の漂流

第1章　戦後家族の願いと戦略

第Ⅱ部では、戦後日本の家族と「個」について論じてみようと思う。戦後家族はどんな〈戦略〉のもとに行動したのか、また、その〈戦略〉によって、「個」はどんな成功と挫折を体験したのか、を辿ってみる。

出発点にあったのは、憲法第二十五条に似せていえば、「豊かな暮らしを追求する権利は誰にもある」という、ひとつの〈社会意識〉である。[★1] 戦後家族は、その実現のために「階層上昇」という〈戦略〉を選んだ。ざっくばらんにいえば、みんなが「成り上がり」を企てたのである。

しかし、その〈戦略〉が目覚ましい効果を発揮したのは、六〇年代までだった。七〇年代以後、人々は「総中流」などの代替案を立てたものの、敗色濃い趨勢を押し戻すことはできなかった。八〇年代以後のサブカルチャーには、どこか古い〈戦略〉を見限って退却する人々の、後退戦のような気配もある。家族の戦いに勝算がないと知った「個」は、家族から離脱し、いわば「自己責任」で、もうひとつの現実へ赴いたのだ。

一　平等と公平への要求

敗戦直後ほど、「不平等」に対する敵意が強かった時期はない。労働改革の中でも身分制度の撤廃はいちばん切実な要求だったことが知られている。実質的な身分差別に対する「怨念」は強烈であったし、新しい組織編成を迫られていた経営側も強く抵抗することはなかったから、改革は比較的すみやかに進んだ。「職員」と「工員」の呼称が廃止され、「社員」に一本化されただけでなく、給与が月給制に統一され、福利厚生施設の使用でも差別がなくなった。職員にだけ適用されていた終身雇用や年功制も社員全体に広がった。たてまえ上は、すべての者に地位向上の機会が与えられたのである。

もちろん、この背景には、労働組合の急速かつ広範な形成がある。GHQのニューディーラーたちによる熱心な啓発と指導もあって、労働組合員数は一九四五年末の三十八万人から二年半の間に六百六十八万人へと急増している。また、急激に進むインフレと物資不足と生活苦は、組合員の意識を急激に変化させていった。当時は、産別全労連系（共産党・社会党左派）の影響力が強く、戦時中の幹部の不正追及や工場占拠による「生産管理」など、積極的な生産現場闘争に取り組んでいた。身分制度の撤廃は、従業員としての平等であると同時に、経営に対抗する労働組合員としての平等を意味していた。★2

また、この時期は、「不平等」と並んで「不公平」が人々の大きな関心事だった。

社会学者の橋本健二は、敗戦直後が経済的格差の小さい時期であったにもかかわらず、「不公平」に対する感受性が鋭く研ぎ澄まされていたと述べている。日本全体が貧しく、都市部では飢餓水準すれすれという状況では、わずかな所持金の差や偶然の生活環境の差が、強い不公平感を生み出したのである。橋本が挙げているのは、食事の差に発した殺人や幼稚園の弁当泥棒など、食べ物の恨みが犯行へ転じた事例である。橋本が引いた鴨下信一（演出家）の『誰も「戦後」を覚えていない』（二〇〇五）によれば、「不公平」の感覚は「戦後の不安感、危機感、あるいはイライラ感や暴力衝突の根本にあった」。

敗戦は、いわばゼロリセットであった。実質的には、あらゆるところに不公平・不平等は存続し続けたが、人々は理念的にゼロリセットを要求した。

「平等」と「公平」は、このような背景を引きずりながら、戦後の社会意識の基調を形成していった。それはある時までは、労働組合の論理の中で、資本に対して労働が「一枚岩」であることを保証した。短い間ではあったものの、戦後労働運動の最盛期には、「われら」と「やつら」の明確な線引きがあり、「やつら」を突き放す視点たり得ていたにちがいない。しかし、「敗戦後」が遠くなるにつれて、「平等」と「公平」の意味は変化していった。

敗戦後の誰もが貧しい時代が終わり、一九五〇年代には経済が復興し、格差が拡大に転じる。一九五六年の『経済白書』は、「もはや戦後ではない」という名キャッチフレーズによって知られているが、その六カ月後に刊行された『厚生白書』は、「果たして戦後は終わったか」と問いかけ、「復興の背後に取り残された人々」の存在に注意を喚起した。企業規模・産業間の賃金格差（いわゆる「二重構造」）が顕著になり、ジニ係数（格差の大きさを示す統計値）が上昇した。敗戦直後の貧困から脱却できない大量の人々（生活保護基準以下及びすれすれの百九十二万世帯、九百七十二万人）を置き去りにしたまま、一部の人々が生活水準の改善を果たした。五〇年に始まる朝鮮戦争の勃発が特需を生み、大企業・中堅企業を中心に業績が好転したからである。賃金水準も急上昇し、平均賃金は五〇年の九六八七円から五五年の一万八三四三円とほぼ倍増、男性ホワイトカラーは二万八〇一一円に達した。格差は家電製品や住宅などによって可視化され、増幅されて、人々を刺激したことはいうまでもない。アッパークラスへの憧れが生まれ、階層上昇に対する欲望が形成された。

そして、この欲望には、「平等」や「公平」の意識も滑り込んでいたのではないか。戦後的な「平等」や「公平」には、労働者同士の「平等」や「公平」だけでなく、国民としての「平等」や「公平」も含まれていた。それが、五〇年代の経済復興と格差拡大という二方向の刺激を受けて、大衆的な規模の階層上昇熱を生み出していったのだ。人々は、誰もが豊かな生活を享受する権利があり、豊かな生活を獲得する機会において「平等」であり、「公平」に扱われるべきだと考えるようになったのである。

では、その「機会」にはどのようなものがあったのか。

大衆の目にもっとも分かりやすく映ったのは、ホワイトカラーになる、あるいはホワイトカラーを家族の中に抱え込むという方策である。まず、ブルーカラーからホワイトカラーへの登用や転職は——身分制度のない戦後企業では論理的に可能だが——実際にはあまりなかったから、少なくとも高校、できるなら大学へ進学し、新卒のホワイトカラーを目指すことになる。進学は、若年層の大きなテーマになり、同時にその可能性のある若者（それはたいていの場合、男子に限られていた）を持つ家族のテーマになった。そして、もうひとつ、家族の中にホワイトカラーを抱え込むには、子（それはたいていの場合、女子であった）の配偶者に迎えるという方策があった。

社会学者の富永健一は、一九五五年以来十年ごとに行なわれてきた「社会階層と社会移動に関する全国調査」（SSM調査）をふまえて、日本の戦後社会では、社会移動のうち世代間移動がきわめて高いこと、その移動が、農林漁業層やブルーカラーの子弟でホワイトカラーになった比率が高いこと、また《教育アスピレーション（熱望――引用者註）↓学歴↓初職↓現職》という経路が、「地位形成のメインストリート」であったことを述べている。つまり、子弟子女により高い教育を与えてホワイトカラーへ仲間入りをさせることが、この時代の庶民の、最も可能性の高いサクセスストーリーであったということだ。

こうして五〇年代と六〇年代を通して、高等教育に対する投資意欲は急速に高まった。一九五五年に高校進学率は五一・五パーセント、大学・短大進学率は一〇・一パーセントであったが、一九七五年には、前者が九一・九パーセント、後者は三七・八パーセントに達している。進学率の上昇とともに受験競争はブームと化した。六〇年代に所得水準が一貫して上昇したせいで、親から子への階層間移動に対する投資が盛んになったからである。親たちは、自身が十分に享受できなかった高等教育を子供たちに与えたいと強く願い、進学競争は二世代のプロジェクトとして熱を帯びていった。

付け加えておけば、日本が一貫して学歴社会であったことはいうまでもない。序章でふれたように、日本近代の主導精神は「立身出世主義」であり、近世の身分制度に代わる「身を立て名を挙げる」という競争原理は、上層を対象とするエリート教育・官員登用システムによって運営されてきた（下層を対象とする「二宮金次郎主義」は、その補完システムであった）。

ただし、学歴が「財」として大衆的に認知されたのは、やはり戦後になってからである。[★3]従業員の身分制度が撤廃され、呼称が「社員」に一本化され、給与も雇用もたてまえ上は平等になったものの、実際には学歴による区別は温存された。当時高給取りを意味していたホワイトカラーは大学卒業者に多く占められていた。だから人々は、自身の次世代に高等教育を与えようと意気込んだのであり、それは階層上昇への「平等」で「公平」な機会を求める、いわば聖なる闘いであった。

婚姻による階層上昇については、私は手元に統計的データを持っていない。ただ、これから論じるいくつかの日本映画が、そのテーマに立ち入っていることから見ても、娘の結婚相手がサラリーマンかどうかが、同時代の観客に切実なものだったことは明らかである。

二　わたしはダボハゼじゃない

一九六〇年十一月、安保闘争の記憶も生々しい中で行なわれた総選挙で、自民党は無所属を加えると三百議席を獲得し、戦後最大の勝利を飾った。人々は五〇年代の「政治の季節」にいささか飽きて、次の変化を求めていた。このタイミングを捉えて、池田内閣は「所得倍増計画」を打ち上げ、人心を掌握した。いうまでもなく、この後、日本は本格的な高度経済成長のフェーズへ入り、六〇年～六五年には、実質経済成長率で九・七パーセントを達成していく。

一方、労働運動の分野でも、一九五五年には総評の太田薫・岩井章ラインが成立し、従来の政治闘争に代えて、「春闘」を中心とする賃上げ・経済闘争へ軸を移していく。春闘参加者は五五年の七十万人から、六〇年の四百万人、六五年の六百三十五万人へと激増し、賃上げ率も五五年の六・三パーセントから、六〇年の八・三パーセントへ上昇していく。いわば、高度経済成長の獲物の分けあいが、労働運動の基調になっていった。

賃金上昇に追い風を受けて、文字通りの大衆消費社会が人々の意識を変えていった。消費と情報はいつも手を携えて進むものだが、この時点ではテレビの急速な普及が強い影響を与える。六二年にテレビ保有台数は一千万台を越え（ＮＨＫ受信契約世帯数）、ＣＭが急速に増えた。一方、五〇年代の最大の娯楽産業だった映画は、凋落の一途を辿っていた。一九五八年に観客数十一億二千七百万人でピークを究めた後は、急速に減少を続け、六〇年には十億一千四百万人、六一年には八億六千三百万人と滑り落ちていく。

一九六二年四月、日活は新鋭の吉永小百合が主演する『キューポラのある街』を公開した。吉永は浜田光夫とコンビを組み、埼玉県川口市を舞台に、貧しい職工一家の健気《けなげ》な長女役を演じた。映画の開巻直後、真上から俯瞰するカメラが荒川を渡り、京浜東北線の車両を追って街へ入っていく。その電車をせきたてるように、テンポの早い音楽が鳴っている。上方が膨らんだ短い煙突があちこちの屋根から黒い煙を吹き出し、その前を通学の少年少女が小走りに通り過ぎるところへ、ナレーションが「この街は江戸の昔から、鉄と火と汗に汚れた鋳物職人の街なのである」とかぶせる。監督はこれが一作目となる浦山桐郎《うらやまきりお》、原作は早船ちよ、脚本は浦山と今村昌平の共同執筆である。

主人公は中学三年生の石黒ジュン（吉永）。彼女の父親辰五郎は労働災害による障害を抱えていたが、勤めていた小さな鋳物工場が買収され、人員整理で失職する。折しも母親は陣痛に見舞われて病院へ運び込まれる。半ば自暴自棄の父親は、彼を励ます若い同僚克己（浜田）にも取り合おうとしない。克己は労働組合の力で救済しようとするが、職人気質の父親は「アカの世話にゃならねえ！」と吐き捨てる。

石黒家の住む長屋には困窮の重圧が迫っている。

弟のタカユキは、小遣い稼ぎに鳩のヒナを売っていたが、その手付金を母親に怪しまれ、父親に叱責されて一時の家出を決行する。[★4]頼る先は、朝鮮人の父を持つサンキチの隠れ家である。地域のトップ高校へ進学を希望しているジュンは、学資を稼ごうとヨシエ（サンキチの姉）に頼み込んでパチンコ屋のアルバイトに就くが、その日のうちに克己に見つかってしまう。

ジュンと克己が、夜の荒川土手に座り込んで言葉を交わす場面がある。

「あたしさ、勉強しなくても高校いける家の子に負けたくないんだ」。

「そうだな、俺もよ、高校いけなくてグレちゃったことあるけど、この頃組合に首突っ込んでると分からないことだらけさ。やっぱり無理言っても高校にいっとけばよかった」。

ジュンの威勢のいい発言は、まさに機会をめぐる「平等」と「公平」の意識に支えられている。しかし、物語はここから先、父親の再就職の失敗を折り返し点として、高校進学を断念するジュンの絶望へ突き進んでいく。

ジュンの修学旅行の日の朝、新しい職場へ行こうとしない父となだめすかす母との諍《いさか》いを見て、タカユキが自分も高校に行くんだというと、父親は息子に向かってこう怒鳴る。

「ダボハゼの子はダボハゼだ！　中学出たら働くんだ、鋳物工場で」。

東野英治郎演じる父・辰五郎のセリフはジュンを打ちのめす。彼女は母に促されて家を出るものの、修学旅行に参加する気になれず、荒川河畔へふらふらとやってくる。土手に寝転がった彼女の脳裏に「ダボハゼの子はダボハゼだ！」という声が二度響き渡る。

映画館の観客が、これを残酷なメッセージと受け取ったことはまちがいない。先に述べたように、当時の高校進学率は全国平均でも五割を上回っていたから、首都圏の少年少女にとって高校はすでに一般的な選択肢だった。高校進学は階層を一段よじ登るための、さほどむつかしくない手がかりであり、「ダボハゼの子」が別の生き物に変わりたいと願うのはごく当たり前のことだったのだ。すでに戦後混乱期の「成り上がり」の夢は消えていたが、階層上昇はごくふつうの野心だった。それは貧しさからの脱出であり、豊かさの享受であり、将来への見通しの確保だった。そして誰がそのような機会を持てるのが、戦後社会であると信じられていた。だから、十五歳の主人公の身を切るような辛さは幅広い共感を生んだ。

作家の関川夏央は、『昭和が明るかった頃』（二〇〇二）で、浦山の小文を引用し、この監督が、当初は吉永の起用に消極的であったことを伝えている。浦山は、ジュンをもっと精悍で男まさりの少女と想定していたから、吉永は可憐すぎ、上品すぎると感じたのである。それでも予定のボリュームを大幅に超えたシナリオに対して、日活が交換条件として提示した吉永の出演をしぶしぶ受け入れることにした。「吉永でもいいや」と浦山はもらしたそうである。

しかし、どこか山の手の匂いを残した吉永のジュンは、この作品に独特のキャラクターをもたらした。それは、「考える少女」というものだった。

浦山はこう語っている。

私は彼女に「貧乏というものについて、考えてごらん」とだけ云った。この子の一番いい点は真面目に考えることであり、そこでジュンを考える少女という面でつくってみようと私は思ったからである。（浦山桐郎「考える少女」、『吉永小百合――美しい暦』、一九八三、所収）

このような浦山の期待に応えて、吉永は自分とジュンの違いについて考え、時に鋭い質問を投げかけ、そうするうちに浦山は、「一まわり余りも違う末の妹のように感じて」（前掲書）きて、自身もジュン像を修正していったという。

父親のダボハゼ発言をきっかけに、ジュンは自身の運命と取り巻く社会を呪う。河畔の藪の中で初潮を迎えるのもこの時だ。自暴自棄になって街へ出て、強姦されそうにもなる。学校を休んで教師の説得にも顔を背け、とりなす母親を罵倒しながら、彼女は沈み込んでいく。貧乏と弱さについて書いた作文には結論がない。「弱さが貧乏の原因なのか、それとも貧乏が弱さの原因なのか、私には分からない……」。

しかし、映画のラスト近く、在日朝鮮人の帰還運動で北朝鮮へ渡ったヨシエの手紙が転換を促す。「……一人で悩むのではなく、同じように苦しんでいる皆の問題にして考え合った方がいいのではないかしら。きっとそういう人はたくさんいると思います……」。

ジュンは、日立製作所の武蔵工場へ就職し、定時制高校へ通う意志を固める。そこでともに語り合える新しい仲間を見つけようと考える。もちろん、「貧乏と弱さ」について何かの結論を得たわけではない。「ダボハゼの子」が変異するかどうか、そのこともまだ見えてはいない。それでも、ジュンは自身の進学熱を少しだけ距離を置いて見つめ、――それは、再雇用が決まって有頂天の父親とは対照的である――より冷静に自分の階層的命運を考えようとする。

この映画がいまだにオーラのようなものを発揮しているのは、六〇年代初頭に多くの人々がわずかな後ろめたさを感じながら振り捨ててきた一つのモラルを含んでいるからである。それは、貧しい階層にとどまりながら明日へ希望をつなぐというオルタナティブな選択肢、つまり、「豊かさ」を疑念なく是とする〈社会意識〉に対抗するもうひとつの〈社会意識〉である。ジュンのセリフにはないが、彼女はトップ校の断念という行為を通して、機会の平等や公平という戦後民主主義的な衣装をまとった競争主義（能力主義といってもいい）を捨てている。明確に意図されてはいないものの、階層の上昇という趨勢に対抗する眼差しをつくり出したのである。

ただし、『キューポラのある街』が封切られた一九六二年は、「ＱＣサークル」が鳴り物入りでスタートを切った年でもある。ジュンが、ヨシエの薦めに従って、「苦しんでいる皆の問題」を語り合おうとする場はあったかもしれないが、工場現場には、早々と生産性向上の掛け声がかかっていた可能性もある。ジュンが訪れた日立の工場では、昼休みに女性たちが「手のひらの歌」（作詞・伊黒昭文、作曲・寺原伸夫）を歌っている。歌声サークルのようだが、彼女たちが時に職場の改善を論じたとしても不思議はない。就職試験の朝、「あたいはダボハゼの子じゃないから」と母親に告げて家を出ていくジュンが、一年後に何を「考える少女」であったか、我々には知らされていないのである。[★5]

三　上昇を拒む娘たち

浦山桐郎が、『キューポラのある街』の次に撮った作品は、『非行少女』（日活、一九六三）である。

主演は、和泉雅子と浜田光夫。作品の舞台は、金沢市とその郊外である。

北若枝（和泉）は、石黒ジュンと同じ十五歳だが、正反対の札付き不良少女という設定である。酒浸りの父親と乳飲み子を抱えた義母が罵り合う家庭は半壊状態にある。ＰＴＡ会費が払えない若枝は、学校をサボって街をふらつき、夜は怪しげな酒場に出入りしている。なんとかして現状から逃げ出したいが、高校進学などそもそも選択肢にはない。

そこへ、東京で失職した沢田三郎（浜田）が帰郷してくる。再会した幼なじみの二人は好意を持ち合い、三郎は若枝にスカートを買ってやったり、勉強を教えたりする。二人が逢い引きするのは、若枝の隠れ家のような浜小屋で、壁には「闘い、敗れたり」と大書してある。ここは十年前の内灘闘争（一九五三年に起きた米軍の砲弾試射場に対する反対運動）の主戦場であったのだ。三郎と若枝の親たちは敵味方の関係にあり、反対派であった北の家は敗北を機に零落への道を歩んでいった。一方、三郎の実家は羽振りが良く、兄の太郎は村会議員選挙に出馬すべく、根回しに余念がない。心がざわめいて止めようがない少女と、三男坊ゆえに出郷したものの失意を抱えて戻った青年の、ひりつくような物語が寒々しい海辺の町で描かれる。

『非行少女』には、『キューポラのある街』で用意されていたようなハッピーエンドはない。不幸なすれ違いから、三郎は若枝を疑い、別れを告げる。自暴自棄になった彼女は火事を起こし、補導されて保護施設へ送られていく。

この映画の和泉雅子には存在感がある。銀座育ちの和泉は、最初のうち若枝役に合わず頼りなかったが、浦山の執拗な演技指導に耐え、しだいに陰影のある非行少女像をつくり出していった。悲しみと怒りは、強靭なバネのように彼女の身体を支えていて、しかもあてのない憧れのような感情が表情に深さをもたらしている。

三郎は、保護施設のマラソン大会で子供たちに囃される若枝を見て、彼女を訪ね、恋慕の気持ちとともに退園を待つことを伝える。しかし、退園の決まった若枝は三郎を諦め、大阪で勤める決心を固めている。かろうじて出発を察知した三郎が、金沢駅で若枝に追いつき、思いとどまるよう説得する。若枝は、ひとりで仕事ができるようになるまでは誰かを好きになることをやめようと思った、でも、こうして説得されたら、どうしていいか分からなくなった、と泣きじゃくる。

その様子を見ていた三郎は、大阪行きの列車が出発を告げると、やにわに若枝の腕を取って最後尾の車両に乗せ、大阪へ行けと言う。★6 出発を止めるはずだった三郎のこの行為は、観客の意表をつく。

「僕も一人になって自分を掘り下げてみる。三年たって、君がまだ僕を忘れずに、僕も君を愛していたら、その時に会おう。もしも、二人別々の家庭を持つようになっても、いつか街で顔を合わせたとき、恥ずかしくないような二人になっていよう」。

自分を思ってくれる男を断念する若枝は、石黒ジュンと同じく、別の選択肢を選ぶ少女である。彼女の決意を理解し、支援する三郎は、ジュンの幼なじみの工員・克己の相似形である。ここに共通する映画の文法は、物語の主人公が、いったんは敷かれた軌道から自ら敢然と降り、別の予想外の方角へ向けて歩み出すというものだ。そちらは多くの場合、悪路であることが見てとれるから、この勇気ある意思決定は、観客に一抹の不安と強いカタルシスを与える。

与えられそうな成功や幸福を捨て、あえて困難に立ち向かう主人公は、約束された軌道を持たない多くの人々の共感を呼んだ。戦後の大衆にとって、自身の好機をあえて捨て、もっと過酷な闘いに飛び込んでいく主人公たちは――少なくとも六〇年代前半までは――、身近で簡明な英雄像として存続していた。吉永や和泉などの演じる健気なヒロインが、その役割をよく果たし得たのは、男たちがすでに英雄たり得なくなっていたからだ。その事情は、『非行少女』と同じ一九六三年に公開された、山田洋次の『下町の太陽』が伝えている。

『下町の太陽』（松竹、一九六三）は山田の二作目の監督作品で、長編としては第一作にあたる。主演は倍賞千恵子と勝呂誉《すぐろほまれ》。倍賞は前年に同名の曲を歌ってヒットさせており、いわば歌謡曲映画だが、山田は青春映画の枠組みを借りて、階層上昇というホンネの〈社会意識〉を、分かりやすい語り口で批評してみせた。それは石黒ジュンや北若枝のケースと同じく、人生の倫理的な選択を示すものだった。

舞台は墨田区の向島《むこうじま》近辺で、登場人物たちはたびたび荒川の土手を歩き、川辺に佇み、語り合う。石鹸工場で働く気丈な長女、寺島町子（倍賞）は、職人の父を助けて、祖母と弟二人の一家を支えている。同じ会社で働く道男という恋人がいるが、事務職の彼は正社員登用試験に合格して都心の本社に勤め、郊外の団地に住みたいと願っている。町子はそんな彼を励ましつつ、かすかな違和感を拭えない。★7

弟の健二は万引きに加わったりして少々不安定だが、鉄工所の工員、良介（勝呂）と仲がいい。良介は通勤電車で町子を見初《みそ》めていたが、彼女の方は彼を不良青年と見なして敬遠している。それでも、弟を心配して工場を訪ねた彼女は、仕事に打ち込む彼の姿に共感を覚える。

良介に一度だけつきあってくれと請われ、浅草で遊んだ二人が都電の三ノ輪橋で分かれるシーンがある。「恋人いるの？」と追いすがる良介に向かって、町子がよく聞こえないままに頷く。「その人と結婚するのかい？」と彼はさらに問いかけるが、騒音にかき消されて、会話は成立しないまま、二七系統の都電は闇の中へ遠ざかっていく。

一方、すったもんだの末に正社員のお鉢が回ってきた道男は有頂天になる。しかし、町子の気持ちはすでに彼から離れている。荒川土手で結婚を申し込まれて、彼女はこう押し返す。

「あたし、辛いの、とっても辛いの。あたしと道男さんとはどっかが違うわ。……幾晩も考えたの。道男さんは結局この町を出ていく人なのね。それがあなたの幸せなのね。……あたしはここにいるの。そりゃ、下町は煙だらけ、ウチの中は昼でも暗い。空はかすんでる。でも、太陽はその上に照ってるわ。あたし、そう思うの」。

君に苦労はさせない、幸せにすると迫る道男に対して、町子は黙って首を横に振る。東京オリンピックの前年、母性的な威厳とわずかな憂いを同居させた彼女は、ジュンと同じように「幾晩も考え」、やや年長の女性にふさわしく、冷静かつ主体的に男を見きわめ、人生のコースを変えようと決意する。階層上昇のもう一つの方策、ホワイトカラーとの結婚を、町子はあえて棄てるのだ。

道男の姿の背景には、準社員にも登用の道を開きながら、そこに「狭き門」を設けて競争を持ち込む企業組織のあり方がうかがえる。また、道男が父親を使って情実を交えるくだりもある。父親はかつて軍隊で、道男の会社の総務部長の上官であったらしく、登用人事にしがらみを持ち込んでいる。道男の「上昇志向」は、父‐息子の二世代連携プロジェクトでもある。

こうして町子はホワイトカラーの男を捨てて、ブルーカラーの別の男を選ぶ。物語の終わり近く、通勤電車の中で、眉根に皺を寄せていた彼女が良介にぱっと明るい笑顔を見せて、許諾のサインを送った時、暗闇の中の観客は「ソレデヨシ！」と頷いたはずである。もうひとつの道を敢然と選ぶのは、女であって男ではない。道男もまた貧しきチャレンジャーではあるものの、すでに汚れていてヒーローたりえない。爽やかで凛々《りり》しく、倫理的なヒロインは、最後の戦後的英雄像だった。

四　追憶の女、漂泊の男

浦山桐郎と山田洋次は、異なる種類の個性と才能を持ち、別々の道を歩みながら、一九六九年にそれぞれ代表的な作品をつくった。『私が棄てた女』と『男はつらいよ』である。映画作家としての二人が異なっているように、両作品はつくられた過程も、受容のされ方もずいぶん違っている。

前者は、どちらかというと社会性の強い文芸作品であり、タイトルが含意するように、裏切りと悔恨を主題にしている。後者はいうまでもなく、四半世紀を超える世界最長の映画シリーズであり、望郷の念を語り続けた人情喜劇である。

しかし、六二年から六三年にかけてつくられた両監督の初期作品と比較してみると、これら両作品には別の洞察があることが分かる。それは、人が何者かに生まれて何者かになっていく道筋を阻害するものの認識である。何者かになりたいがなれない（あるいは「あの人」の相手にふさわしい何者かになれない）という痛覚といってもいい。人はその不能感を癒せないし、その傷跡を経巡《へめぐ》ることしかできないのである。本章の冒頭で触れた、「不平等」や「不公平」を憎み、機会の「平等」や「公平」を熱望した戦後の〈社会意識〉は、恐らく両作品の公開された六九年頃に、そのような苦い覚醒――人が何者かに成り変わるのはたいへん困難なことである――へ行きついていた。

六〇年代初期、二人の監督はもうひとつの道を選ぶヒロイン像によって、階層上昇への対抗策を語ってみせたが、数年後にその可能性は深刻に疑われている。『私が棄てた女』と『男はつらいよ』は、この疑念の共有において、意外にも近傍の関係にある。

浦山桐郎は、三作目では男が女を捨てるというモチーフにこだわっていた。一九六四年に、遠藤周作の『わたしが・棄てた・女』を知って映画化を決心し、『幕末太陽傳』『豚と軍艦』などを書いていた山内久に脚色を依頼する。シナリオは良い出来だったにもかかわらず、日活の首脳は、彼の提案したもう一本の脚本『お早よう日本海』もろとも、ボツを言い渡してきた。

仕事のない浦山は無聊《ぶりょう》をかこち、日活の女性エディターや脚本家・重森孝子と不倫を重ね、妻との険悪な関係も維持しながら数年を耐えた。映画評論家、田山力哉の『小説　浦山桐郎　夏草の道』（一九九三）は、抜きん出たディレクターでありながら、自分自身の「監督」が不得意であった男の生き方を、抱きかかえるように描いている。

ようやく一九六八年になって、日活から声がかかり、浦山は『私が棄てた女』の準備にかかる。妻・殉子と愛人・重森のどちらも捨てきれない浦山が、棄てたはずの女にこだわりつづける男の映画をつくり始めたのである。

主人公の吉岡努（河原崎長一郎）は自動車関連の会社に勤め、専務の姪・三浦マリ子（浅丘ルリ子）とつきあっている。屈折した上昇志向を持っているために、社内の立ち居振る舞いもぎくしゃくしているが、片親のマリ子はそういう吉岡にシンパシーを感じている。

ある日、防衛庁の役人を接待するために入った店で女を買い、その女から森田ミツ（小林トシ江）の名を聞かされて動揺する。ミツは、吉岡が七年前に知り合い、ゴミのように棄てた女だった。

安保闘争に参加し、挫折した吉岡は、その倦怠の中で女工のミツに出会い、侮蔑しながら弄び、棄てた。しかし、彼は（恐らく彼の母親のような）ミツを忘れられず、七年後に再会すると、慚愧の念にかられて、思わず彼女を抱いてしまう。女工から売春婦に転落したミツが住む五反田の裏町は、三業地の面影を残していて、湿っぽく陰気である。その対極には、葉山や代官山など、マリ子の富裕な親族たちの明るい世界がある。吉岡はその真ん中で宙吊りになっているが、ブルジョワジーたちはそんな彼を見透かし、見下し、嘲弄する。[★8] かつて、吉岡がミツにそうしたように、である。

原作の時代設定は一九四〇年代後半からの数年間だったが、映画では六〇年代後半に変更されている。また、ミツがハンセン氏病と誤診されて御殿場の病院へ入るくだりが全面的にカットされている。原作では誤診が発覚した後も、ミツは病院に留まって働くが、自動車事故で死んでしまう（映画では、老人ホームの雑役婦になったミツが、売春の斡旋をしていた女に脅され、アパートから転落して死亡する）。

ミツは、登場人物のポジションでは、石黒ジュンであり、北若枝である。彼女もまた、絶望しながら考える少女であり、生き方を変えようと試みるが、非業《ひごう》の死を遂げる。ジュンや若枝のように、此処《ここ》ではない何処《どこ》かに向かって歩み出しながら、無残に殺されてしまう。もう一つの道を選びながら、それを生きることは許されない。[★9]

また、吉岡の味わう悲惨も原作にはなかったものだ。彼は大学出であり、中堅企業の社員である。それでも恋人の親族である経営者一族に対すると、貧しいホワイトカラーの自分に直面せざるをえない。その場で強調されるのは、豊かな物的財ではなく、親族間の緊密な紐帯を見せつける馴れ合いに満ちた会話であり、そこかしこに張り巡らされた排除のバリヤーである。それらはともに現前しているが、無形でとりとめもない。しかし、蔑視にさらされた吉岡には決して触れることのできない文化資本である。★10

浦山は、あたかも「棄てた男」に制裁を加えるように、成り上がり者を攻撃してみせた。

ここで立ち止まって、戦後の階層間流動はどのような変化を示したのか、見てみよう。先に挙げた「社会階層と社会移動に関する全国調査」（SSM調査）は、世代間移動率を見ることで、階層流動の趨勢を析出している。全体の平均値で見れば、移動率は一九五五年から八五年にかけて一貫して上昇しており、農業からの高い流出率が最大の要因になっている。ただし、移動に対する構造変動の影響を示す強制移動率は、七五年をピークに下降する職種が多くあり、六五年〜七五年の十年間が、高度経済成長による社会編成の大きな曲がり角であったことがわかる。さらに、構造変動の要因を除去した純粋変動率も平均値は一貫して上昇しているが、六五年〜七五年ではすべての職種で上昇していたのに引き換え、七五年〜八五年を見ると、専門と管理以外の職種では下降に転じている。つまり、六〇年代後半とは、それまで一貫して上昇基調にあった社会移動が頭打ちにさしかかった時期なのである。

一方、六〇年代は全般的に経済格差が縮小した時代でもある。六〇年代後半に、ホワイトカラーとブルーカラーの経済格差はかつてないほど縮小している。また、大企業と中小企業、男性労働者と女性労働者、農家と被雇用者などの経済格差も縮小している。もちろん、背景には一〇パーセントを越える高度経済成長があり、慢性的な人手不足があり、結果として給与の引き上げがあった。

例えば、進学率が上昇したために不足が深刻になった中卒者の場合、初任給は六〇年から七〇年の十年間に五九〇〇円から二万三八〇〇円へ高騰している。

この両方の趨勢、世代間移動率の停滞と階層間経済格差の縮小は、相俟って「総中流」を生み出したが、逆説的に学歴や人脈、慣習やセンスなどの文化資本の格差を表出したのではないか。経済格差の縮小とは、階層間における短期的な財の配分比を変えるに留まり、文化資本のような長期的な財の格差は温存する。むしろ、長期的にしか蓄積されない文化資本が浮上することで、階層間格差はより障壁を高くしていったのではないだろうか。

浦山の『私が棄てた女』の倦怠感に満ちた絶望は、このような六〇年代の格差構造の変化を先取りしているように思える。ミツも吉岡もともに、なりたかった自分になれない。十年前にはかろうじて信じられていた階層上昇も、またそれに対抗しようとするジュンたちの決心も、ともに現実感を失っている。

では、向島の石鹼工場で働く町子を描いた山田洋次は、このような時代の変化をどのようにとらえたのだろうか。

一九三一年生まれの山田洋次は、苦学して東京大学法学部を卒業、一九五四年、松竹に補欠で入社した。川島雄三、野村芳太郎の助監督を経て、六一年に監督第一作『二階の他人』でデビュー、第二作『下町の太陽』の後は、ハナ肇を主人公役に据えた「馬鹿シリーズ」や『なつかしい風来坊』などのコメディを中心に、松竹大船路線を継承する監督として作品を撮り続けていた。

山田は、同世代の松竹ヌーヴェルヴァーグと呼ばれた大島渚（一九五四年入社）、篠田正浩（一九五三年入社）、吉田喜重（一九五五年入社）らに比べると地味な存在であり、どちらかといえば、手堅い職人的な監督と見なされていた。

その山田が、フジテレビ系列の連続テレビドラマ『愚兄賢妹』の脚本を書き始めたのは一九六八年の秋である。主演は渥美清。ドラマタイトルはフジテレビの営業サイドの反対に遭って、『男はつらいよ』と改名され、十月三日から翌年三月二十六日まで全二十六話が放映された。

このドラマシリーズの映像は、初回と最終回しか残っていない。初回はいうまでもなく、父親に反抗して家を飛び出した寅次郎が、十八年ぶり（映画では二十年ぶり）に葛飾柴又、帝釈天の門前にある団子屋「とらや」（後に「くるまや」へ変更）の叔父夫婦と異母妹を訪ね、驚きとまどう彼らを巻き込んで一騒動を巻き起こすというおなじみのストーリーである。

妹のさくら（櫻）は、テレビ版では長山藍子が演じている。彼女は丸の内に本社のある電気メーカーでキーパンチャーをしている。同じ会社にミチオという恋人がいる。『下町の太陽』の町子の恋人と同名なのは偶然ではないだろう。さくらは町子と同じように、ホワイトカラー然としたミチオと「考え方が合わず」別れる。山田にとってこの別れは必然らしい。

寅次郎が相対するもう一人の女性、マドンナ・冬子は佐藤オリエが演じている。彼女の父親・坪内散歩は元英語教師で、寅次郎が唯一敬愛する恩師である。かつていじめた「鼻ったれお嬢」に再会して、寅次郎の恋心に火がつくが、彼女には藤村というバイオリニストの恋人がいる。

二十六回のシリーズは、さくらと諏訪医師との恋愛、寅次郎の母親や異母弟の出現などのエピソードが展開し、さくらの結婚、散歩先生の死、「とらや」の廃業、さらに冬子の結婚へと進んで最終回を迎える。ハブ捕りで蛇に嚙まれたという訃報のエンディングが多数のファンの抗議を招いたため、松竹は映画化によって寅次郎の復活を決定したといわれる。

　こうして一九六九年八月二十七日、脚本・森崎東、監督・山田洋次の映画『男はつらいよ』が封切られた。

　さくら役は長山から倍賞千恵子に変わり、彼女の結婚相手は医師から印刷工に変わる。マドンナ・冬子の父親は、元英語教師から題経寺の住職「御前様」に変わる。

　よく知られたストーリーなので紹介は省くが、ここでもさくらの結婚は最大のテーマである。帰郷したばかりの寅次郎が付き添ったがために、さくらの見合いがぶち壊しになる。相手は「オリエンタル電機」の下請け先の御曹司である。寅次郎は酔ったあげくにからんで場をめちゃくちゃにしてしまう。ことの顚末を聞いて叔父夫婦は怒り嘆くが、さくらは呆然と立ちすくみながら、この事件を機に自分の階層的運命を自覚するようになる。

　彼女には意中の相手がいる。隣りの朝日印刷の博だ。しかし、寅次郎は妹可愛さも手伝って彼に辛く当たる。「あいつは大学出のサラリーマンと結婚させるんだ。お前たちみたいなナッパ服着た職工なんかにやるわけにはいかないんだ!」。しかし、博もさくらもこの理不尽な攻撃にひるまない。テレビ版のさくらは、大企業のホワイトカラーではなく町医者と結婚したが、映画版のさくら──それは倍賞のさくらというべきだろうが──はよりストレートに同じ階層同士の結婚を選ぶ。これは、『下町の太陽』の町子から始まった「生き方」であり、山田・倍賞コンビの一貫した倫理的選択である。さくらはフーテンの寅の優しく賢い妹であると同時に、戦後家族の上昇戦略に抗うヒロインでもある。

　しかし一方、寅次郎は、倍賞のさくらが依って立つ階層的立場も失っている。彼は祭りを追うテキ屋であり、南へ北へとさまよう流れ者であり、カタギの世界から外れたヤクザである。

山田は渥美清本人から季節の祭事をめぐって日本列島を旅するテキ屋の話を聞き、『男はつらいよ』のヒントを得たという。それは階層移動ではなく、階層秩序そのものからの逸脱であった。この逸脱は自由の感覚に近かった。少なくとも人々はそのように感じた。テレビシリーズでいったん死んだ寅さんを蘇生させた理由はここにある。

六〇年代の後半へ折り返す頃から、戦後社会の様相は急速に変化する。地域や階層といった自然な拠り所は解体され、仕事と暮らしの様々な現場に競争が浸透していった。経済格差の縮小は階層差を見えにくくし、ブルーカラーはホワイトカラーの文化に呑み込まれていく。階層ごとに形成されていた習俗や情感が失われ、人工的で統合的なルールとマナーに置き換えられていった。だから、この「中」に向かって水膨れを始めた階層意識に異を唱えるためには、そこから「降りる」必要があった。フーテンの寅は、まさにそのようなトリックスターとして、あちらの世界から川を渡ってやってきたのである。

映画評論家の佐藤忠男は、股旅ものの系譜や『無法松の一生』の色濃い影響を指摘しているし、評論家の切通理作は寅次郎が「博徒もどき」であることに注意を喚起している。その通りだろうが、さらに重要なのは、山田が観客を呼べる映画をつくりながら、その作品中で、戦後的階層意識を脱する主人公を造形したことである。

彼は秩序や競争から自由な者であるために、家族を持たず、旅を続けなければならないが、帰る場所はまだ残されている。無頼なヒーローは持ち前の愛嬌によって、ぎりぎりのところで故郷喪失を免れている。戦後社会の趨勢からドロップアウトしたものの、批判者として振る舞うことはなかったので、人々は四半世紀にわたってこのヒーローを支持し続けた。山田は、「もうひとつの道」の残りわずかな可能性を、マレビト（来訪者）という姿で表現したということになる。

浦山桐郎は、『私が棄てた女』で、たぶんこの映画作家にしかできない作品を生み出したが、もはや「解」を見失っていたように思える。何者かになりたいがなれない（あるいは誰かにふさわしい何者かになれない）という認識は痛切だが、厚い壁に頭を打ちつけている印象がある。浦山は、以後七五年の『青春の門』まで、六年間の逼塞《ひっそく》を強いられた。

山田は六〇年代半ばに、ハナ肇の主演するコメディで「外部からやってくる者」の実験を繰り返した上で、主役を渥美に代えて、確信犯のように「葛飾柴又」をスクリーンの中に創り出した。人情溢れる町をテーマパークのように紡ぎ出し、その内部でさくらの結婚を挙行し、さらに「何者かになれない自分」の無能感を甘美な夢のように繰り返す、不思議な男の物語を語りだした。これは、アクロバティックだが、確かにひとつの解だった。

五　一九六九年のアッパーミドル

『私が棄てた女』と『男はつらいよ』が公開された一九六九年には、ほかにも様々なことがあった。ベトナムでは戦争が続いていた。一月のパリ拡大会議は実を結ぶことなく、膠着状態は解けなかった。六月、米軍の段階的撤兵が発表され、南ベトナム共和国臨時革命政府が樹立されたが、ホー・チ・ミンの死去（九月）も手伝って、泥沼の混乱が続いていた。

米国は、アジアでの戦争の敗北をほぼ覚悟しながら、七月、アポロ11号を月面に着陸させ、二人の宇宙飛行士が月面を歩く様子をテレビで放送した。

フランスではドゴール大統領が退陣し、チェコスロバキアでは自由改革路線のドプチェク第一書記が解任され、中国では林彪副主席が毛沢東の後継者に指名された。

経済企画庁は前年のGNPが西ドイツを抜き、日本が米ソについで世界第三位になったと発表した。十一月、佐藤（栄作）首相は訪米し、ニクソン大統領と会談、七二年の沖縄施政権返還をうたった共同声明を発表した。十二月には第三十二回総選挙が行なわれ、自民党は二百八十八議席を獲得して圧勝、社会党は三桁を割り込む惨敗を喫した。日本は高度経済成長のただ中にあり、国民の大多数は保守政権を支持していた。

前年から全国に広がった大学闘争、いわゆる全共闘運動は一月十八日、十九日の東大安田講堂の攻防戦を頂点に斜路を滑り降りていった。この年、東大の入試は行なわれなかった。すでに前年の十二月二十九日、加藤一郎学長代行と坂田道太文相が会談、現状のままでは入試中止、一月十五日までにスト解除・授業再開の見通しが立てば、その時点で再考とすることで一致していた。安田講堂のバリケードが解除された翌日、東大当局は入試の中止を発表した。

薫という名前の「ぼく」の話は、その三週間後、二月初旬の昼下がりから始まる。日比谷高校の三年生であり、当然のように東大を受験するはずだった彼は、この巡りあったアクシデントを機に、これまで考えなかったことを考えようとしている。他の大学を選ぶのも、浪人して東大を受け直すのも気乗りがしない。唯一潔いと思えるのは、憧れていた学と知の世界へ、自分だけの力でアクセスすることだ、と思い始めている。庄司薫の『赤頭巾ちゃん気をつけて』（一九六九）である。

この小説は、本章の前半で取り上げた『キューポラのある街』と同じように進学の問題を扱っている。違うのは、一方の主人公が貧しい工場労働者の家の娘であり、他方の主人公がアッパーミドルの家の息子であることだ。もちろん、志望校は県立高校と国立大学と異なり、二つの作品の間には十年近い歳月が流れている。それでも両方の主人公たちが、人生の過ごし方について「世の中」の通念に従うのを止め、別の道を選ぼうとする点では共通している。

薫は人生の三つのコースを「ゴマすり型」「居直り型」「亡命型」と命名し、四つ目のコースを、そのいずれでもないまったく別の「綱渡り」であると考えている。彼は当の選択を、「大学へは行かない」と表現し、自力で学ぶ道を構想している。それは、どうやら兄の恩師（そのモデルは丸山真男とされている）に強く影響されたものらしい。

小説中の回想場面では、六七年の初夏、一緒に銀座を歩いていた兄と薫が、偶然その教授に出会って飲食をともにしながら夜更けまで語り合う。薫は兄と教授の対話に耳を傾け、大いに感じ入る。彼は、知性というものが「すごく自由でしなやかで、どこまでもどこまでものびやかに豊かに広がっていくもので、そしてとんだりはねたりふざけたり突進したり立ちどまったり、でも結局はなにか大きな大きなやさしさみたいなもの、そしてそのやさしさを支える、限りない強さみたいなものを目指していくものじゃないか」と考える。さらに、このような知性の追求にとって東大法学部はどうでもいいことであり、「それだからこそ、ぼくはかえってほんとうに素直な気持で、東大法学部へ行こうという気になった」と語る。

丸山への評価は別として、当時の読者は、このような憧れの表出に多少鼻白んだ。東京大学を頂点とする旧帝大群が、日本の官僚人材を営々と育成してきたことはよく知られており、一部の専門家による狭い領域の研究活動が、たとえ「真理」や「知性」の追究であるとしても、この大学固有の社会的機能に比べれば副次的に過ぎないことも明かされていた。大学がまとった学問の府という「擬制」はすでにいったん引き剥がされていたから、もし知性というものを語り直すなら、それは「擬制」を相対化する視点を織り込まない限り、陳腐であることを免れない。当時、東京西郊の高校生だった私でさえ、そのことを理解していた。

実際、薫の決意は陳腐なばかりか、ノブレス・オブリージュ（貴人の義務）のような気分さえ潜めている。薫の兄は弟に東大法学部について問われ、「要するにみんなを幸福にするにはどうしたらいいのかを考えてるんだよ」と答えているが、これは薫の信条でもあるだろう。しかし（あるいはそれだけに）彼のメッセージは空疎である。十八歳の高校生の発言だから空疎なのではなく、大学と社会の公然の「秘密」に気づかないふりをしているからだ。知的なものに共感してみせながら、ある種の知的サボタージュ、または無視や回避があるからだ。

翌七〇年、森谷司郎がつくった映画化作品で、この空疎感はさらに際立って見える。登場人物はみな饒舌で語ることに倦まないが、モノローグもダイアローグもすべては軽く空しい（唯一、由美を演じた森和代が台詞の少ないぶん存在感を得ている）。

薫の一見オルタナティブな選択への決意表明が虚ろに聞こえてしまうのは、人生をレストランの料理のように、いくつかのコースから選ぶものと考えているからだ。石黒ジュンや寺島町子、さくらや寅次郎が選んだ「もう一つの道」は、いくつかのうちのひとつではなく、相容れないぎりぎりの選択肢だった。

『赤頭巾ちゃん気をつけて』は第六十一回芥川賞を受賞し、ベストセラーになった。庄司薫は、一九七七年まで、薫を主人公とする「赤黒白青四部作」――『さよなら快傑黒頭巾』『白鳥の歌なんか聞えない』『ぼくの大好きな青髭』――を発表した。『赤頭巾ちゃん気をつけて』は単行本と文庫版を合わせて百八十万部を売ったという。

空疎なメッセージを発しながら、読者を獲得したのは、この作品が独特のリアリティを発揮していたからである。それはだいたい二つのやり方で実行された。

ひとつは、アッパーミドルの暮らしの魅力的な描写である。言葉をあえて使い分ければ、中流階層ではなく、中産階級の年季の入った有形・無形資本がさりげなく、しかも明確に呈示されている。ハクモクレンの咲く閑静な住宅街、泊まりがけでゴルフに行く父親、植木屋と庭の相談をする母親、「坊ちゃん」の薫を世話する若い女中、そして東大とそれに準じる大学に在籍し、卒業した三人の兄たち。豪奢ではないが、次世代が現行の階層を相続し続け、財を安定的に継承しうる環境がしっかり整っている。

さらに、幼なじみのガールフレンド・由美は、初潮や乳房の膨らみで性的身体を示しながら、その防護を求めて王女のように振る舞う。仕方なく薫も騎士道物語の騎士のように応対する。処女性もまた稀少な財として扱われている（余談だが、この点で薫と寅次郎は不思議な相似を示している。十八歳の少年と中年のテキ屋は、ともに性的欲望を抑制して騎士道物語を演じている）。

二つめは、独特な虚構性ゆえの（！）現実感である。日比谷高校の生徒が一人称で書いた小説という仕立てでありながら、「あとがき」でその「ぼく」が、「兄貴の書いた小説の主人公かなんかじゃないか」と呟くことで、虚構は逆説的にリアリティを持つことになった。福田章二という実在の書き手のことは知りながら、私は薫と由美の実在を信じていた時期がある。彼らの住む街は「或る山手線の駅から少しいったところ」と説明されていたから、それらしい街に降り立って彼らを探して歩いたこともある。永遠に続く一九六九年のユートピアは、どこかにあるものと思えて仕方なかったのである。

ちなみに、大塚英志は、「フェイクとしての私」つまり、ニセの一人称の系譜の起点として薫くんシリーズを名指した。大塚によれば、村上春樹も高橋源一郎も橋本治も、七〇年代に登場した男性作家たちの多くが、この「フェイクとしての私」を反復するように小説を書き始めたのである。村上は架空の作家、高橋は虚実不明の「著者略歴」によって、発話する「僕」を韜晦してみせ、橋本は女子高校生のフリをして小説を書きだした。「フェイクとしての私」を軸に、現実と虚構の独特な入れ子構造をつくりだしたこのシリーズは、おそらく八〇年代のオタク文化やサブカルチャーの先駆けでもある。庄司薫、恐るべし。

とまれ、ありていにいえば、六〇年代の学生たちは、ノブレス・オブリージュとは縁のない存在になっていた。大学の大衆化によって街にあふれた彼らは、もはやエリートを約束された存在ではない。かつて教育投資による階層上昇を夢見た親たちの期待も、ここにきて裏切られ始めた。

全共闘運動は、学卒者の非エリート化に対する異議申立てだったという解釈は、シニカルだが見当違いではない。彼らの抗議は下手をすれば、かつて「平等」と「公平」を要求した戦後的論理とは正反対の主張になりかねないから、それに気づいた者たちが「自己否定」を唱え始めたのだとすれば、論理は裏で整合してしまうのだ。

薫の思考もまた同様である。彼は知的エリートでありたいと願うが、同時に大学はもはやそのような者を求めていないという認識に到達している。だから、彼は東大に行かない。なりたい自分になれないという、六〇年代後半に共通の——浦山桐郎や山田洋次の映画の主人公と共通の——痛覚を共有している。そして、恐らく「第四のコース」は、実はあてのないドロップアウトルートであることにも気づいている。『赤頭巾ちゃん気をつけて』の八年後に書かれた、シリーズ最終作『ぼくの大好きな青髭』が、六九年の夏の新宿を舞台に、彼が迷い込む異世界を描いているのはそれゆえである。

この小説では、薫と同じように「第四のコース」を目指した級友の高橋が自殺未遂を起こし、薫はその背景を探るために新宿のアンダーグラウンドへ乗り込んでいく。紀伊國屋二階の「ブルックボンド」や「風月堂」に始まり、歌舞伎町の路地裏のバーやクラブを巡っていくと、高橋がつないでいた糸が少しずつ見えてくる。それは何かの救済か闘いのためのものであるらしいが、登場人物たちがメタファーのような言葉しか口にしないので、薫も読者も意味をつかめない。

「青髭」とは、六〇年代後半の頂上感のようなものを伝えているらしいが、誰もそれを言葉にできない。物語の終わり近く、薫は謎めいた少女とともに「秘密の入口」から深夜の新宿御苑に侵入し、暗闇で巨木の根方に座り込む。彼女は多くの若者が「青髭に惹かれてひどい目にあった」と話す。自分は青髭の子を身籠っていると言い、指でつくった円の中から空を眺めて青髭の顔が見えると薫に語る。彼女の言葉は、この瞬間もっとも青髭に接近するが、また離れていく。このあたりから、主人公（と作家）は何かを理解し、物語は終着していくが、読者は取り残される。すべては不分明のまま、小説はエンドマークへ至り、庄司薫は小説そのものを書くことをやめてしまった。だから、「第四のコース」の成否は、以来確かめようがないままである。

六〇年代の初頭から始まったもう一つの道の探究は、ここでいったん終わりを告げる。つぎに現われた時、そのかたちや体裁はずいぶん異なったものになった。我々が次章で訪ねるのは、もっと奥まった場所に穿たれた穴のような場所から聞こえてくるオタクたちの呟きである。

註

★1　日本国憲法第二十五条はこう述べている。「すべて国民は、健康で文化的な最低限度の生活を営む権利を有する。国は、すべての生活部面について、社会福祉、社会保障及び公衆衛生の向上及び増進に努めなければならない」。

★2　「不平等」について、熊沢誠は近世民衆運動研究の成果を参照し、戦後の労働運動の理念に、「仁政」という儒教的理念の発現を見ている。百姓一揆は、勤勉・倹約・謙虚・孝行などの「通俗道徳」を実践する中で誇り高い主体を形成しながら、いよいよ生活が立ちゆかなくなると異議申し立てに打って出る。しかし、その告発は「被支配層を統合するために支配層によって唱えられながら、しかも実態としては裏切られつづけてきた正系の理念を、いつわりのないものにせよというかたちをとる」(『新編　日本の労働者像』、一九九三)。つまり、敗戦直後の人々の要求は、ゼロリセットにあたって、本来(天皇の前に)「平等な臣民」であるはずにもかかわらず、不平等を強いられたことへの義憤の表明であり、当然の権利の主張でもあったのだ。

★3　戦後の教育熱の背景について、小池和男は「戦時経済の遺産」(『現代日本経済史　上』(共著、一九七六、所収)で、戦時中の大量動員による「接触効果」があったことを述べている。軍需工場には、生徒・学生のみならず、中小企業で働いていた多数の人々が徴用された。数百万人規模の人々が、そこでふだん接することのない学校制度のエリートコース出身者に触れ、彼らが権力ある地位に就くのを目の当たりにした。事情は軍隊でも同様だった。戦場へ動員された多数の人々もまた、大規模官僚組織（軍隊）の中で高学歴の官僚（軍人）たちと接触し、高等教育こそ階層差の要因であることを知る。戦争は、人々に学歴の効用を痛感させる場でもあったのだ。それゆえに、戦後社会に一貫して流れる高学歴への情熱は、その本質に中下層の「怨嗟」がこもっている。

★４　鳩を飼う少年がそれを売ってわずかな金を得るというモチーフは、大島渚の『愛と希望の街』（一九五九）にも現われる。中学三年の正夫は川崎の駅前で鳩を売っているが、買われた鳩は数日すると、正夫の家に戻ってくる。正夫は自分の詐欺行為を自覚しているから、いつも浮かない顔をしている。彼は、病弱な母に代わって家を支えるべく、就職試験を受けるものの、鳩の詐欺行為が発覚して不合格になってしまう。

★５　ＱＣサークルについては第Ⅲ部第１章で触れる。生産性向上を目的とする小集団活動は、男性社員だけでなく、生産現場の女性たちによっても支えられた。実はジュンも、原作者早船ちよが後に書いた続編（『さくらさくら』一九七〇）の中で、本当に（？）ＱＣサークルに巻き込まれそうになる。

★６　『非行少女』の終盤の金沢駅のシーンをラブストーリー（あるいは青春映画）のラストシーンと見ることはもちろん可能だが、そのような見方では割り切れないものが残る。三郎は、映画の中で二度、若枝に別れを告げている。一度は彼女のせっぱつまった行動や悪評に愛想をつかして、二度目は叔母から逃げ出し、訪ねてきた彼女を持て余して、である。またカメラは、金沢駅の喫茶店で泣きじゃくる若枝を前に一瞬困惑した表情を浮かべ、壁の時計にたびたび目をやる三郎を写し撮っている。
　若枝は、恐らく考え抜き、三郎の言葉を当てにしないことを選んだ。二度、自分を棄てた男は同じことをする。彼女はそのように見透かしたのだと思えてならない。石黒ジュンが、言葉とは裏腹に自分が「ダボハゼ」であり続けることを知っていたのと同じように、北若枝も、勝ち組の三男坊と同じ場所で生きることはかなわないという、醒めた認識を持っていた。男に口説かれて「どうしていいか分からなくなった」彼女とは別に、そのような厳しい認識を持つもう一人の若枝がいる。

★7　ちなみに道男は、登用試験のために経営論をせっせと勉強しているが、大学入試を控えて受験勉強に余念がない町子の上の弟と同様に、自己中心主義の臭みを放つように演出されている。

★8　『下町の太陽』で町子に愛想をつかされた道男は――比喩的に言えば――『私が棄てた女』の中で、金持ちたちから蔑まれ、酒に酔って醜態を演じ、反吐を吐きちらす吉岡に〝転生〟している。自分が生まれ落ちた階層から脱し、アッパークラスになりすまそうとした道男＝吉岡は、自業自得のことわりによって魔界に落ちる。ラストシーン近くで挿入される吉岡の「悪夢」がそれを現わしている。

★9　浦山がデビュー作以来、作品に埋め込んできたもうひとつのテーマは、生まれ育った階層を脱出しようとする者に対する、高みからのまなざしだったように思える。『キューポラのある街』では、自分の勉強部屋を持つ級友、ノブ子の視線――それは貧しさへの無知としてあらわれる――の中に慎重に抑制されていたが、『非行少女』では、三郎の視線の中にわずかに表出している。彼の若枝に対する視線は、吉岡のミツに対する視線に近づいている。

★10　文化資本とは、社会学者のピエール・ブルデューが提唱した概念で、無形の資産でありながら、価値と稀少性を明確に示し、それを所持・蓄積することによって、所有者に権力や地位を与える効果がある財のことである。ブルデューは、文化資本を次の三つの形態で捉えている。①客体化された形態の文化資本（絵画、ピアノなどの楽器、骨董品、蔵書など）、②制度化された形態の文化資本（学歴、各種の資格やライセンスなど）、③身体化された形態の文化資本（慣習行動、言語、振る舞い、センス、美的性向など）。

第２章　虚の国の旅人たち

一　虚実入れ子の物語

我々は一九八〇年代に、「おたく」あるいは「オタク」と呼ばれる新しいタイプの日本人に遭遇した。[★1] 現実と虚構の境界をさほど意識せず、虚構の内部へ嬉々として入り込んでいくようなタイプの人物がオタクであり、そのような誘引力を持つメディアやコンテンツをオタク文化または、ある時期からサブカルと言い慣わすようになった。

オタクは、『宇宙戦艦ヤマト』（一九七四〜七五）、『銀河鉄道９９９』（一九七八）、『機動戦士ガンダム』（一九七九）などのアニメファンに起源があるとされるが、彼らが独特な社会的存在として注目されるようになったのは八〇年代の半ばである。

繰り返し語られてきた伝説は、「新人類」の評論家、中森明夫が、一九八三年に『漫画ブリッコ』の六月号から三号にわたって連載した「『おたく』の研究」がエポックになったというものだ。中森は記事の中で、コミックマーケット（コミケ）に集まるマニアたちを「おたく」と名付け、その姿態と生態をこっぴどくかつ挑発的に揶揄している。[★2] ちなみに、中森はこの時点で二十三歳。前年に『東京おとなクラブ』を創刊し、新世代の書き手として一部から注目されていた。

八〇年代の先端的な若者文化は、新人類とオタクによって二分されていたといわれる。[★3]「新人類」が消費社会の有能なメンバーであるのとは対極的に、オタクは目前の市場には欲しい商品を見いだせない無能な傍観者であり、だからこそコミケなどで消費対象と同好の士を探し、名乗らぬ者同士で相手を「お宅」と呼んでいたのだという。

大げさにいえば、オタクは、戦後の消費社会が紡ぎ出してきた欲望の対象にはじめてそっぽを向いたグループである。彼らはオトナが欲しがるクルマや住宅には関心を持たず、コドモのまま、「いまここ」でしか買えない同人誌や手づくりマンガに熱中した。[★4]比較していえば、「新人類」は、「旧人類」に反発しながら、成熟して「旧人類」に取って代わることを望んでいたのに対し（中森の雑誌は正直に『東京おとなクラブ』と命名されていた）、オタクは、世代交代や自身の成熟にはほとんど関心を示さず、既存の消費社会のルールに縛られない闊達さと不気味さを併せ持っていた。

宮台真司はもっと明確に、オタクは「新人類」から派生したと述べている。宮台は、「新人類」とオタクがルーツを共にしていたこと（両者は東京の有名私立校から発したという）、七〇年代後半に「新人類」の方がメディアを通じて性や恋愛と結びつく中で、対人能力で劣る（！）オタクが同根から分化していったと述べている。具体的には、田中康夫の『なんとなく、クリスタル』（一九八一）や「オールナイトフジ」（一九八三〜九一）などが創り出した「セックス&シティ」幻想についていけなくなったオタクたちが、新人類と袂を分かち、分派しながら腹を括った結果、「オタク系メディアは「オタク的なもの」として明確に意識され始め」（宮台真司他『増補　サブカルチャー神話解体』、二〇〇七）たというのだ。

これはずいぶん意地の悪い分析だが、的の近くを撃っている。ただし、オタクは性的に無能だったわけではなく、後に述べるように性的イメージについて独特な嗜好を持っていたというべきだ。中森・宮台は、自分たちを「新人類」の代表として、つまりオタクという鬼っ子の誕生に立ち会った近親者として、彼らを批評していると見ればいい。

しかし、中森や宮台の揶揄を含んだオタク批評は、一九八八年から八九年に起きた宮崎勤の連続幼女殺人事件と、それにまつわるマスメディアの大々的な「オタク＝異常者」キャンペーンによって吹き飛んだ。それまでとは異なる恐怖と憎悪の眼差しを浴びて、オタクもその批評者も、その場に凍りついたのである。

大塚英志は、一九八九年八月十一日、宮崎勤が連続幼女殺人事件の容疑者として逮捕されたというニュースをタクシーの中で聞いたが、格別の注意を払わなかった。しかし、その日の仕事を終えて帰宅すると、マスコミからの取材が殺到していた。それは、容疑者・宮崎の自室にうずたかく積み上げられたロリコンやホラーのビデオテープが、「おたく」イコール異常者による猟奇殺人というキャッチフレーズへ一気に繋がっていったからだ。大塚は、殺到するマスコミを最初は受け入れたが、すぐに辟易し、怒りを爆発させるかのように、以下のように書いた。

　彼がおたく少年であるが故に幼女を殺したのだと世間が非難するなら、彼とぼくの感受性の間に差異があるのか自分では全くわからないがぼくは、彼を擁護する。
　ＴＶに映し出された彼の部屋の本棚にはぼくがかつて編集した単行本の背表紙がちらりと見

えた。ぼくが最初に編集者として足をふみ入れていた雑誌のバックナンバーも並んでいた。彼がぼくの読者であった以上、ぼくは彼を守ってやる。二六歳のおたく青年の主張を代弁したところで何の意味もないかもしれないが、彼の生きてきた不毛とぼくが生きてきた不毛がつながっているとわかった以上、そうする他にないではないか。（初出『新文化』八九年八月十七日号、大塚英志『「おたく」の精神史』、二〇〇四、より引用）

「ぼくは彼を守ってやる」という啖呵は、大塚の直観的で独特なモラルの表明だったが、その後、事態はさらにヘヴィな様相を呈していった。捜査班は二週間に及ぶ捜査で、殺害後の幼女を撮影したビデオテープを発見した。大塚の妻は、彼がその報を聞いて「真っ青になって、汗をダラダラ出してね、見ててみっともなかった」と夫に語った（大塚英志・中森明夫「ぼくらはメディアの子供だ」、太田出版編『Mの世代』、一九八九、所収）。

宮崎は、まるでマスメディアとその観客の「期待」に応えるかのように、彼らがもっとも欲した証拠を自室の「コレクション」の中に残していたのだ。

大塚は、自分と宮崎の「不毛」は、その頃頻発した少年や若者の犯罪者の心象風景にも共通していたと述べている。ただし、この「不毛」はかんたんには言語化できないから、彼らは、おたく文化的なモノを「身の回りに配置」し、言語化を代行させた。宮崎の部屋の五千七百本のビデオテープもまた、その「不毛」を表現する膨大なコレクションとして残されていた、ということになる。

確かに、オタクは多くの場合コレクターである。それぞれの好みの分野やテーマや作家にちなむモノと情報の収集に多くの手間と費用をかけ、緻密な配置によって自身の存在や発話を代行させようとする。その行為が彼の楽しみであるのは、特定の世界を（比較的手軽に）我がものにできるからだが、それが過剰な熱意を伴うのは、人工の世界が我が身を守る防衛機構として使えるからである。

多くの人は、幼少期を振り返れば、「ピーナッツ」に登場するライナスの毛布のようなものに思い当たる。それらは、暖かく身体を包みこんだり、ベッドで添い寝してくれたり、子どもと世界のダイレクトな接触を緩和してくれるものたちだ。ただし、毛布や縫いぐるみの動物がつくり出す緩衝的世界は、個人的な想像力がもたらすささやかな世界に過ぎない。それらは、子どもの成長によってしだいに無意識化される。

ところが、一九七〇年代半ば以後に登場したアニメ作品は、この緩衝的世界に大量の情報と構造的な秩序を持ち込んだ。『機動戦士ガンダム』が放映された一九七九年から『風の谷のナウシカ』が公開された八四年までが、日本アニメにとって空前の黄金期であったことはまちがいない。優れた作品が多数発表されたばかりでなく、人間型ロボットに乗って地球外の敵と闘う少年少女、歴史から切り離された学園で展開される永遠の戯れと闘い、核戦争や大災厄の後の世界などの主要なモチーフが出揃い、アニメワールドが確立した。そしてこの時期に、「フィクションの内部の情報がより現実に近い質と密度を持ち、現実を擬態するという事態が進行」（大塚英志『「おたく」の精神史』、二〇〇四）すると、受け手側には、「アニメーションの虚構世界もまた現実と同じ原理原則で構成されていなくてはならないという視線」（前掲書）が生まれたのである。

つまり、オタクたちは、仮想世界の中に、現実世界と同じ一貫性（実は現実にもそんなものはないのだが）を求めるあまり、逆に作品世界の中に矛盾や破綻や手抜きを発見していく。このトリビアルな事象にこだわる態度が彼らの基本的なスタイルである。

この現象を仕掛けた側の岡田斗司夫は、『オタク学入門』（一九九六）で、ＳＦ映像や戦後マンガ史に対するマニアックな視線と知識を披露し、オタクの本領をアピールしてみせた。ハイレベルなオタクたちが、ビデオデッキを駆使して、最新のＳＦ映像の秘密と粗《あら》を探し出したり、アニメ、マンガ、ゲームなどのジャンルを超えた膨大な知識を総動員して、作品の背後のメッセージを読み解いたりする様子はなかなか興味深い。さらに岡田は、「粋の眼」「匠の眼」「通の眼」など、日本文化のキーワードを借用して、オタクを高い見識を持つ見巧者《みごうしゃ》として自画自賛してみせた。つまり、オタクは、江戸の通人に匹敵する教養人であり、当該の分野に対するプロ並みの知識と眼力を持つ目利きであるというわけだ。

ただし、岡田は現場でアニメーション制作に関わり、実務的・技術的な知識を備えた「オタキング」ではあったものの、宮崎事件を含め、オタクの社会的意味に多く言及することはなかった。『オタク学入門』には、九〇年代前半を席巻したオタク・バッシングを正面から論じた部分は、ほとんどない。その開明的な語り口は、オタクを既存の文化的秩序（日本的識者）の中で説明することで解毒し、彼らに市民権を与えることを意図していたように見える。[★5]

それゆえ、岡田によるオタク行動の記述では、抜け落ちてしまうものがある。〝なぜ七〇年代後半から八〇年代前半に、アニメという分野で「受け手の側の過剰な読み込み」が発生し、広がっていったのか〟という問題だ。

『宇宙戦艦ヤマト』と『機動戦士ガンダム』が、エポックメーキングな作品であることは先に紹介したが、なぜ両者はそのような効果を発揮しえたのか。

松本零士によるコミック版「ヤマト」には、松本の別作品の主人公であるキャプテンハーロックが登場する。ハーロックという他作品のキャラクターを登場させることで、「ヤマト」の背後にはさらに大きな物語が存在するという可能性を受け手に示唆したのである。このような入れ子構造は、作り込まれた映像やSF的な考証とあいまって、視聴者の想像力をおおいにかき立てた。眼前に展開するストーリーは、はるかに大きな「世界」の一部に過ぎず、その「世界」の全貌はまだ明かされていないのではないか——このようなイマジネーションが、虚構に対して現実の世界と同等の一貫性を求める心性を形成していった。

そして、「ガンダム」が登場する。「ガンダム」は、受け手側がフィクションに対して感じるリアリティの変容に確信犯的に対応した作品だった。富野吉幸（後に由悠季《よしゆき》）と安彦良和《やすひこよしかず》は、玩具メーカーから要請された巨大ロボットの登場に必然性と現実性を与えるべく、ロボットアニメというジャンルを周到に変形させ、旧来の勧善懲悪的な世界を脱して、人間同士の否応ない戦いを描き、奥行きのある人物造形や人類の革新（「ニュータイプ」）という理念的テーマによって、物語のスケールを拡げていった。

「ガンダム」は、「宇宙世紀」という架空の歴史の上に物語を設定していた。そのプロローグは、人類が増えすぎた人口を宇宙に移民させるようになって七十九年目（宇宙世紀〇〇七九年）に、地球から最も遠い宇宙都市サイド3がジオン公国を名乗り、地球連邦政府に独立戦争を挑んできたというクロニクルを記している。架空の「歴史」とは、虚構ではあるものの、一貫性のある「世界」の筋書きである。大塚はこれを「偽史」と呼び、アニメやマンガのみならず、八〇年代以後のサブカルチャー全般に、「偽史」への強い傾斜が見られることを指摘する。たとえば、宮崎駿の『風の谷のナウシカ』（一九八二）や大友克洋の『ＡＫＩＲＡ』（一九八二）もまた、物語内部に「もうひとつの」歴史を埋め込んでいる。『ナウシカ』では、極限まで科学技術の発展した人類社会が、「火の七日間」と呼ばれる最終戦争によって滅んでから千年余りが経過した未来の地球が舞台であり、『ＡＫＩＲＡ』では、一九八〇年代に第三次世界大戦が勃発し、東京が崩壊してから三十余年後の二〇一九年、東京湾に浮かぶ人工都市「ネオ東京」でストーリーが始まるのだ。★6

しかし、なぜこれらの「偽史」への傾斜が生まれたのか。トールキンの『指輪物語』やラブクラフトの「クトゥルー神話」やロールプレイング・ゲームなどの影響はあったにちがいないが、八〇年代の日本で「仮構世界における歴史の肥大」が起きた原因は、七〇年代の「敗北」にあるのではないのか――大塚はこう考えた。

> いずれにせよ、現実の世界にマルクス主義的な歴史像を描き出すことが困難になった後、その代償として、仮想世界に歴史が求められていく。そういう現実の歴史からの逃走が例えば「ガンダム」から「エヴァンゲリオン」に至る系譜だと記すのは言い過ぎか。それはともかく、その最初の受容者であった七〇年代半ばの「おたく」第一世代が八〇年に入って送り手となった時、彼らはもはや所与のものとしてフィクションの中にのみ歴史を見、それを肥大させていったのである。（『「おたく」の精神史』、二〇〇四）

「言い過ぎ」ではないだろう。むしろ、リクツが半分で止まっているような印象がある。全共闘世代の送り手たちが、「革命」を断念する代わりに「偽史」を編み出したのは、それなりの勝算があったからだ。★7 受け手たちが、「現実の歴史からの逃走」を求めていたのは明らかだった。ただし、どこに逃走を導くべきか、定かに指し示せた者はまだいなかった。有能な送り手たちはアニメに可能性を感じた。彼らは宝の山を掘り当てたのである。受け手たちは「偽史」を嬉々として受け入れ、かってに詳細化していった。オタクは広範な大衆運動（意識革命）へ拡大し、いうまでもなく大市場をつくりだしたのである。

二　総中流キャンペーン

大塚が言う「偽史」への没入を、東浩紀はポストモダン行動として分析している。東の『動物化するポストモダン』（二〇〇一）によれば、オタクが趣味の共同体に閉じこもるのは、彼らが社会的規範の無効性を感じているからで、これはジャン・フランソワ・リオタールの唱えた名文句、「大きな物語の凋落」に符合しているという。

十八世紀以後の近代国家は、「大きな物語」で成員を統合・支配してきた。思想的には理性と人間に中心的な価値を置き、政治的には国民国家と革命のイデオロギーが、経済的には生産の優位が不動の地位を占めてきた。その近代的な考え方が、一九七三年の石油ショックを挟んで終わりを告げたのである。この視点から見ると、「ジャンクなサブカルチャーを材料として神経症的に「自我の殻」を作り上げるオタクたちの振る舞いは、まさに、大きな物語の失墜を背景として、その空白を埋めるために登場した行動様式である」（前掲書）。

オタク意識が出現した、七〇年代後半を振り返ってみよう。

この時期は、政治や社会、生活に対する意識が急速に転換したにもかかわらず、それを論じる側の言葉や論理が不足していた感がある。「不足」の原因は、従来の社会認識の枠組みが眼前の事態を捉えきれなくなったからだ。もう一歩踏み出さなくてはならないと分かっていても、その足場がつかめないから、発言の曖昧さや言いよどみが論争を生む。一九七七年前後の「新中間層論争」にも、どこか腫れものに触るような手つきがあるのは、そのせいだろうか。

まず、経済学者の村上泰亮は、「上層でもなく下層でもない中間的な地位に、生活様式や意識の点で均質的な巨大な層が現れ、しかもその層が周辺をさらにとりこんで拡大しつつある」（『朝日新聞』一九七七年五月二十日夕刊）と述べた。巨大な「新中間大衆」が高度消費社会の主人公についたという認識である。これに対し経済学者の岸本重陳は、アンケート調査によくある一種の中央化傾向を指摘し、実体は貧しいにもかかわらず、「中」と答えている例が多いと反論、「中流の幻想」と評した。社会学者の富永健一は、中間層と言っても、内実は雇用、地位、報酬などが必ずしも相関せず、非一貫的であるとして、「多様な中間層」が形成されているとした。

論争の決着はつかなかった。ただ、この論争が、戦後社会の枠組みを解体しながら登場しつつある、巨大な変化を察知していたことは確かである。

中でも新しい中間層の意識を論じた村上の論考、『新中間大衆の時代』（一九八四）には、一歩踏み込んだ印象がある。いわく、「新中間大衆」は、階級イデオロギーはすでに持ち合わせていないが、「保身性」と「批判性」という相反的要素を抱え込んでいる。一方で、向上した所得水準と福祉制度などの既得権益を守ろうとする「保身性」を持ちながら、もう一方で、彼らの「豊かさ」をもたらした産業社会や近代科学に対する懐疑心も持っているのだ、と。

村上によれば、この懐疑と批判は、「十分に意識化されるにはいたっていないが、社会主義の対資本主義批判よりもさらに根本的な問題にかかわって」いた。六〇年代の新左翼運動は、「新中間大衆」の批判性の現われだったというのである。

ただし、彼らの価値観は、旧中間層の「手段的価値観」（将来・仕事・社会）から「即自的価値観」（現在・余暇・私事）に基軸を移したために、従来の「革新」勢力になじまず、政治勢力を形成することはなかった。表面的には急進的な反体制運動が鎮静化し、八〇年代には高度消費社会が本格的に登場する。政治的には保守化傾向が進み、左翼自体の存在感も薄くなった。そして「新中間大衆」の「保守」と「批判」の両義性は、鬱屈した感情となって時代の背景へ沈み込んでいった、という分析である。

ただし、村上が思い描いた新しい大衆像は、一部の事実誤認に基づいていたという説が後に出た。社会学者の佐藤俊樹は、『不平等社会日本』（二〇〇〇）で、村上が七五年の「社会階層と社会移動全国調査」（SSM調査）を一部読み違えていた可能性を指摘し、適切な方法でデータを取り扱うと、専門職や企業の管理職では、階層相続の傾向が強まっていたことを明らかにした。階層相続とは、親の階層が子に引き継がれることで、佐藤が指摘したのは、地位と収入の高いエリートの子弟子女がエリートになりやすいという統計的事実である。つまり、努力すれば下から上に這い上がれるという戦後社会のモットーが裏切られているという発見である。村上の「新中間大衆論」は、階級のない「開かれた社会」という日本社会のイメージに引きずられており、実はこの時期に始まった、隠れた階層化の進行を見逃していたという。

佐藤は、「失われた十年」が終わった時点で、階層と格差の存在を白日のもとにさらしてみせたが、私にとって衝撃的だったのは、戦後のメリトクラシー（実力主義）の物語が、本当ははるか以前に終了していたという事実の方である。

その戦後の物語とは、何度かふれた「階層上昇」への期待であり、「がんばればなんとかなる」という平等主義的な実力主義への信仰である。しかも転換点にいたのは団塊の世代だった。佐藤によれば、彼らは戦後はじめて上位の階層相続に成功した世代であり、つまり逆の言い方をすれば、自分たちとその後の世代が下からにじり寄るルートを狭めてしまった世代である。高等教育の大衆化に乗った最大のボリュームゾーンが、自らの目の前でゲートが閉まっていくのを目撃したのだから、歴史には一流の皮肉がある。六〇年代末の大学闘争がどこか被害者の相貌を帯びているのは、このことと無関係ではない。

本格的な消費社会に突入していく中で、人々は「即自的価値観」（現在・余暇・私事）に幻惑されていた。「総中流」はさして厚みのある実体ではなかったものの、オイルショックから立ち直った日本経済は、いまひとたびの成長へ期待をつないでいた。しかし、よく目を凝らせば、明らかに世界は変わりつつあった。一九五〇年代から四半世紀近く続いた、戦後日本的な「大きな物語」がエンドマークを出していたのである。

振り返ってみると、「総中流」は、経済成長（及び階層上昇）に代わる新機軸として採用された、隠蔽的な〈社会意識〉だと分かる。総理府国民生活調査は、六〇年代後半から、国民の九割が自身の生活程度を「中」（中の上・中の中・中の下）と認めていると発表し続けていた。「新中間層論争」に参加した村上・岸本・富永は、いずれもこの統計自体に懐疑的だったが、結果的には総中流ムーブメントに乗ってしまった感が強い。それはおそらく、「総中流」が批判しにくいコンセプトだったからだ。誰もが上を目指し、豊かさへ殺到する時代は終わった。その必要もなくなった。格差はすっかり消滅し、日本人はみな同じように豊かな暮らしを満喫するようになった。その証拠に、一億人の九割以上が、自分の生活程度は「中」であると答えている……。仕組まれたキャンペーンであるのは確かだが、我々は失った物語に代えて、そのような幻想を求めたのである。「総中流」は、国民的規模で自己慰藉の道具になった。

重要なのは、こうして、現実の社会が虚構化していったことだ。他方、それを横目で睨みながら、反対に虚構を現実化していったのが、オタクたちだったのである。近代文芸が主導してきた「虚構」とは、現実との対抗関係によって社会的機能を果たすものだったから、政治的であれ、性愛的であれ、虚構は理想主義を標榜して現実との緊張関係をつくりだせた。しかし、当の現実が虚構を演じる場合には、虚構の方を現実に見立てたり、虚構に現実のふりをさせたりすることになる。緊張関係に代わって、緩やかなもたれ合いが始まる。この絶妙な転換を捉えて、オタクたちは、せっせとジャンクなサブカルチャーを材料に、傍目には奇態な「自我の殻」をつくりあげていったのである。

三　戦後家族の破綻

しかし、オタクの謎はまだ解明されていない。「大きな物語の凋落」を背景に「現実の歴史からの逃走」に向かったことは理解できるが、直接的な動機はどのようなものだったか。

ここまで問わずにきたものが二つある。一つ目は性の問題であり、二つ目は家族の問題である。一つ目のオタクのセクシュアリティについては、大塚も東も岡田も、著作の中では、その際《きわ》まで近づきながら語りきっていない印象がある。アニメに登場する美少女は性的対象であって、彼女への「萌え」は上位の関心事項であるのに、なぜかオタクを論じる批評家は、ここを迂回する。

そんな中で、精神病理学者の斎藤環は、オタクの性的傾向について語っている。オタクがアニメの少女を性的対象とする、第二次性徴出現以後の「おとな」であること、つまり、思春期以後の生き方であると言い切る。このことは重要だ。

斎藤は、オタクの嗜好対象が多くの場合、「戦闘美少女」と呼ばれるステレオタイプであることを事例に即して明らかにした（その代表はナウシカや『新世紀エヴァンゲリオン』の綾波レイ）。彼女たちは、あまり必然的ではない理由で闘いに巻き込まれ、しかし、いざ戦闘場面に臨むと爆発的なパワーを発揮する。目的は「地球を救う」という法外なものだが、個々の戦闘では愛する男（脆弱かつ優柔不断な男）のために危険を冒す。

さらに「戦闘美少女」は、小児愛、同性愛、フェティシズム、サディズム、マゾヒズムなどの、様々な性的嗜好に対応する多形倒錯的なイコンである。ところが、彼女自身はその事態にまったく無自覚なままだ。オタクの欲望の種類に応じて、彼女の性的イメージは自在に変容するが、それらはすべてオタク側の片思いで完結する。

斎藤は、九〇年代になると「戦闘美少女」が空虚な存在になっていくと指摘している。なぜ彼女なのか、なぜ闘うのか、その根拠が消失し、動機が欠如していく。『セーラームーン』の水野亜美から綾波レイへ、さらに『機動戦艦ナデシコ』のホシノ・ルリへと継承されていくキャラクターの系譜である。

こうして、「戦闘美少女」は萌えのミューズとなる。彼女たちがオタクを引っ張り込む。斎藤の言葉を引けば、「世界がリアルであるためには、欲望によって十分に帯電させられなければならない。欲望によって奥行きを与えられない世界は、いかに精密に描かれようとも、平板で離人的な書き割りめいたものになるだろう」。

これでオタクの社会思想的位置づけに加え、我々は彼らの「内部」に少しだけ触れることができた。次に問いたくなるのは、なぜ多形倒錯的なセクシュアリティが求められるか、である。

ここで、もうひとつのオタク問題、家族との関係に移る。

八〇年代初頭、駆け出しの編集者だった私は、評論家、芹沢俊介の家族論集を、二番目か三番目のプランに出した。出生率の低下、自殺名所となった高島平団地、急増する子どもの自殺、「イエスの方舟《はこぶね》」事件、離婚論などの重いテーマを並べた企画書はこっぴどく叩かれた。芹沢のやや難渋な文体に対する批判もあったが、大半は「暗くて売れない」というものだった。

確かに八〇年代初頭、日本経済は第二次オイルショックを乗り越え、景気の上昇局面にあった。都市文化にも出版市場にも、後のバブル景気を先取りするような軽い明るさがあったから、芹沢の書くものは違和感をもたらしたのだろう。しかし、その明るさの底流には、その前の時代と異なる不可解なものがあって――後知恵の誹《そし》りは免れないが――私はそれを家族と社会の軋《きし》み合う関係の中に見ていた。★8

結果的に、この本は『家族の現象論』（一九八一）という書名で店頭へ送り出され、好意的な書評をいくつか獲得することができた。

芹沢がこの本で述べているのは、日本の戦後家族が経済的向上の中で、消費的な欲望を満たすために、家族の再生産（子どもの生産と育成）を律する倫理を失っていったのではないか、という疑念だ。そのプロセスを真ん中で貫いているのが「中流意識」である。総中流化の中で、日本の家族は、子どもの数を減らしながら、その理由を「中性化」していく。「中性化」とは、芹沢が案出した言葉で、私的と公的の中間領域を指している。少子の理由が本当は私的な欲望であるにもかかわらず、それを「教育費負担」や「母体の健康」という公私の狭間に「中性化」し、韜晦しているのだと指摘したのである。

先に述べたように、階層上昇の物語は終わっていた。七〇年代以後の家族が子どもの数を減らしていったのは、戦後家族の戦略が役に立たなくなったからである。[★9] さらに重要なことは、子が親を乗り越えていくというダイナミクスが起きにくくなったことである。

上野千鶴子は、『女ぎらい』（二〇一〇）で、江藤淳の『成熟と喪失』（一九六七）に寄せて、家庭に君臨していた「支配的な父」が「恥ずかしい父」「みじめな父」に変わるのは、息子が父を越える社会移動が可能になったからだと論じた。また、『成熟と喪失』が、高等教育の大衆化時代である六〇年代半ばに書かれたことの社会史的意味合いに注意を促している。

ところが、この〝父親越え〟が早々に無効になってしまったのである。佐藤俊樹が論じたように、団塊世代は自分の切符が使えなくなったと知らされた最初の世代である。七〇年代後半以後、大学進学やホワイトカラーは、（難関大学のごく狭いゲートウェイを潜らない限り）ひどくありきたりでつまらない――費用対効果の悪い――選択になってしまった。息子が父を越えるのは、かんたんなことではなくなったのである。

上野は、「みじめな父」に「いらだつ母」、その父に同化する「ふがいない息子」、さらに母に自分の将来を見る「不機嫌な娘」の四つのキャラクターで、日本の近代家族を構成してみせたが、さらにここへもう一人の息子が加わったのである。

彼の外見は、「ふがいない息子」にすぎないが、そのふがいなさは父への同化によるものではない。彼は――よほどの能力か環境に恵まれない限り――失敗を約束された、「役に立たない息子」なのである。彼らは、成功した父を持たない限り、よほどの資質か努力をもってしなければ優位に立つことはない。またもし、成功した父を持っていれば、階層相続を選ばずに親を上回る可能性はないから、彼は永久に父の後塵を拝する者となる。「父を越える」という戦後のファミリーストーリーは後ろ手でドアを閉めてしまったのである。

日本の戦後社会にとって「大きな物語の凋落」とは実はこのことだった、と私は考えている。家族のポストモダンである。その結果、ふたつの変化が同時に起きた。まず、「役に立たない息子」たちは向かうべき場所を失くした。大学や会社を捨てるわけにはいかなかったが、本人を含め、誰もそのことに大きな期待を抱かなくなった。つぎに、家族の中の（想像的な）性的関係が変わった。「ふがいない息子」から「役に立たない息子」に転落した結果、息子は、「みじめな父」と競合して「いらだつ母」を争う立場も失ったのである。六〇年代の階層流動を通して、まず父が支配力を失い、次に七〇年代の停滞を通して息子が可能性を失った時、近代家族の――フロイト主義的な偏りを承知して言えば――エディプス的な緊張関係も終わりを告げたのである。この時点で、日本の息子は母に対する全面的な執着から離れて、性的想像力を別の方面へ向けたのだ。

斎藤環は「ファリック・マザー」（権威的に振る舞う女性）という分析用語を転用して「戦闘美少

女」を「ファリック・ガール」と呼ぶ。前者がファルス（ペニス）を持ち、外傷（トラウマ）のある女性であるのに対し、後者は空っぽのファルスそのもので、外傷がない。

ややや分かりにくいが、単純化していえば、「ファリック・マザー」は息子を圧迫する母であり、息子は彼女のいらだちに巻き込まれるが、その原因である外傷には手を触れられない。他方、「ファリック・ガール」は、息子の欲望によって充塡される空虚であるから、彼は圧迫を逃れ、多形倒錯の中で自由を摑み取れる可能性がある。ちなみに多形倒錯は幼児期においてごく一般的な性向である。彼は意気揚々とオタクへの道を歩み始めた。

こうして、家族のポストモダンが、オタクというこれまでにない〈社会意識〉を生み出したのである。前章の映画のヒロインたちは、あえて上昇を拒んでみせた。日比谷高校の庄司薫はあえて東大を棄てた。アニメに魅せられた少年は、何も拒まないし、何も捨てない。彼は表向きはありふれた「役たたず」を演じながら、密かな自由を獲得した。それは世間からは少々嫌悪される嗜好（ヘンタイ）かもしれないが、おそらく、この国の大衆が初めて触れる甘美な自由だったのである。

四　息子と母のいる世界——エヴァとダブルバインド

八〇年代に役割を変えたのは、息子ばかりではない。娘も母も、女として世界に関わる方法を変えた。八〇年代は消費社会がさらに高度化し、消費主体が家族から個人へ細分化した。そのツケは、家族の離散としてしだいに表面化するのだが、八〇年代にはまだ事態が隠されていた。[★10] もちろんマーケティングの観点から見れば、オタクは少年・青年をターゲットとするひとつの市場戦略である。

同様に「私らしさ」も、女性向きの有力なマーケティング・テーマへせり上がった。〈私〉が探す〈私〉のイメージはどこにもないようで、実は値札のついた商品で簡単に可視化することができる。だから、〈私〉を探しにやってくる大半の女性たちは、そこでいったん満足する。ただし、〈私〉が商品のかたちで代替的に購入されるたびに、〈私〉はそこから遠ざかり、見失われるから、探索は永久化される。

上野千鶴子は、『日経トレンディ』の連載コラムを八八年から三年間書き続けたが、最終回近くで次のように記した。

今から考えても、八〇年代はヤな時代だった。モノ、モノ、モノのモノ語り。モノが語る〈私〉。モノに語ってもらうしかないカラッポの〈私〉。田中康夫の「なんクリ」で幕を開けたブランド天国、金満ニッポンは、二谷友里恵と郷ひろみの究極のブランド人間同士の「御成婚」で完成したように見える。(『増補〈私〉探しゲーム』、一九九二)

上野は、「〈私〉探し」の欲望が、差異を求めながら、他者との同一化へ収斂していく消費行動をつぶさに観察しながら、「私らしさ」という大義名分を掲げて高度消費社会の前面へ躍り出た女性たちの姿を、七〇年代のフェミニズムの大衆化と解していた。

ただし、この「私らしさ」は、ファッションや「ライフスタイル」の選択によって遂行される表層だけではなく、七〇年代にはなかば抑圧されていた女性の性意識の肯定も含んでいた。それは、少子化の理由が「中性化」されたことにも表われている。ただし、身体の外装が記号化していくのと並行して、性意識も驚くほど規格化していくから、「私でありたい」という欲望が、悪無限の消費／性愛行動を強いられるのは必定だった。上野は、女性たちの放恣を半ば肯定し、彼女たちの自己解放に期待していたが、その思惑はたぶん外れたにちがいない。トレンドコラムの連載終了に当たって、「八〇年代はヤな時代だった」と述べたのは、女性たちの「〈私〉探し」が結局のところ、「御成婚」へなだれ込んでいく事態を見たからだろう。

一九八七年六月、慶應義塾大学を卒業したばかりの二谷友里恵は、郷ひろみと結婚し、郷との結婚生活を綴った『愛される理由』（一九九〇）は九十万部売れた。さらに「御成婚」は――宮沢りえと貴花田の頓挫を挟みながら――九〇年代前半に、ふたつのロイヤル・ウェディングで頂点を迎える。学習院大学教授の娘、川島紀子と礼宮（秋篠宮文仁親王）の結婚（一九九〇年六月）と、外務省職員の小和田雅子と浩宮（皇太子徳仁親王）の結婚（一九九三年六月）である。

こうして、女性たちの「〈私〉探し」の旅は、特別な家族への参加というひとつのゴールに誘導された感がある。うがっていえば、八〇年代の「あらゆるものが買える」という幻想が、九〇年代の前半で「買えないものもある」という現実に直面したのである。いうまでもなく、「買えないもの」――すなわち買えないから欲しいもの――は、もはやモノではなく、「家」に象徴される階級（社会的差異）へ転じたのだ。「新中間大衆」を支えた消費的民主主義とでもいうべき社会思想はここで終わった。

しかし、「ヤな時代」は八〇年代で終了したわけではない。バブルの崩壊後にもっと過酷な季節がやってきた。環境がシビアになり、奢侈や放恣が抑制されるのと反比例するように、「〈私〉探し」の波は〈社会意識〉の奥へ向かって押し寄せていった。女性向けの特異なテーマだった「〈私〉

探し」は、若者や子どもたちを巻き込んで、さらに大きな「自分探し」の流れになっていったのである。そして、けたたましいリストラと雇用不安で茫然自失の状態に陥った家族には、息子や娘たちに手づくりの答えをひとつひとつ用意する余裕がなくなっていく。

「エヴァ」は、そのような時期に現われた。

一九九五年十月四日から翌年三月二十七日にかけて、『新世紀エヴァンゲリオン』の全二十六話がテレビ東京系列で放送され、大きな反響を巻き起こした。企画・原作・制作はＧＡＩＮＡＸ、監督はそのコアメンバーである庵野秀明が務めた。

「大きな反響」の理由は多岐にわたる。

一つめは、「使徒」とエヴァンゲリオンの戦いの背後に、「人類補完計画」という秘密のプロジェクトがほのめかされ、登場人物たちの発言の断片化や意図的なプロットの省略などによって、視聴者たちの「謎」に対する関心をかき立てたことである。作り手たちは、「偽史」の手法にきわめて自覚的であり、狙いすまして大量の「謎」を仕掛けた。

二つめは、碇シンジをはじめとする登場人物たちが、凄惨なまでの「自分探し」に駆り立てられることである。シンジを取り巻く女性たちは、年齢や立場の差はあれ、いずれもシンジの分身であり、シンジと同じように我が身の存在理由に不安を感じている。

三つめは、キャラクター（美少女）やシーン（性交の暗示）や全体のコンセプト（合体・合一）などあらゆるところで、性的イメージが横溢していることである。四足のエヴァンゲリオンが使徒に食らいつく場面さえ、受ける印象はセクシュアルである。

四つめは、エヴァンゲリオンに搭乗する少年少女を「捨てられた子どもたち」（母を失った子あるいは出自不明の子）と設定し、主人公シンジのエディプス・コンプレックスを執拗に描くなど、家族のサイコドラマを通奏低音に置いたことである。テレビを見る子と親は、このアニメから毎回、現代家族のトラウマを見せつけられることになった。

この四番めこそ、本節の関心事であり、「エヴァ」の核心的テーマである。秘密めかして語られる「人類補完計画」は、実は碇一家のファミリー・プロットであり、そのことがシンジの「自分探し」に拍車をかけている。

詳しいストーリーを紹介する場ではないが、物語から読み取れる経緯は、碇ゲンドウ（シンジの父）の妻ユイが、なんらかの事故によって、その魂をエヴァンゲリオン初号機に吸い込まれてしまったことから始まる。ゲンドウは、シンジの乗る初号機を「人類補完計画」に使うことによって——いわば全人類を共連れにして——ユイとの再会（合一）を果たそうとする。ゲンドウが見せる妻に対する過剰な執着が、シンジへの精神的虐待の理由であり、初号機（妻であり母であるユイ）をめぐる父と子の闘いが、「使徒」殲滅と「人類補完計画」の裏側のシナリオである。

シンジは、自分が父親に疎んじられていることを知っているが、その理由をつかめない。ゲンドウの虐待はシンジのエディプス的妄想だろうが、シンジは人類を救う者とされているから、キリストの試練ともいえる。つまり、碇一家は壊れかかった聖家族のように、人類の危機に臨んでいる。

九〇年代の家族が遭遇していた情況も、碇一家の遭遇した状況と似かよっていた。シンジには兄弟姉妹がいない。シンジの同僚である、綾波レイや惣流・アスカ・ラングレーもそのようだ。一九八九年の合計特殊出生率は一・五七で、「ひのえうま」であった一九六六年の一・五八を下回った。この「一・五七ショック」を契機に、厚生省（当時）はようやく少子化対策に取り組んだ。シンジは、物語上は二〇〇一年六月に生まれたことになっているものの、まちがいなく九〇年代の十四歳のリアリティのうちにある。

ゲンドウとユイの夫婦の結びつきはよく分からない。ユイは、家族経営に優先する使命感（あるいは復讐心）を持ち、ゲンドウを上回る知性と行動力を具えた人物であるようだが、その正体は（シンジだけでなく）我々受け手にもよく分からない。

突飛な着想を言えば、私には彼女が八〇年代の妻－母－女のように見える。彼女は、人類の帰趨にかかわるシナリオを発案したややデモーニッシュな人物として語られるが、その表象には八〇年代の妻－母が反映しているように思えるのだ。資産の運用にも可処分所得の使途にも最大の発言力を持つパワフルなリーダーへ転じた妻－母たち。その一人であるユイは、夫ゲンドウをコントロールして、途方もない計画を進め、さらに生まれ身の母である〈私〉に充足せず、エヴァと合体してしまった（「事故」はユイが望んだことにちがいない）。ユイの「〈私〉探し」の原動力は、「人類の生きた証を永遠に残す」というきわめてファリックな野望である。

こうして「〈私〉探し」に出た母親は、子どもには不可視の存在になっていく。

母の後ろ姿を見失った子、シンジはどうすればいいか。

シンジはエヴァの搭乗を強要され、厳しい闘いを強いられ、心を許した相手との別離を求められる。彼が「使徒」との闘いの場面で目を剝いて叫び出すのは、身に覚えのないミッションに対抗する怒りを絞り出しているからである。

シンジに作戦指令者だけでなく、ファリック・マザーとして迫るのは葛城ミサトである。彼女はシンジの公的な監督役として振る舞いながら、どこか擬制的な母子相姦関係も暗示している。その彼女が繰り返し、シンジに説くのは、以下のようなセリフである。


「ここから逃げるのか、エヴァのところにいくのか、どっちかにしなさい。このままだと何もせずに死ぬだけよ」

「助けて、アスカ、助けてよ」

「こんなときだけ、女の子にすがって、逃げて、ごまかして！　中途半端がいちばん悪いわよ。さあ、立って。立ちなさい！」

「いやだ、死にたい、なにもしたくない……」

「なに甘ったれたこと言ってるの！　まだ、あんた生きてるんでしょ。だったら、しっかり生きて、それから死になさい！」


（中略）


「同情なんかしないわよ。自分が傷つくのがいやだったら、何もせずに死になさい」

「……」

「いま泣いたってどうにもならないわ……自分が嫌いなのね。だからひとも傷つける。自分が傷つくよりひとを傷つける方が心が痛いことを知っているから……でも、どんな思いが待っていてもそれはあなたが、自分ひとりで決めたことだわ。価値のあることなのよ、シンジ君。あなた自身のことなのよ。ごまかさずに自分で考え、つぐないを自分でやりなさい」


（『新世紀エヴァンゲリオン劇場版 Air／まごころを、君に』）

人類の危機にあたって、まるで人身御供《ひとみごくう》のようにシンジがエヴァの操縦席に追いつめられていく。ミサトたちは、いつも、シンジに自己選択を迫る。強圧的な「あなたが選びなさい」はいうまでもなく、次のようなダブルバインドになっている。

・私があなたにして欲しいと思っていることをしなさい
・でもそれは私の命令ではなく、あなた自身の選択である
・もし、あなたが私の意向に背くなら、あなたを許さない

シンジの置かれた状況は、本当はこのような選択の余地のないものだった。事実、瀕死のミサトは上記のシーンの後、「今、ここで何もしなかったら、あたし、許さないからね。一生、あなたを許さないからね！」と脅すのである。

「エヴァ」は、オタク・アニメの総決算であると同時に、その終わりを告げる作品だったといわれる。★11 ひとつの理由は、「エヴァ」が、テレビ放映の時点でオタク・アニメの約束事から逸脱していたからだ。制作体制の破綻が原因といわれるが、映像のクォリティは急降下し、代わりに登場人物の内面描写に重きが置かれるようになる。シンジの優柔不断と際限のない「自分探し」が延々と語られるのに引き換え、「人類補完計画」をはじめとする謎めいた設定はそのまま置き去りにされた。

しかし、視聴者はこの思いがけない展開に色めき立ち、「エヴァ」を従来のオタク・アニメとは

別のものとして見るようになった。監督の庵野は、お約束のようなファンタジーの刺激に〝動物的〟に反応する受け手たちを、作品を通して批判する意図があったようだ。シリーズ前半で彼らを引きつけながら、終盤で裏切ったのはそのせいだとも語られた。

前半で述べたように、アニメの黄金期はまず、七〇年代末から八〇年代半ばに出現した。物語の様式が出揃い、キャラクターが洗練され、ジャンルとしての蓄積が技術を進化させていった。また、アダルトアニメやメディアミックスの展開など多様化が進んだ。この時期に前代未聞のメディア体験を共有した受け手たちは、アニメブームの拡大の中で世代交代を繰り返していく。ただし八〇年代後半は、市場の拡大とはうらはらにマンネリズムが蔓延した。庵野の監督第一作である『トップをねらえ!』（一九八八）、大友克洋の『AKIRA』（一九八八）などの秀作はあるものの、大半は過去の作品を踏襲するに留まった。そんな中、庵野は『不思議の海のナディア』（一九八九〜九〇）を監督し、評価も高かったが、四年間沈黙を続ける。「エヴァ」は彼が周到に準備した復帰作であり、アニメの社会的意味を問い直す作業でもあったのだ。

受け手は「エヴァ」から、オタク批判のメッセージを感じ取った。父ゲンドウと母ユイから、直接には擬制の母ミサトからシンジに発せられた厳しいメッセージは、すべてオタクの視聴者に対するメッセージになった。シンジが強く圧迫されたように、受け手たちもこの物語を通して、自分自身のオタク性について厳しく問われたのである。

ただし、そのメッセージは必ずしも明晰ではなかった。

「ごまかさずに自分で考え、つぐないを自分でやりなさい」とミサトは言ったが、その要求は、先に述べたようにダブルバインドだった。「僕」は自分で決めるのか、それとも誰かに従うのか。誰かの機嫌を損ねないために決めるなら、それは自分で決めたことになるのか、それともならないのか。闘う意味をなんとか見出そうとする主人公とともに、オタクたちはやっと獲得した虚の国の「自由」の危機を感じていた。[★12]

註

★1　おたく／オタクの表記には定説がない。大塚英志のように一貫して「おたく」を主張する論者もいるが、本書では、基本的に「オタク」を採用する。ただし、大塚をはじめ各論者の言説に触れる際は、使い分けた場合がある。

★2　中森の記事の一部を以下に引用しておく。
「それで何に驚いたっていうと、とにかく東京中から一万人以上もの少年少女が集まってくるんだけど、その彼らの異様さね。なんて言うんだろうねぇ、ほら、どこのクラスにもいるでしょ、運動が全くだめで、休み時間なんかも教室の中に閉じ込《（ママ）》もって、日陰でウジウジと将棋なんかに打ち興じてたりする奴らが。モロあれなんだよね。髪型は七三の長髪でボサボサか、キョーフの刈り上げ坊っちゃん刈り。イトーヨーカドーや西友でママに買ってきて貰った九八〇円一九八〇円均一のシャツやスラックスを小粋に着こなし、数年前はやったRのマークのリーガルのニセ物スニーカーはいて、ショルダーバッグをパンパンにふくらませてヨタヨタやってくるんだよ、これが」。（「『おたく』の研究①――街には「おたく」がいっぱい」、『漫画ブリッコ』一九八三年六月号）。

★3　「新人類」について、中西新太郎は、彼らが本格的な消費社会に突入した七〇年代に少年期・思春期を送った世代であることに注意を喚起している。つまり、オタクも同様である。

★4　おそらく、ここには戦後のサブカルチャーに圧倒的な存在感を示したアメリカ文化の退潮が反映している。七〇年代の「ライフスタイル」や都市小説などに現れたこのトレンドについては、第

Ⅲ部第３章で扱うことになる。

★５　岡田斗司夫は、『オタクはすでに死んでいる』（二〇〇八）で、『オタク学入門』を書いた動機を語っている。彼もまた宮崎事件に衝撃を受け、「この文化が社会にどういう影響を及ぼすのか、考え始めた」。ただ岡田は、オタクを「大人になっても子供時代の趣味をやめない」ことだと述べるように、オタクをアイデンティティ問題と捉える感覚はなかった。彼がオタクの発生原因に関心を持たず、「オタク文化のイメージアップをめざして」評論活動を展開した理由もここにあるのだろう。『オタクはすでに死んでいる』では、自身のオタク原像に立ち戻り、周囲の視線に抗して趣味を持続する気概と教養こそオタクの真骨頂であるとし、それを「貴族主義」と呼んでいる。その岡田からすれば、「萌え」にしか関心のない、ゼロ年代以後の「自分の気持至上主義」はオタクとして認めがたい。彼が「オタクの死」を言いだしたのは、オタク新世代の非教養主義にがまんならなかったからである。ここには、三浦雅士が『青春の終焉』（二〇〇一）で描いた教養主義的青春思想の終焉と同様の事態があるらしい。

★６　「偽史」的現象はこれらのアニメ作品に限られたものではない。大塚英志が『物語消費論――「ビックリマン」の神話学』（一九八九）で採り上げた「ビックリマンシール」は、漫画も原作もなしに、圧倒的な吸引力を持つ「ビックリマン・ワールド」を現出させた。ビックリマンチョコに同梱されたシールは一種のキャラクターカードで、駄洒落のようなネーミングのキャラクターたちが織りなす独自の「世界」を、暗号めいたメッセージを織り交ぜながら提示したのである。

また、九〇年代初頭には、「謎本」という新たな出版カテゴリーが登場している。嚆矢《こうし》は『ウルトラマン研究序説』（一九九一）で、当時三十代の学者・研究者が専門的な知見からウルトラマンをめぐる経済的・技術的・法制的な事象を論じるという体裁を取った。架空のウルトラマンの世界を実在の世界として、専門家が大真面目な顔で捉え直すというところに新味があった。この路線を大衆化したのが、『磯野家の謎』（一九九二）で、長谷川町子の原作に矛盾や齟齬（例えば磯野家には常識を超える数のトイレがある……）を発見し、それらをミステリアスな「謎」と言い立てるというものだ。この本は二百万部を突破した。仮想世界に現実世界と同じ一貫性を求め、作品の中に矛盾や破綻や手抜きを発見していく、というオタク的方法が「化けた」例である。

村上春樹の作品にも強い偽史への傾きがある。村上の作品をめぐる謎解き本もいくつかあるし、加藤典洋がゼミの学生たちの作品研究を基に書いた『村上春樹イエローページ』（一九九六）も作品中の隠された意味への言及が随所にある。

★7　「偽史」と全共闘運動の関係は検証できない。ただ、そのような痕跡を残した何人かの作家と作品はある。弘前大学を学生運動で除籍になったといわれる安彦良和（一九四六〜）は、『シアトル喧嘩エレジー』（一九八〇）のような寓意的な「全共闘小説」を発表したかと思うと、漫画家に転じての第二作では、中東の民族闘争を背景にした『クルドの星』（一九八五〜八七）を発表、九〇年代には日・中・露三国にわたる戦争と革命の偽史作品『虹色のトロツキー』を描いている。

富野由悠季（一九四一〜）は、日大芸術学部で一年上級の足立正生の映像作品からトラウマになるのではないかというほどショックをうけたという。ちなみに足立は、革命と性を主題に据えたピンク映画を実験映画とともに作り続け、七〇年代初頭にはパレスチナへ渡って日本赤軍とＰＦＬＰに加わり、『赤軍‐ＰＦＬＰ・世界戦争宣言』（一九七一）を撮った映像作家である。

富野と同年生まれの宮崎駿は、六三年に東映動画に入社し、翌年には結成されたばかりの労働組合の書記長に就く。高畑勲・大塚康生らと作った『太陽の王子 ホルスの大冒険』（一九六八）には、同社労組の全面的な支援があった。予算拡大を会社に要求した制作陣と組合には、手塚治虫が提唱したリミテッドアニメによるコストダウン（第Ⅲ部第3章二節参照）に対する異議申し立ての意図もあったという（小山昌宏のWeb記事「忘れ去られた東映動画問題史」）。

高校全共闘世代の押井守（一九五一〜）の作品にも、あちこちに反体制運動のイメージが垣間見える。小説『獣たちの夜』（二〇〇〇）は、一九六九年に舞台を設定した、直截な「闘争小説」である。『うる星やつら2　ビューティフル・ドリーマー』（一九八四）の「永遠に続く文化祭前夜」は、同世代の私には高校闘争の祝祭的イメージのように見えて仕方ない。

大友克洋（一九五四〜）は、「全共闘に間に合わなかった」世代だが、『ＡＫＩＲＡ』に反政府ゲリラが狂言回しで登場するように、いくつかの作品に六〇年代末のラディカルズたちのイメージやキャラクターが登場する。

★8　吉本隆明は、『マス・イメージ論』（一九八四）で、萩尾望都や糸井重里・湯村輝彦の「優れたコミックスの任意の場面のセリフ」について触れ、「不気味にひき裂かれた家族の像が、世界のただ中に吹きあげられ、手足がばらばらに落下してくるような画像である」と評している。

★9　教育費の高騰ものしかかっていた。橘木俊詔によれば、戦後から高度成長期が終了するころまで、高校や大学の授業料とそれに付随する教育費はかなり安かった。ところが、一九七〇年代初頭以後、国公立大学の授業料が急ピッチで値上げされる中で事態が変わっていく。背景には「受益者負担論」の浸透があり、国家財政の逼迫もあった。自己責任・自助努力論も教育費の高騰を加速した要因である。それでも八〇年代までは、高度成長期以来の年功給がかろうじてカバーしたものの、九〇年代には限界を迎えた。

★10　中西新太郎は、「個体化」を促す消費社会の運動が離散的家族を生み出したと述べている。「このような家族意識の離散の基盤として、社会生活全般を個人単位に分解してゆく個体化 individualizationの力を指摘することができる。七〇年代以後、いわば「静かな」革命として進行してきた消費社会化は、家族生活のあらゆる領域を消費の場として再編し、家族のさまざまな共同紐帯を弛緩させ、個体化の威力を家族関係の内部へと及ぼしていった」。（『若者たちに何が起こっているのか』、二〇〇四）

★11　東浩紀は、一九九六年から九七年にかけて、一連の「エヴァ論」を書いている（『郵便的不安たち』、一九九九、所収）。その大意は、「エヴァ」が「八〇年代日本アニメの完成形態」をつくり出すと同時に、アニメそのものへ終止符を打った作品である、というところにある。

まず、「エヴァ」は、従来のアニメの要素をジャンルや系列を攪乱するように同居させることで、「驚くべき雑多な作品」に仕立てられた。東に言わせれば、宮崎アニメと『セーラームーン』が混在することは従来決してなかったのであり、「エヴァ」によって八〇年代アニメの「お約束」は廃棄されたという。また庵野秀明の物語作家の資質より、彼が「この作品を途中で崩壊させたこと」のほうを重視した。これは、放映された最終二話が作品の物語的進行を放棄し、シンジの独白と内面世界のイメージのみで構成されたことだけではない。作品の後半は「アニメ的な表現‐物語の可能性をぎりぎりまで展開すること――つまり徹底してアニメ的であることにより、既成のアニメ作品への批判であるような形式を取っている」（前掲書）という。

★12　もちろん、「エヴァ」に揺さぶられ、勇気づけられた者も多い。たとえば宇多田ヒカルは雑誌のインタビューで、作品や碇シンジへの共感を語っている。

「エヴァに乗ることって生きることだと思う。細かく言っちゃえば、仕事をすることだったりね。こんなに辛いのに何で私は仕事をしているのだろうとか。結果的には自分で選んだことなのに。辞めたい、とデビューした頃とか思ってて……。あのナイフで使徒を刺しているシーンに私が抱くすべてが集約されていたというか。「うわぁぁぁ」でしか表現できない気持ちを感じちゃったんです、あのシーンから」。（『週刊プレイボーイ』二〇〇六年六月五日号）

第3章　「強い個」への欲望

一　なぜオウムに入ったのか

八〇年代のバブル期には、転職による「キャリアアップ」がひとつの選択肢として浮上していた。不動産や金融の世界を中心に高給を取るサラリーマンが現われ、金を稼がない（稼げない）のはかっこうの悪いことになり始めていた。より稼げる方へ身体を移動させるのは、ひとつの組織に長く居続けるよりずっと気のきいた生き方になった。

しかし、飛び出していった人たちがみな高い俸給や地位を求めていたわけではない。経済合理性とかけはなれた行動に打って出た少数の人々もいた。

たとえば医師の林郁夫は、それまでのキャリアや報酬を顧みず、正体の明らかでない宗教組織に飛び込んでいった。彼は、一九八九年二月に東京世田谷の赤堤にあったオウム真理教の世田谷道場に赴き、その場で入信したのである。

林はその数年前から——桐山靖雄の阿含宗に参加[★1]しながら——機関誌や書籍を通じてオウムに惹かれていった。桐山の教えにしだいに距離感を持つようになって、その分だけオウムへ接近していった。

入信の前年に、林は機関誌『マハーヤーナ』で、麻原彰晃が高弟の石井久子、大内早苗、岡崎一明を、クンダリニー・ヨーガとラージャ・ヨーガ★2で成就させていることを知った。特に、雑誌の表紙に掲載された石井久子の「輝くばかり」の笑顔は、林に強い衝撃を与えた。彼は、麻原が本当に解脱《げだつ》し、適切な方法で弟子たちを修行させる力を持っているのかもしれないと思うようになる。

林が阿含宗に感じた不満は、桐山が知識に偏重し、成就と解脱に向けた具体的な修行法を伝えてくれなかったからだ。また、桐山自身が解脱に対する自信と決意を語りきらないこともあって、実践的なヨーガの技法を中心に組み立てたオウムの教義は、日に日に魅力的なものに映っていったのである。

林は、石井たちを「羨ましく思い」ながらも、桐山への思いをふっきれずにいたが、八九年の一月、自身の誕生日を期してある実験を試みる。それは、麻原の著書『生死を超える』（一九八八）を参照しながら、オウム流のヨーガとムドラーという呼吸法を行なってみて、「本当になにか体験の兆しがあったら」オウムへ入ろうというものだった。

　本の指示通りヨーガをおこなっていたある晩、寝込み際に、下腹部あたりで大きな爆発音がして、同時に「熱いもの」が腹部から背中を上昇していくのを感じました。私はすぐに、これはクンダリニーの覚醒だと思いました。その「熱いもの」を頭頂へ抜こうと意識しましたが、上昇は胸のあたりまでで終わってしまいました。

（中略）

私の真剣な思いが伝わった。オウムの修行は実効のあるものだった、と私は確信しました。桐山師と阿含宗に心を残しつつも、麻原とオウム真理教に自分の人生のテーマを託してみよう、私はついにそう考えるにいたったのです。（林郁夫『オウムと私』、一九九八）

先に述べたように、この一カ月後、林はオウムに入信する。古畳を二十畳ほど敷き詰めた世田谷道場は、阿含宗の立派な道場に比べるべくもなかったが、修行に励む若者たちの真ん中には、幹部の飯田エリ子がいて、林は「そのグループの一角が、明るく白く透明な感じなのに目を奪われました」（前掲書）と書いている。

林は、一九四七年生まれで、オウムの幹部の中では最年長者である。開業医を営む父と薬剤師の母との間に生まれた六人兄弟の五番目で、慶應義塾の中等部から付属高校を経て、慶大医学部を卒業した。研修医を勤めた後は、米国留学を経て、済生会宇都宮病院、国立療養所晴嵐荘病院に勤めた。心臓外科を専門としていた。地下鉄サリン事件の実行犯として逮捕された幹部の中でも、林が特に注目されたのは、その年齢と医師という社会的地位によるものだった。

林より二歳下の早川紀代秀は、神戸大学農学部から大阪府立大学大学院に進んだ。修了後、大手建設会社に勤務していた。早川も林同様、阿含宗に参加していたが、一九八六年に脱退し、オウム神仙の会に入会している。おそらく、早川も林と同様に阿含宗に物足りなさを感じ、もっと実践的で具体的なオウムに惹かれたのだろう。

林や早川だけでなく、オウムの男性幹部の学歴が高く、東大・京大など超難関大学の出身者が何人もいたことはよく知られている。[★3] 麻原よりやや年下の村井秀夫は、大阪大学理学部物理学科から同大大学院修士課程へ進み、卒業後は神戸製鋼所で働いていた。六〇年代生まれの若手幹部には、青山吉伸（京大法学部）、遠藤誠一（帯広畜産大獣医学科→京大大学院医学研究科）、上祐史浩（早大理工学部→同大大学院）、中川智正（京都府立医大医学部）、廣瀬健一（早大理工学部→同大大学院）、土谷正実（筑波大学農林学類→同大大学院）、豊田亨（東大理学部→同大大学院）、石川公一（東大医学部）などがいる。

彼らのような「エリート予備軍」が、なぜオウムに惹かれて入信したのか。九〇年代初頭に衆議院選挙への大量立候補やメディアへの露出、熊本県波野村の反対運動などによって、マスコミはオウムに対する関心を急速に深めていったが、そこには彼らオウム・エリートへの好奇心も含まれていた。

まず、彼らは、どのようにオウムと出会ったのか。

たとえば早川は、オウムに巡り合うまで、様々な瞑想法や瞑想器具などを試したり、暇があれば本屋のメディテーションコーナーをのぞいたりしていた。麻原の著書に強いインパクトを受け、三カ月後に念願のシャクティパット（導師が弟子の額に指を当てて霊的エネルギーを注ぎ込むイニシエーション）を受け、性欲・食欲の減衰など顕著な身体変化を体験する。麻原の最初の著書『超能力「秘密の開発法」』が出版されたのは一九八六年だが、その前年には、『トワイライトゾーン』や『ムー』、『週刊プレイボーイ』などの雑誌に空中浮揚写真が掲載され、話題を集め始めていた。

団塊世代の林や早川は、もともと修行による自己改造に関心が強いタイプだが、麻原の考えていたメインターゲットは別のところにあった。彼が『トワイライトゾーン』や『ムー』に接近したのは、ここに主要な標的がいることを見抜いていたからだ。

八〇年代は、オカルト雑誌の全盛期である。一九七九年に創刊された学研の『ムー』が先駆けだが、部数の順調な拡大を見て、『トワイライトゾーン』（一九八三年創刊）や『マヤ』（一九八八年創刊）も市場へ参入した。UFO、異星人、怪奇現象、超古代文明といった賑やかな記事の中で、超能力も有力なテーマだった。オタクの台頭とほぼ同じ時期に、オカルトは若い世代に急速に浸透していったのだ。

超能力ブームの起点は七〇年代のユリ・ゲラーの来日だろうか。この時期には、五島勉のベストセラー『ノストラダムスの大予言』（一九七三）が刊行されている。少年期にこれらに触れた世代が、オカルト雑誌のコアな読者だった。麻原の空中浮揚は大胆不敵な超能力の証として、彼らに強い印象を残した。これらの「不思議大好き少年」が、ふとしたはずみで心身の不調にとまどったり、生きることの苦に気づいたりしたとき、オウムは比較的近しい世界だったのである。

この時期のオウムは、街のヨーガ道場から宗教組織への転換が進んでいた。名称も、一九八四年創設の「鳳凰慶林館」から「オウムの会」、「オウム神仙の会」へ変わる。八七年には宗教団体「オウム真理教」へ改組、八九年には東京都から宗教法人の認可を得た。

その頃から幹部の構成も変わる。山本まゆみ、飯田エリ子、石井久子は、ヨーガ道場時代の最初期メンバーだが、八〇年代後半は、早川のようにメディアでオウムを知った年長者や高学歴の男性が増えていく。村井も上祐も、この時期の入会者である。

彼らは――腰痛の治癒から生の実感まで――様々な期待を携えてオウムに接近してきたが、ただの被治癒者や修行者に留まらず、組織運営の中枢にかかわっていく。はじめは、悩める個の救済プログラムに魅力を感じた彼らが、いつの間にか組織の存続と拡大のために――表向きは「解脱の成就」のために――働くことを要請され、一部の者は大量殺人の実行に及んだ。では、これはひとえに麻原の強烈なカリスマ性によるものなのか。

問題はここにある。

上祐は、麻原の著書『イニシエーション』（一九八七）の中で、自身のクンダリニー・ヨーガの体験を高揚した調子で述べながら、自身のエゴのコントロールについて苦労を語っている。麻原から与えられた原稿の整理をさぼっていたら、瞑想修行がさっぱりうまくいかなかったのに、思い直して、その仕事に精を出したら、「不死の甘露」が頭頂のチャクラからどんどん落ちてきたというのだ。いわゆる超常体験の類だが、エゴを捨てて徳を積めば修行は進むという師の諭しを、そつなく持ち上げている。また麻原の方は上祐を、「前世から菩薩の道を歩いてきている人」（前掲書）と評し、成就の近いことを約している。

演出された弟子と師の麗しい呼応というべきだが、おそらくオウムが牧歌的なコミュニティであった最後の時期だろう。「オウム・エリート」予備軍の若者たちは、八〇年代後半のバブルの中で、生の実感をつかみ損ねたか、退屈な日常に飽き足りないか、あるいはそれらを両手にぶら下げてオウムにやってきた。すると、師の指導によって彼らの鬱屈はみごとに晴れ、経験したことのない歓喜が訪れ、さらに、師とともに「エゴに満ちた社会」を救済せよという使命まで与えられた。

山本、飯田、石井などのシャーマン的な側近とは別種の、オウムの組織を支えるテクノクラートが、こうして誕生していく。麻原は実際には合理思想の持ち主だったから、彼ら男たちは、「成就」をインセンティブ（報奨）とする競争の中で、目に見える成果を求められた。宗教団体であっても、ヒトとカネのからむ組織である以上は、同時代の企業組織を真似ていくのは当然の成り行きだった。ただ、企業組織とひとつだけ違うのは、彼らは学歴だけの見せかけのエリートではなく、人類の救済にかかわる本当の「選良」であると信じさせられたことである。オカルトの好きな「不思議少年」たちにとって、これは予想外の、驚くべき報酬であったことは疑いない。

二　転職した男、流れ着いた女

第Ⅱ部の第1章では、階層上昇の欲求が戦後社会をおおいに駆動させたこと、にもかかわらず、「もうひとつの道」という対抗的な倫理も大衆の中に存在したことを述べた。第2章では、七〇年代の「総中流」が実は虚構を含んでいたこと、その陰で家族の物語が終わり、一人ひとりの物語探しへ移っていったと書いた。階層上昇の期待がしぼむと、最も有力な手段であった教育投資への幻滅が起きる。並の学歴や実力では上層階層の階層相続に勝てないことが明らかになれば、「息子」の身の置きどころはなくなる。戦後的物語の柱が一本、ポキリと折れた後に、オタクたちが登場してきたのだった。

教育社会学の苅谷剛彦は、この経緯の中に、巧緻な隠蔽システムを発見した。じつは戦後の「大衆教育社会」が、階層による教育機会の不平等を隠す役割を果たしてきたことを明らかにしたのである。「大衆教育社会」とは、量的に拡大した教育を多くの国民が享受でき、その機会が平等であると信じられている社会である。ちなみに、「平等」とは、能力と努力によって報酬や地位が決まるメリトクラシー（実力主義）の原則が貫いているということだ。

本当は——前章の佐藤俊樹の論考のように——日本社会はそれほど平等でも公平でもなかった。

教育においても然り。東大入学者の出身階層はずっと上層ホワイトカラーと専門職だったのである。しかし、長らく（少なくとも八〇年代まで）その事実が露呈しなかったのは、我々が「学歴社会」の観念を疑うことがなかったからである、と苅谷は言う。

学歴が経済的・社会的地位の獲得に有利であるという観念は、国民の教育熱を煽り続けたので、学歴以前の不平等を忘れさせてしまう効果があった。しかも、学歴によって運良く「生まれ変わった」人々にしても、しょせんは大衆と差異のないたんなる「学歴エリート」にすぎないから、尊大な態度をとることなく、企業組織のルールに順応する。大卒者が大量に企業に入るようになって、かつて高卒のやっていた仕事に大卒がつき、中卒がこなしていた仕事は高卒がやるようになっても、当事者たちはさほどの不満をもらさなかった。

こうして、「大衆教育社会」は、身分や階級の刻印を消し去り、労使間の良好な関係をつくりあげると同時に、社会の階層的秩序を円滑かつ効果的に正当化するのに役だった。つまり、学歴という公平・平等な競争によるステータスの決定という観念自体が、経済成長に都合のよい論理だった（しかもそれが実際には擬制だったというオチがつく）。

オウムの若手幹部たちは、八〇年代の後半、企業や大学から麻原のもとへやってきた。彼ら一人ひとりの入信動機や修行体験はさほど特殊なものではない。ただ、ふつうの会社や仕事には夢中になれず、もっと深いものをもっと鮮明に感じられる自分を求めていた。少なくとも、そのような自分を追求する権利が自身にはある、と思っていたフシがある。

私はこれを、刈谷の言う「学歴エリート」たちの危機意識だったと考えている。「学歴エリート」は——その大半は階層相続の成果だから——本当のエリートの場合も多いのに、企業社会の中では常に「やつし」を余儀なくさせられる。さまざまな文化資本を持ちあわせていても、組織の中では馬鹿な上司や浅薄な同僚に調子を合わせる大衆のフリをしなくてはならないからだ。

バブルの中で、七〇年代まで保たれていたルールが崩れ、「学歴エリート」たちが動き出す。一部の者は、エリートとして遇される（らしい）羽振りのいい分野や外資系企業へ赴いた。その頃、デザイナーズブランドのスーツを着る「スーパーサラリーマン」が若者雑誌の特集になった。瞑想好きな「学歴エリート」たちは、自己変容感と同時に、何かに働きかけることができるという自己効力感も求めてオウムの門を叩いたのである。彼らは自分が何者かであることを感じていたから、それにふさわしい自身の変革を強く望んでいた。そのために、学校で習うのとは別の、魂を清め、強くしてくれるトレーニングが必要だと感じていた。

たとえば、元信者の高橋英利は、入信当時のオウムの修行方法への期待を次のように語っている。彼は九五年三月、包囲された上九一色村《かみくいっしき》の「サティアン」を出て、実名と素顔でテレビ朝日報道特別番組に出演した男だ。

……オウムの修行システムはたしかにあの当時、たしかな手応えのある魅力的なものだった。自らの生のあり方に対して「このままでいいのか」と問いかけるところから出発し、自らを厳しく律し、変革していくことによって「本来の自己を覚醒させ」、迷妄の現状から脱却していこうとする。（中略）

しかもオウムの修行方法はきわめて実践的だった。日常的な衣食住といった生活のかたちだけでなく、呼吸法にまで踏み込んで身体の生理活動そのものまでを変えていこうとするのであ

る。（『オウムからの帰還』、一九九六）

村上春樹が取材した元信者たちの談話にも、自己強化への強い期待がある。彼らは、オウムの明快なメッセージと説得力に強く惹かれた若者たちであり、オウムに対する当初の賞賛の念はまだ消えていない。また、彼らは総じて哲学や宗教に強い関心を持つ青年で、自己流とはいえ、その方面の知識に対する「地図」を持っていた。

例えば、狩野浩之は、自分が子供時代から「哲学的な結論みたいなものをいろいろ揃え」、生きる意味を理解したり、今やるべきことを見極めて、「改善策」を見つけ出そうとするタイプの人間だった、と述べている。彼は様々な分野の知識を渉猟するうちにオウムに出会う。書物を読んで瞑想をしていたら体調を崩したので、世田谷道場を訪問するとその場で対策を教示されて復調した。この具体的な「改善策」がきっかけになって関係が深まり、麻原から出家を勧められた。狩野はオウムの「知」をこんなふうに語っている。

どんな疑問にも全部答えがあるんですよ。全部解けてしまっている。こんなことをやったらどうなるというようなね。どんな質問をしてもちゃんとすぐに答えが返ってきます。それですっぽりとはまっちゃったんです（笑）。（村上春樹『約束された場所で』、一九九八）

波村秋生も現実世界に違和を抱くタイプで、「宗教ウォッチング」を続けている中でオウムを知った。麻原や上祐が出演した『朝まで生テレビ！』（一九九一年九月）の録画を見て感動してしまう。

彼も狩野と同じように、オウムの「回答力」に感嘆している。

上祐の弁舌もほんとに鮮やかでしたね。感心しました。（中略）何事によらず受けた質問に対しては、実にきれいにさっと答えを返しています。すごいなあと思いました。すごい人だし、すごい団体なんだなと。（前掲書）

寺畑多聞は、ヨーロッパ哲学から東洋思想へ、さらに真言密教へ関心を移す中でオウムに出会った。小・中学校の教師を務めていたが、三十四歳で出家した。校務で上京した際に世田谷道場に立ち寄って幹部のレクチャーを聞き、衝撃を受けたのがきっかけである。

明快なんですよね、とにかく。比喩の使い方とか。とくに若い人たちに強く訴えかけるところがあります。それから説法が終わったあとで質問をとるんですが、それに対する回答が実に的確なんです。相手にぴたりとあわせた答えが返ってきます。（前掲書）

三人の発言には、このように共通性がある。彼らは、オウムが明確で適切な「回答」を提供できる能力を備えていると見た。多くの信者にとって切実なのは、自己と世界の関係の再構築というテーマだった。なんらかの不可解な苦があるなら、それに対するなるべく明快な答えが知りたい。身体的苦痛のような具体的な苦でも、生の倦怠のような抽象的な苦でもその意味が知りたい。もし、苦のおおもとに自己と世界ののっぴきならない関係があるなら、世界か自分のどちらかを変えたい、と思うようになる。

これは、ふつうの高等教育がついに触れることのないテーマである。また、彼らの親たちにも教えられないテーマだった。戦後日本のキーノートである「豊かな暮らしへの平等・公平な機会」というプラグマティックな理念では、ここに今、生きていることの〈あるいは困難に遭遇してしまった〉偶有性に答え切れないからだ。六〇年代にはまだ威光のあったマルクス主義などの対抗的イデオロギーは、影響力をほぼ失っていた。ゆえに、ここには、確かに八〇年代の新宗教が果たした社会的役割がある。「大衆教育社会」を含む戦後の包摂的な〈社会意識〉が洗い流されると、その代役を務めてくれるもの、オウムのような、世界観と役割を与えてくれる運動に期待する下地が現われたのである。

狩野や波村や寺畑の話は、村上によってかなり整理されているのだろうが、エリート意識の残滓《ざんし》をまだ残している。村上は、彼らの「一般の方にはおわかりになりにくいでしょうが」という物言いの中にそれを感じている。宗教エリートの一線を断固として守る、やや思弁的で高踏的なこの青年たち、彼らこそオウムの男性メンバーのひとつの典型なのだろう。

そして、もう一方には、オウムに流れついた女性たちがいる。大塚英志がその存在に注意を促した彼女たちは、難関大学や有名企業からわざわざ飛び出してきたのではなかった。確かに前職を捨ててきたが、彼女たちの転身はもう少し別の意味があった。

二十六歳の飯田エリ子は、『イニシエーション』に寄せた文章で、人生は楽しむためにあると考えていたが、しだいに「生きていることは苦である」と感じるようになり、その精神的変化とともに生起してきた肉体的変化を報告している。その変化の原因はクンダリニー・ヨーガにあるようで、痛覚を伴う変調とともに軽い超常現象にも見舞われるようになったという。また、自分の性的エネルギーが胸のチャクラに蓄積されてしまったため、内面の寂しさが異性に伝わってしまい、結果的に誘惑される機会が増えてしまった、とコケティッシュなことも書いている。

飯田は文化女子大学短大を卒業し、デパート店員を経て、日産火災海上に入社している。一九八四年、健康のためにオウムの道場に通い始め、後に会社の同僚であった石井久子を誘った。飯田と石井は、いっしょにディスコへ行ったり、酒を飲んだりするふつうのOLどうしのつきあいをしていた。

企業のマーケティング戦略が——八〇年代のフェミニズムといつの間にか同期しながら——仕事による自己実現のほかに、消費もまた自己実現の方途となるというメッセージを発信したことはすでに述べた。ほとんどの女性はそこにとどまった。しかし、「ふつうのOL」だった飯田や石井は、ふつうの消費的自己実現には飽きたらず、宗教による自己実現へ向かった。★4

オウム教団の「女帝」のひとり、石井久子は、全財産を布施した最初の信徒である。大塚によれば、その行為の動機には、「八〇年代消費社会が彼女たちに強いた呪縛からの解放があった」(『「彼女たち」の連合赤軍』、二〇〇一)。男性信者の幹部が、「学歴エリート」の匂いを残しながら、テクノクラートのような宗教エリートへ横滑りしていくのに引き換え、石井をはじめとする女性幹部がカリスマ性を持ちえたのは、消費社会への批判においてより鮮明であり、「流れついた」彼女たちの切実さを体現していたからなのだろう。

流れ着いた女性のひとりである元エステティシャンの大内早苗は、次のように書いた。

何の為に生まれてきたのだろう。何か大切なことを知る為に与えられた生命……無駄に時を過ごしたくない。幸せになりたい。まわりの人も幸せにしてあげたい、と子供の頃から思っていた。一生懸命働いて色々な経験をしてふと気づくと、少しも幸福でない自分がそこにいた。生きてゆくことさえ本当に苦しい。悲しい。なぜだろう。（麻原彰晃『イニシエーション』、一九八七）

こういう女性は当時無数にいたし、今も無数にいる。どこにもある平凡な感情にすぎないけれど、換言すれば恐ろしく普遍的な「生への覚醒」である。男性幹部たちが「学歴エリート」として、企業の組織からオウムの組織へ転職してきたのとは違って、彼女たちは、この平凡で普遍的な迷いを糧に、自分の中に世界へ通じる管を探し求めた。もちろん、そんなことを身体ごと使ってやり遂げるように教えてくれるところは、オウムの他になかったのである。

三　世紀末仏教か終末論か

ここまで論じてきたのは、〝人はいかにしてオウム信者となったか〟である。オウムに参加した人々の動機や期待にほんの少しだけ触れてみた。入信行為の背景には百人百通りの事情や関係があるが、その個別性を外してみると、見えてくるのは比較的単純な構図である。特に強調すべきは、オウムが「学歴エリート」の男性たちが跋扈《ばっこ》する中途半端な組織／コミュニティであり、その一方には、「流れ着いた」女性たちがいたことだ。

しかし、だからといって、オウム信徒がみな代替的な拠りどころを求める者たちだったわけではない。元信徒の声には、オウムに対する期待とともに、オウムの力によって回復されるべき自己への信頼もあった。オウムの歴史的な意味を振り返るには、「彼らがオウムに求めたもの」と「それに応えるべく用意されたもの」の両方を、いくつかの視点から探っていくことが必要である。

具体的には、三つほどの視点がある。第一が仏教としてのオウム、第二が終末論的思考、第三にヴァジラヤーナ思想である。もとよりこの三つでオウムのすべてが解けるわけではないが、これらをめぐっていけば、教団と信徒の間の基本的な合意もズレも、その両方が浮かび上がる。そして、コンセンサスとギャップがひとつの絵の中に収まるなら、その絵は八〇年代の社会と文化をそれなりに映し出すだろう。

まず、仏教とオウムの関係はどうか。

宗教学者の島田裕巳は、「オウムは仏教か」と問いかけ、多くの論者のオウム真理教イコール非仏教の主張を慎重に吟味しながら、麻原の思想形成における仏教の影響や変容の過程を辿っている。宮坂宥勝（仏教学者）らが述べた通り、オウムは、小乗仏教、大乗仏教、チベット密教から、ヒンドゥー・ヨーガ、キリスト教的終末史観、阿含宗まで、様々な宗教知の非体系的な寄せ集めである。しかし島田は、オウム教義の雑多な要素を認めつつ、麻原が「既存の宗教体系のもっとも高度な部分を究めたと考えていた」（『オウム』、二〇〇一）と言う。アカデミズムと仏教界による排除に抗して、オウムは「仏教原理主義」（前掲書）を目指していた。

ただし彼らの原理が根ざしているのは、八世紀以後、仏教がヒンドゥー教と闘争しながら、逆に強くヒンドゥー文化の影響を受けて形成していった後期密教（タントラ仏教）であり、その流れを汲むチベット密教だった。[★5] つまり、原理自体がきわめて集合的である。麻原は、最末期のインド仏教史から雑多な要素の編集という方法を直観的に学んだ可能性がある。「使えるものはなんでも使う」というやり方だ。

当時、若手の論者たちが、オウムの中にオタク文化の大量の混入を見出したのも、この理由によるのだろう。[★6] 村上春樹は「ジャンクとしての物語」（『アンダーグラウンド』、一九九七）と評してみせた。そもそも、新宗教が時代の混乱や困難を引き受けるものである以上は、現実の複雑性に負けないだけの多様性を身につけないわけにはいかない。雑多で猥雑な多様性の中で、クンダリニー・ヨーガと『宇宙戦艦ヤマト』由来のコスモ・クリーナーが隣り合わせに並んでいても、実は驚くほどのことではない。

チベット密教の受容について、もう一言補足しておく。

日本は、空海が唐の清龍寺で受法して請来《しょうらい》した中期密教を伝えるほぼ唯一の国だが、近代以前に後期密教、特にチベット密教を知る機会を持たなかった。二十世紀初頭にチベットに入った真宗大谷派の僧、能海寛《のうみゆたか》や、黄檗宗《おうばくしゅう》の僧で仏教学者の河口慧海《えかい》らの主要な目的は、漢訳仏典よりサンスクリット語の原典に近いチベット語訳仏典の入手にあった。

むしろ、チベット密教に対する大衆的な認知は、欧米の人々の強い関心から始まった。一九二〇年代には、イギリスの神智学者エヴァンス・ベンツが、『死者の書』の英訳を出版し、大きな話題を集めた。死を潜り抜けながら本来の自己に出会うというラディカルな体験は、欧米人に強い衝撃をもたらしたのである。

一九五〇年代には、作家のオルダス・ハクスリーが『知覚の扉』で幻覚剤体験と『死者の書』に描かれた死の体験を対比して、チベット密教をドラッグ・カルチャーへ結合した。心理学者のティモシー・リアリーはこれを知って、さらにＬＳＤ体験との親近性を喧伝したため、『死者の書』はアメリカ西海岸のヒッピーたちの聖典となった。こうして七〇年代以後のニューエイジ運動の中で、反近代・反科学・脱西欧文明の拠り所として東洋思想が参照され、チベット密教は禅やタオイズムやヨーガとともに広く知られるようになった。

カウンターカルチャーの波濤に乗って、チベット密教は世界へ、日本へ流れ着き、ネパールでニンマ派を修行した中沢新一は、八一年にその経験をもとに『虹の階梯』（師のケツン・サンポとの共著）を出版した。この書物は比較的多くの読者に読まれたし、麻原にも少なからぬ影響を与えたことが知られている。

中沢自身はカリフォルニア文化から影響をうけた記憶はないと述べているが、彼がカウンターカルチャーの寄せ波の中にいたことはまちがいない。一九八三年に『チベットのモーツァルト』を出版した時点で、中沢はチベット密教とフランス現代思想を架橋する戦略的意志を持っていたが、それは西欧流の言語的な知識の在り方に密教的な身体と意識の技術で挑もうとする意欲的な構想だった。

中沢と麻原は異なる階層と文化に属していた。チベット密教がなければ、彼らが出会うことはなかった。八世紀の後期密教の誕生からはるばると時を経る中で、ラディカリズムへの期待は欧米から極東へ伝わり、九〇年代の同時代人を揺さぶっていた。それもやはり、ひとつの仏教の伝来だった。オウムは――原理主義かどうかは別としても――明らかに仏教であり、しかも二十世紀末の仏教そのものだった。

すると、次に問われるべきは、なぜ一九八〇年代の後半に、オウム真理教が提供しうる成就や解脱と呼ばれる心身の変成（あるいは本来の自己の発見）が求められたのか、という問題である。人々はいったいどのような不満や欲求を抱えてオウムの門を叩いたのか。

次に触れるのは、終末論である。

宮台真司は、地下鉄サリン事件から四カ月後に、『終わりなき日常を生きろ』（一九九五）を刊行した。副題は、「オウム完全克服マニュアル」となっていた。宮台はオウムの暴力を、「終わらない日常」をむりやり終わらせようとする「起死回生の巻き返し」であったと述べた。ヴァジラヤーナ（金剛乗。殺人・強奪も救済のために可とする教え）は、ハルマゲドン（世界の終末）のやってこない現実への苛立ちから発生したというのである。

宮台によれば、八〇年代には、若者たちの間に「終わらない日常」と「核戦争後の共同性」という二つの終末観があった。八〇年代前半を席巻した「終わらない日常」は、もはや輝かしい進歩も劇的な破滅もなく、学校的日常をだらだらと戯れながら続けていくしかないという少女たちの諦念的終末観である。この感覚を代表する高橋留美子の『うる星やつら』は、『宇宙戦艦ヤマト』の崇高主義への反発から始まったものだという。しかし、八〇年代後半には少年たちによる反動として、大友克洋の『ＡＫＩＲＡ』に典型的な「核戦争後の共同性」への憧憬が台頭する。第三次世界大戦で汚染された都市のただ中で市街戦を闘う少年たちの共同性が、終末のファンタジーをつくりだしたのである。

ところが、「終わらない日常」は九〇年代初頭に少女たちの「ブルセラ」行動へ発展（！）していく。都市もまた少女たちの生活／消費空間へ転じる中で「学校化」し、ハルマゲドンは遠ざかっていく。「核戦争後の共同性」派は、退路を断たれたように「サリン」に打って出るしかなくなった……。

宮台一流の分析は、当時のオウムに対するイメージをうまく言い当てている。ヨーガの会から出発したオウムは、衆院選の惨敗や地域社会との軋轢、さらに殺人事件を契機にヴァジラヤーナへ転換していったといわれる。オウムを排除する力が強くなるにつれ、無明《むみょう》の闇の中にいる自分を救う（小乗）のではなく、すべての衆生を救う（大乗）のでもなく、救うべき者を選別する金剛乗（ヴァジラヤーナ）へ追いつめられていった。選別とは至高者にしかなしえない行為だから、オウムは必然的に「聖なる集団」へ変容していかざるをえなかったのである、と。

社会学者の大澤真幸も、オウムと終末論について書いている。『虚構の時代の果て――オウムと世界最終戦争』（一九九六）である。その文献一覧に宮台の書名はないが、「終末論」を軸に置いている以上、宮台の著作を気にかけていなかったとは思えない。

大澤は、真木悠介（見田宗介の筆名）の時間論を援用しながら、近代社会が無限の未来の存在を前提に営まれていると述べた。たとえば、経済的コミュニケーション（取引）は、個別企業の盛衰は別として、市場が永続することを前提に行なわれる。確かに資本主義的な投資と回収のサイクルでは、時間が無限に前方へ延びて行く中で「利益」が期待されている。

ところが、オウムの終末思想は未来を強引に断ち切る意志を表明していた。大澤は、ユダヤ教以来の古典的な終末論、すなわち救済に重きを置く「肯定的終末論」に対置して、オウム的な破局を求める終末論を「否定的終末論」と呼んだ。つまりオウムは、近代社会と資本主義を終了させようとする終末論へ突き進んでいったというわけだ。また同時に、世界の終わりのイメージは、米ソの核戦争が冷戦の終結とともに様相が変わり、オウム自身を一方の当事者とする最終戦争へすりかわっていった、という。さらに大澤は、若手幹部だった井上嘉浩の少年時代の文章を引いて、日常から脱出したいと願う若者がオウムへ飛び込んだ傍証としている。

四　ヴァジラヤーナへの期待

宮台と大澤の二つの論考を読んで、多少の違和を感じるのは、年月が経ったせいだろうか。メッセージの方向はやや異なるものの、終末論自体の定義や解説は二人ともさほど変わらない。彼らの知識体系がきわめて近いからである。しかし、これはサリン事件を解釈する枠組みにはなったとしても、オウム信徒の心情を説明しているとは思えない。日常を嫌悪した井上嘉浩少年を含めて、彼らは本当に終末論を求めたのか？

オウムが、同時代のオタク文化／サブカルと同工異曲の終末論に浸っていたのは確かだが、それが信者たちの行動原理となって運動を加速したとは思えない。むしろ、オウムによって六〇年代以来の終末論ブームが終わり、魅力を失ったような印象もある。

教団としてのオウムが抱えた最大のテーマは、終末論ではなく、ヴァジラヤーナの方にあったのではないか。ただし、ヴァジラヤーナの〝本来の意図〟は、終末論の陰に隠されがちなのだ。

宮台の「終わりなき日常を生きろ」という主張は、アンチ終末論のように見えて、実はヴァジラヤーナによる自己強化へつながる契機を含んでいる。

三つめの視点として、それを論じる。

まず、宮台や大澤の立論では、オウムは世界の終わりを待ち切れずにブチ切れたテロリストへ単純化されてしまうが、個々の信者たちの行動や心情は、この紋切り型の語り口にはなじまない。

彼らは（ごく一部を除いて）オウムで反権力闘争をやりたいなどとは思っていなかった。多くの信者やシンパたちは、生きることになんらかの困難を感じ、その困難を除去するか、困難を感じない自己を構築するかという選択肢を抱えて麻原の記事を読み、道場へやってきた。そしてオウムが、彼らの問題を解決しうる有効な手立てを持っていそうだと感じ、徐々にあるいは急速に惹かれていく。ここには、「終わらない日常」の強制的終了」とは種類の異なる欲望があったのではないか。

それは「個の強化」への欲望である。

すでに引用してきたオウム経験者たちの発言には、表現は少しずつ異なるものの、オウムの実践的な問題解決能力への期待があった。もちろんこれは、オウムが小乗的な自己の救済より大乗的な衆生《しゅじょう》の救済を語り、密教の修行法によって解脱の途を比較的明確に提示していたからである。

オウムが提示したのは、「有能な個」の実現へ向けて、自らの「個」を強化する方法だった。麻原は、目の利く市場観察者《マーケッター》として新宗教が発揮すべき役割を正確に把握していた。そして八〇年代後半に、日本社会の一番感じやすい部分が求めるものを宗教的プログラムとして具体化していったのである。

麻原が渋谷の町で最初につくった「鳳凰慶林館」は学習塾だったというエピソードがある。開校時のチラシには「君の成績がグングン伸びる‼　脅威の能力開発法」「着実な成果　東大合格」と誇大な文言が記されていたが、生徒が集まらないので、半年ほどでヨーガ道場「オウムの会」へ看板を掛け替えた。このいいかげんな事業感覚には、しかし彼の真骨頂が表われている。東大志願者でもヨーガ受講生でも、彼が「救いの手」を差し伸べるのは、なんとかして「自己強化」の途につきたい弱者なのである。

「有能な個」とは、苛烈な九〇年代の現実が、日本の大衆に強いたものである。我々は第Ⅰ部で、リストラや雇用ポートフォリオが「個」を排除する様子を見てきた。また、第Ⅱ部では、戦後家族の戦略が崩れる中で、「個」の退却現象（オタク化）を見てきた。「有能な個」とは、八〇年代以後、新自由主義とともに輸入された観念だが、実体を伴っていたわけではなく、メディア・イメージとして浮遊していたにすぎない。ただし、自立／自律や自己責任への要請に生真面目に応えようとする意識は働いていた。「キャリアアップ」も「〈自分〉探し」もそのトレンドの支流である。

麻原は、その〈社会意識〉を、独特なアンテナで察知していた。もちろん、そのニーズは独自の言語体系の中で受け止められ、解釈され、出力されたために、おそらく本人も含めて誰にも気づかれていない。またその手法は、企業のやり方のようには洗練されておらず、粗暴でルーズで違法なものだったために、様々な軋轢を生みだした。批判され、制裁を受け、排除されて、麻原はより反抗的な姿勢へ傾き、より妄想的な言説を発信し、虚構と現実のバランスを失っていった（それらは同時にオウムの魅力となった）。しかし、この目の利く観察者はニーズを見誤ることはなかった。彼は、信者たちの「有能な個」への欲望に（彼なりのやり方で）最後まで応えようとしたからだ。

最初はヨーガによる身体の治療や覚醒のために自らの骨身を削っただろう。次は解脱や成就と呼ばれる達成を権威づける仕組みづくりに奔走した。そして、宗教団体のかたちが整うと、より多くの信徒により多くの救済を施すために、儀礼と収奪のシステムをつくり、組織と管理者を整備した。さらに、権力の弾圧が熾烈になるに従って、闘いの論理を編み出す必要に迫られる。闘いの論理はふたつだった。第一が自らの大義名分を語る終末論であり、第二が自己強化／聖化を実現する方法論であるヴァジラヤーナだ。

麻原もまた——彼を信奉する人々と同様に——生真面目で気の小さい人物だったのではないか。彼は求められるものを提供しないではいられない。人々がヴァジラヤーナを——それと指し示すことはなかったが——要求したからこそ、彼は差し出すことを決意したのに違いない。

一九九四年に刊行された『ヴァジラヤーナコース　教学システム教本』は、オウムの暴力的体質を傍証する資料としてたびたび紹介されてきた[★7]。一九八八年八月五日から一九九四年四月三十日までの五十六話の講話を収録しており、その多くは麻原と弟子との対話を含んでいる。

この教本が出版されたのは、終末が近いとされたからだ。麻原によれば、宇宙は虚空の時期、創造の時期、維持の時期、破壊の時期という四つの時期に分けられるが、今はまさに破壊の時期に当たる。この末法の世にあっては、ヒナヤーナ（小乗）やマハーヤーナ（大乗）では間に合わない。もはやヴァジラヤーナしか救済の方法はないとされたのだった。

第一回の富士山総本部の講話（一九八八年八月五日）では、そのヴァジラヤーナの定義が、石井久子を相手に以下のように語られた。

ヴァジラヤーナの定義というものは、すべての現象を、諸現象を完璧に解析し切ることだ。もちろん、それは大乗を背景としていなければならない。いいか。じゃあいったい、その諸現象とは何かというと、自己の煩悩だね、あるいは他の煩悩だ、これを解析し切って、昇華して、そして完全にその煩悩から解放されると。これがヴァジラヤーナの教えであると。

ヴァジラヤーナは、いうまでもなく、ヒナヤーナからマハーヤーナへ修行を進めた上でようやく手を伸ばすことのできる最上位の教義である。ヒナヤーナは苦を押し退けることによって自己を現象から隔離し、自己を見つめ、解脱するプロセスであり、マハーヤーナは苦を直視し、善行をなすことで苦の総量を減らし、この世を楽に変えるプロセスだという。

では、ヴァジラヤーナはどのような方法なのか。

金剛乗の教えというものは、もともとグルというものを絶対的な立場に置いて、そのグルに帰依をすると。そして、自己を空っぽにする努力をすると。その空っぽになった器に、グルの経験、あるいはグルのエネルギー、これをなみなみと満ち溢れさせると。つまり、グルのクローン化をすると。あるいは守護者のクローン化をすると。これがヴァジラヤーナだね。（第二話　一九八八年十月二日　富士山総本部）

ヴァジラヤーナのマハーヤーナに対する優位性は短期間で結果が得られることである。つまり、破壊の時期にあって、グルの強力な指導力で短期の解脱を実現する、きわめて生産性の高い方法であるということだ。これはオウムの修行観の端的な表現であるといっていいだろう。グルの圧倒的な指導力を強調しながら、思わず「クローン」という浅い言葉へ滑っていく。

近代的宗教観からすれば、信仰／修行とは、個々の人間が苦悩や困難を契機としながら自己と世界の関係を転換していく、個別的な心的プロセスであろう。たぶん麻原は、このモダニズムには頓着しなかった。むしろ、オウムのやり方は、心的プロセスから個性を剝ぎ取って標準化し、プログラムによって記述できるようにしようとした。

しかし、このやり方は工業的な生産方式のイメージを踏襲している。いや、もう少し正確にいえば、ヒナヤーナからマハーヤーナへ、さらにヴァジラヤーナへ過激化していくうちに、麻原はいつの間にか、大量生産方式という、モダニズムのもっとも浅い水域へ辿りついてしまっているのだ。では、その修行によって得られるものは何か？

では、ヴァジラヤーナとは何だと。これはいっさいの干渉する要因、それを肯定する。そして肯定していながら、それといっさい無干渉の自分自身の心をつくり上げていくと。その情報に左右されないと。金剛の心をつくると。絶対壊れない心をつくると。これがヴァジラヤーナである。（第十二話　一九九〇年三月四日　富士山総本部）

もう十分だろう。これが、麻原とオウム真理教が到達した「仏教原理主義」の頂きである。絶対に壊れない金剛の心は、あらゆる現実の制約から自由で、どんな現象にも頓着しない至高の存在とされているが、その実、教祖のクローンにすぎない。

この立ち位置からは、生命体の生死の時期を輪廻の観点から判断できるから、不殺生《ふせつしょう》の戒を超越する。殺人を意味する「ポワ（ポア）」の論理は、ここから発している。

麻原は、このような至高者を自身のクローンのように育成することを構想し、解脱を望む信者たちもそのことを望んだ。ラディカリズムの帰結はグロテスクな光景となった。

オウムが目指したのは、サリンなどの殺人兵器による国家の転覆などではなかった。武器の購入や製造などはもちろんフリにすぎない。ただし、それはオタク的、サブカル的なパフォーマンスであるだけに、微に細に入っていたというのが真実である。

オウムが本来追求したものは、信者たちが憧れた通り、成就し、解脱した「個」（自己）である。苦悩と困難を超越し、何物にも制約されることのない金剛の心である。

それを強く求めた人々がいたことは事実である。初期には「白く透明な」空間の中で「輝くばかりの笑顔」によって追求され、後には薬物と電極による速成のプロセスへ堕していったが、オウムに心を寄せた者たちは、一貫してそれを求めた。麻原は、おそらくそのことは理解していたにちがいない。

少し前に書いたように、麻原は独創的なイノベーターというよりは、市場のニーズに敏感なマーケッターであり、ディベロッパーである。彼がつくりだしたものは——ヨーガ道場から『ヴァジラヤーナコース』まで——すべて、人々の欲しがったものなのである。一言付け加えれば、「人々」とは、オウム信徒だけではない。八〇年代以後の日本社会がそれを欲しがったのである。

註

★1　桐山密教は、七〇年代から学生など知識層で認知度を高めていた。私の通っていた大学にも、桐山の『変身の原理』（一九七五）を熱心に読んでいる学生がいた。一人は倫理学専攻のゼミの一年上の先輩で、フッサールの現象学について卒論を書きながら、「自己改造」に取り組んでいると語っていた。もう一人は同学年だったが、同様に桐山の著書を読み、密教の実践性について熱心に語っていた記憶がある。

★2　クンダリニー・ヨーガは、オウムの信者たちが一番熱心に取り組んだもののひとつだろう。ムーラダーラ・チャクラ（会陰部）に眠るクンダリニー（性的エネルギー）を活性化させ、身体の中心線上にある複数のチャクラ（ヨーガ的身体中枢）とナーディ（脈管）を通過、上昇させていくことで浄化し、最終的には頭頂のチャクラ（サハスラーラ・チャクラ）へ抜くことを目指すヨーガ技法である。

★3　麻原自身は、熊本の盲学校時代に熊本大学医学部への進学希望を語ったことがあるが、失敗している。また、東京大学法学部への進学を理由に上京している。この時、渋谷の代々木ゼミナールで三歳下の知子と知り合ったといわれる。麻原は東京大学受験に失敗し、知子も麻原との交際で妊娠したために、進学を断念している。

★4　女性向け転職情報誌『とらばーゆ』（リクルート）が創刊されたのは一九八〇年である。倉田学が立ち上げに関わり、松永真理が編集長を務めたこともある。三浦展によれば、「『とらばーゆ』の創刊は、女性にも「寿退社」ではない「転職」という人生があり得るということを初めて広く社会に示した」のである。

★5　チベット密教の歴史について、ツルティム・ケサンと正木晃『増補 チベット密教』（二〇〇八）を参照し、記す。紀元前五世紀、釈迦が仏教を創唱してから約一千年後、インドでは、知的都市宗教である仏教に対して、農村を地盤にしたヒンドゥー教が勢いを増していた。仏教は劣勢を挽回するために二つの戦略を採用した。一方では、ヒンドゥー教の儀礼や象徴に学びながら教義の可視化を進めること。マンダラによる神々のパンテオンがその代表である。また、もう一方では、他者救済という大乗的理念にかまけて怠ってきた修行法すなわち心身開発技法の革新に乗り出したことである。知識の可視化と身体技法の結合こそ、前期密教の誕生を告げるものだった。

ただし、この前期密教は、呪術的な所作を通して現世利益を追求するレベルにあった。

六世紀になって、現世利益から解脱へ目的を再定義し、組織的な修行法を整備する中で、大日如来を中心に据えた大乗仏教の理念が再興される。これが中期密教であり、後に中国経由で空海が日本に伝えた教義である。

そして八世紀から十二世紀にかけて、ヒンドゥー教のいっそうの攻勢とイスラム教徒の侵略にさらされ、中期密教の限界を超えようとする動きが現われる。マンダラや修行法を詳述する『金剛頂教』をベースに置き、大日如来と自己の同一を体得する修行法の開発を図るべく、性的ヨーガを画期的な方法として取り入れたのである。性の生命エネルギーを活用し、浄化して解脱に至るという考え方は、至上の智慧と快楽はともにあるという、インド古来の考え方に合致するものだったから、戒律との相克を引き起こしながらも強い共感を生み出した。

こうしてインド仏教は最後のイノベーションを興しながら、十三世紀にはイスラム軍の攻撃によって壊滅する。末路を見据えていた僧侶たちは、後期密教を携えて早くから新天地チベットへ向かった。

チベットでは、すでに八世紀に土着信仰と密教呪術が融合してニンマ派（古派の意味）が登場していたが、本格的な後期密教は、九世紀の仏教弾圧以後に流入している。十世紀にはインドから名僧アティーシャがやってきて大量の経典を伝え、多くの弟子を育成した。この流れに、後の大学僧プトゥン、チベット密教の完成者であるツォンカパが続く。一方、十一世紀から十二世紀にかけては、カギュー派やサキャ派など独自の教義と修行法を持つ宗派が生まれ、その分派が続々と派生した。

ツォンカパは性的ヨーガと戒律の関係を整理し、顕教と密教の統合を図って、チベット密教の「宗教改革」を成し遂げたといわれる。ツォンカパが十五世紀初頭に創始したゲルク派は、各派の中でも最も厳しい戒律を持ち、生涯の独身を貫く。十七世紀のグシ・ハン王朝がゲルク派のダライ・ラマ五世を法王として擁立して以来、ゲルク派はチベット密教を代表する宗派となって今に至っている。

なお、松長有慶の『密教』（一九九一）によれば、ヒンドゥー教や後期密教のタントリズムに発する非倫理的・反道徳的行為は、自己と絶対者との一体化を目指すためにあえて行なう社会的なタブーの侵犯である。墓場に集い、人肉を食い、精液や月経血を飲み、アウトカーストの女性と性交する修行は、バラモン教の支配する「インドのような土地でこそ初めて実行が可能となった宗教形態である」とし、チベットでもツォンカパの宗教改革によって、「非倫理的な形をもった仏教が社会の表面に突出することはなくなった」と述べている。

★6　大塚英志は、一貫してオウムをオタクあるいはサブカルチャー的な現象として見ていた。大澤真幸、宮台真司、東浩紀も程度の差こそあれ、同様の発言を行なっている。また、オウム真理教は、「王の福音」を意味する「エウアンゲリオン・テス・バシレイアス」というラジオ番組を、一九九二年四月一日から一九九五年三月二十三日まで放送していた。終了したのは、その日、オウム真理教富士山総本部が強制捜査を受けたからである。『新世紀エヴァンゲリオン』が、なぜオウムのラジオ番組と同じタイトルを採用したのか、制作者側からの公式説明はなされていない。事実関係からいえば、『月刊少年エース』の一九九五年二月号からアニメに先行する形で、『エヴァンゲリオン』（連載当初のタイトル）の連載が開始されているから、短い時間ではあるものの、この国には、二つの「エヴァ」が共存していたことになる。

★7　『ヴァジラヤーナコース　教学システム教本』は、現在、西村《新人類》雅史が運営するWebサイト「VAJRAYANA真理の探究」で読むことができる。ここでの引用はこのテキストによる。
http://www.bekkoame.ne.jp/i/sinzinrui/

第Ⅲ部　アメリカの夢と影——労働・消費・文芸

第1章　日本的経営とは何だったか

第Ⅲ部で論じるのは、戦後日本の労働と消費と文芸、さらにそれらの背景にある「アメリカ」という力である。第1章では、「日本的経営」と呼ばれた労働と管理のシステムに焦点を当て、第2章では、「豊かな暮らし」をめぐる欲望と消費のシステムについて述べる。両者は相俟って、戦後日本の経済成長を促進し、絶妙の好循環は我々に忘れがたい成功体験を残した。その最後の余韻の中で、日本が「アメリカ」と「戦後」をともに呑み下しながら、「戦後のあとの時代」へ転進した様子を描くのが第3章である。それは成長から停滞に移行する中で遂行されたが、おそらく未遂に終わっている。

一　発見された日本的経営

本節では、「日本的経営」というキーワードを手がかりに、戦後の企業の中で行なわれてきた労働や組織の編成について見ていこうと思う。敗戦後から七〇年代まで、各時代の編成方式はどのような効果を発揮したのか、またそれはどのような合意によって定着したのか──これが本章の関心事である。その中で、「日本的経営」の〝日本〟の意味合いを考えていく。

第Ⅰ部で述べたように、九〇年代には「日本的経営」の多くの部分が崩れ、消えた。我々は大きな喪失感に見舞われたが、実は失ったものをそれほど仔細に点検していない。「日本的経営」の喪失の程度を知るために、もう一度、その観念が登場し、定着し、変容してきたプロセスを振り返る必要があると思う。

「日本的経営」は、ジェームズ・アベグレンの『日本の経営』（一九五八）によって発見された。「発見された」というのは、彼の論考が、当時稀であった実証研究に根ざしながら、「日本的経営」という観念を提出したからである。日本人がふだん接していた経営事象や現場慣行を言語化し、対象化してみせたのは、彼がほぼはじめてだった。

そこには、日本企業の特徴と習癖が手にとるように描き出されていた。厳しい指摘もあったし、勘違いもあったが、ローカルな特徴こそ日本企業に強さをもたらしているという嬉しい指摘もあった。日本人は、欧米人が見た日本の姿に過剰な反応を示す傾向があるから、ルース・ベネディクトの『菊と刀』（一九四八）ほどではないにせよ、『日本の経営』は幅広い共感を得たのである。

また、「日本的経営」は、一種の普遍性を帯びていた。ゆえに様々な批判に遭遇しながら、半世紀を超えて生き延びることができたのだ。ちなみに、普遍性とは、日本以外の場所にも適用できるという「世界性」であり、開かれた議論の対象たりうるという「公開性」でもある。この二つの側面を備えることで、「日本的経営」は、七〇年代のエズラ・ヴォーゲル（『ジャパンアズナンバーワン』、一九七九）やウィリアム・オオウチ（『セオリーZ』、一九八一）や、八〇年代における米国の日本企業研究プロジェクト（第Ⅲ部第3章）につながっていったのだ。

こうして「日本的経営」は、日本企業にとって規範や公準のようなものになった。それは日本企業のシンボルやステータスとして表明される場合もあったし、逆に悪しき因習や欠陥として指摘されることもあったが、半世紀にわたって繰り返し論評され続けることになった。日本の研究者による論考が枚挙にいとまがないのはもちろん、先のヴォーゲルやオオウチを含め、海外研究者による著作も多くを数える。

興味深いのは、それらの言説がアベグレンの提示した視点に新しい要素を付け加えながら、「日本的経営」を汎用的なモデルとして記述しようと試みたにもかかわらず、日本の側はそれを特殊な優越性として受けとめ続けたことである。我々は、日本企業の経営がきわめて特徴的であり、他のどこの国にも似ていないと信じ続けた。肯定するにしても否定するにしても、「日本的経営」のユニークさの否定は現われず、むしろ、それが米国や欧州とは異なる制度や文化の下に運営されるものであるという認識へ深まっていったのである。

アベグレンの『日本の経営』の冒頭には、一九五〇年代後半の世界情勢、すなわち「冷戦」下の工業化というテーマへの言及がある。あまりふれられることはないが、この著作が発信した政治的なメッセージである。

工業化のすべての問題にたいする現在の関心は、世界の二大中心勢力の重苦しい対決から強いられてきた。この対決は、経済上および産業上の領域でいま起きている。そして世界の多くの国民の生活は、これらの中心勢力の間で行われている経済発展の二つの方式のいずれを選択するかによって、あるいは、それにかわるなんらかの工業化方式をとることによって、決定的に影響されるであろう。（『日本の経営』、占部都美監訳、一九五八）

「二つの方式」とはいうまでもなく、「欧米方式」と「ソビエト方式」である。『日本の経営』が刊行された一九五八年には、両方式のどちらが優位であるかは決せられていなかった。一九五六年には、ハンガリーで起きた反政府運動をソ連軍が鎮圧してヨーロッパ全土を震撼させ、翌年にはソ連が初の人工衛星スプートニク1号を打ち上げて、アメリカを「スプートニク・ショック」に落とし入れていた。「ソビエト方式」は中国でも成功しつつあると見えたし、「最大の速度と資本、設備、人員の面における外部資源の最小利用を行い、また支払った代償から確実に成功をかちとるものである」（前掲書）と思われていた。工業化を迫られるアジア・アフリカ諸国は、「この冷酷な二つの方式の二者択一に直面して」（前掲書）いたのである。

それゆえ、戦後日本の成功は格別の意味を持っていた。日本は「その舞台に登場している唯一の第三者」であり、アジア的な固有の文化を残しながら、惨めな敗戦を乗り越えて、再び高度な工業国へ進化を遂げていると映じていたからである。日本は「第三の工業化方式」をつくり出しており、その成功には「日本的経営」が寄与していることはまちがいないと信じられていた。

アベグレンは、自身の研究が「欧米的生産組織の方式の限界とその適応の限界についてのもっとも詳細な調査を可能にする」と胸を張ったが、このアピールは確かに長期に及ぶ影響を及ぼした。日本が「唯一の第三者」と認知されたことで、「日本的経営」もまた、唯一無二の方法と深く自覚されたのである。そして、いつの間にか「日本的経営」の唯一性を信じる気持ちは、ナショナルな感情と融合していった。

今思えば、我々は、「第三の工業化方式」を固有の民族や地域の文化が資本主義と結合し独特の発展を遂げうるという、一般的な可能性として冷静に受け止め、その方程式に関心を持つべきだったのかもしれない。そうすれば、アジア・アフリカ諸国との連携は別のものになっていた可能性がある。しかし、事態は別の方へ向かった。戦後の日本人は、敗戦のトラウマを封じ込めるためか、もう一度日本の優秀さと比類なさを信じたいと願ったのである。アベグレンが確信犯だったかどうかはともかく、我々は彼の「魔法」にみごとにかかってしまった。

アベグレンは、どのようにして日本と日本企業に出会ったのだろうか。

新訳版（山岡洋一訳、二〇〇四）に寄せられた文章によれば、海兵隊員として「わずかな日本語教育」を受けた彼は、ガダルカナルからブーゲンビル島、グアム島、硫黄島の上陸作戦に参加し、戦傷を負ったが、本人の強い希望で戦略爆撃調査団に加わって日本本土へ渡った。

一九四六年には帰国してシカゴ大学に戻り、人類学と臨床心理学の博士号を取得。五四年にはフォード財団の研究員になり、ハーバード大学でライシャワー教授に日本語を学び、五五年から五六年にかけて日本に滞在、フォード財団の研究プロジェクトの調査を行なった。『日本の経営』（*THE JAPANESE FACTORY : Aspects of Its Social Organization*）はその成果である。

このプロジェクトでは、日本の十九の大企業と三十四の中小企業の工場が調査されたが、その中には、日本電気、住友電工、住友化学、東洋レーヨン（現在の東レ）、富士製鐵（現在の新日本製鐵）

などが含まれている。アベグレンにインタビューした柴田高によれば、当時は企業の現場を訪ねる研究者は稀であり、アメリカ人研究者との接触は企業側にも新鮮な経験だったらしい。アベグレン自身も、調査先からは予想外の好遇を得たと述べている。経営幹部が各種の面会を設定し、賃金資料などは迅速に提供され、夜の宴会にも招待されたという。

アベグレンは、おおむね成功裏に終わった調査で得た知見を、日本企業の特徴として次の六項目に整理した。

（一）単一企業で永続的かつ終身的な地位を持つ構成員
（二）職務や技能ではなく、個人的な特質に基づく採用
（三）「工員」と「職員」など固定的・差別的な身分制度
（四）年功的体系に基づく現金・現物を組み合わせた給与
（五）多数の階層・職位とはうらはらの集団的意思決定
（六）従業員の個人的生活に対する会社の広く深い関与

これらの項目はばらばらな特色ではなく、精妙なシステムの緊密な構成要素である。ただし、ちょっと眺めるだけでは、それらが営利組織の目的に適う機能要件には見えない。アベグレンは、独得な観察眼で、一見ルーズな仕組みの背景にあるしたたかな合理性に気づき、その気づきを言い当ててみせた。彼の観察と記述は、自身のバックグラウンドに忠実な文化人類学者のものであり——それが経営学的通念を越える発見を生み出した——結果的に日本企業を異文化として冷静な目で捉

えることに寄与したのである。彼の著作の長命はそこに理由がある。

事実、日本企業は彼の前に〝異文化的な不思議〟として立ち現われていた。

例えば——

従業員と会社は終生にわたる尽くしと報いの双務関係を結び、超長期的なタイムスパンの中で、個々人の成長を恩寵のように待ち続ける。採用に当たっては、現有能力ではなく、能力のポテンシャリティの方が重視される。潜在的な力が顕現するには相応の時間がかかることは了解されており、彼が大きな花を咲かせるまで、周囲の者は最大限の忍耐で彼をサポートする。

ゆえに昇格・昇給は、能力や成果とは無関係な勤続年数に基づいて行なわれ、有力な人材には腕を鍛えるような職場を（それが報酬であるかのように）次々と経験させる（まるで貴公子が試練の旅に導かれる古代以来の物語のようだ）。

また、経営層や優秀な人材が勢い余って軽々な判断を下さないように意思決定は集団化され、責任の所在がぼかされている。それは個人が責任を取らないための姑息なやり方のようにも見えるが、王や貴公子をむこう傷から守るために工夫された権力維持システムのようでもあった——

これらの多くは、欧米企業とは異なる合理性に基づく行動原理であることは後に解明されていく。しかし、人類学を修めたアカデミシャンの目には、まるで民俗儀礼のように映ったのである。

たとえば、「賞与」と呼ばれる報酬は、どうも通常の賃金には見えなかった。彼は、人類学の用語を借りて、それを「贈与」と理解した。賞与はたいてい夏と年末に支給されるが、この時期は日本人が贈り物を交換する時期に当たっていた。また、従業員は賞与を家電製品などの耐久消費「財」を家庭に招来する原資と見ていた。これは人類学者の想像力に訴えた。「賞与」の背景には、労賃を支払う経営者ではなく、賜物を施す家父長（王）の姿が透けて見えている、と感じられたのである。

また、日本企業の報酬の少なからぬ部分は、その会社の従業員であること自体のようだった。生涯にわたる忠誠を誓うと、その見返りに、その集団に属することを許される。帰属者はこれを名誉と感じる。アベグレンは、この仕組みを「封建制度として、描写することはさほど妥当を欠くものではないだろう」と述べている。かくて若い人類学徒は、日本企業は前近代の遺習を残す共同体として考察しなければ、その秘密は明らかにならないと確信するようになった。★1

邦訳初版で「終身雇用」と訳されたために、後々まで議論の種になった a lifetime commitment という概念も、読みなおしてみると、アベグレンが欧米的な経済合理性ではなく、共同体を維持するための暗黙的な約束事として理解していたことが分かる。★2「決定的な相違点」という見出しの付いた第二章の冒頭では、以下のように述べられている。

> 日本とアメリカにおける工場の社会的組織を比較してみるとき、一つの相違点がただちに注目されてくる。その相違点は一貫して、両制度の間の全体の相違の大部分を支配し、これを浮彫りにするものである。どのような水準にある日本の工場組織でも、労務者は入社にさいして、彼が働ける残りの生涯を会社に委託する。会社は、最悪の窮地においこまれた場合を除いて、一時的にせよ、彼を解雇することをしない。彼はどこか他の会社に職を求めてその会社を離れることはしない。彼は人々が家族、友愛組織、その他アメリカにおける親睦団体の構成員である場合に似た仕方で、会社の一構成員となるのである。（『日本の経営』、占部都美監訳、一九五

八）

一見して分かるように、a lifetime commitment は双務的である。会社は従業員を解雇せず、従業員は会社を移ることをよしとしない。一度、関係を結んだ以上、定年退職（当時の通例は五十歳）まで双務的関係は維持される。また、従業員は自身の人生の時間を「委託」するのであって、職務や職位の選択は度外視されている。人生を委託された会社は、原則的には最大限の配慮をもって、彼または彼女に対する見返りの責を負うのである。だから、解雇は（懲戒を別として）従業員が致命的な無能を露呈しない限り発動されないし、解雇された従業員は二度ともとのような地位に戻ることができない。そのような者は逸脱者として、ふつうの会社的世界から放逐されるのである。

アベグレンが取材先の企業で、a lifetime commitment が何故に維持されているのかと聞くと、大半の回答者は「日本は貧乏国であり、過剰人口の国であり、仕事が少なく、雇用が困難な国である」からだと答えたという。言葉を換えれば、会社は雇用を社会的あるいは国家的使命と自任していたということになる。この英雄的な決意は、営利組織のリーダーというよりは、家族を扶養する家長の気概に近い。「賞与」を「贈与」たらしめているのは、この家父長的温情主義つまり封建的思想である――アベグレンはますます確信を深めていった。

二　隠され続けた合意

後にアベグレンの著書の訳者でもある有力な経営学者、占部《うらべ》都美《くによし》は、a lifetime commitment には歴史的背景があり、封建的遺習ではないと主張した（『日本的経営は進化する』、一九八四）。曰く、一九二〇年代に重工業部門で大量生産方式が導入され、労働者の大衆化（半熟練工化）が起きると同時に、ロシア革命の影響や第一次大戦後の不況が重なって労働争議が勃発したが、その収拾過程で従来の親方請負制度を廃し、新卒者を中心に常備工を雇い入れるようになった。これが終身雇用の始まりである、と。

新卒者は当然ながら社内で訓練されるので、投資回収の観点から年功賃金や福祉施設などの定着施策が講じられた。よく訓練された労働者を囲い込むという経営的合理性、これが終身的な雇用制度を生み出したのだという。

占部は「戦後改革」が、労働組合の結成や職員・工員の身分制の撤廃を通して職場の「民主化」を果たしたことも強調した。その結果、ステータスの平等化が進み、ブルーカラーの忠誠心が高まった。アベグレンの言うような家父長的・封建的遺習は払拭されつつあり、むしろ、一九五〇年代には米国由来の人間関係施策が社内のコミュニケーションや経営参加を促し、「日本的経営」の「民主化」すなわち進化が推し進められた。つまり、アベグレンが見たのはマボロシである、と。

戦前の「囲い込み」が終身雇用の原型になったという説は頷けるが、戦後のモダンな「民主化」が封建的遺習をきれいに取り払ったとは思えない。むしろ事態はもう少し複雑で、人々は双務的な共同体意識を支えに、「民主化」闘争や五〇年代の反合理化闘争を果敢に闘い[★3]、大きな犠牲を出しながらも終身雇用の理念を守ったのではないか、と私は考えている。

アベグレンが初めて来日した一九五五年は、戦後労働運動にとって大きな節目の年だった。ドッジラインがもたらした不況は朝鮮特需によって一転したが、一九五一年にはピークを越し、特需依存の弊害を残したまま、後退局面に入る。労働需要が減少すると、経営者側はまなじりを決して労働組合との対決に臨んだために、基幹産業で大規模な争議が続発した。

四〇年代後半に勢力を伸ばした共産党系の産別会議が後退し、新たに台頭した民主化同盟（民同）と総同盟の大半が統合して、五〇年に総評が結成された。総評は、しかし、電産争議（一九五二）、日産争議（一九五三）、尼鋼争議（一九五四）、日鋼室蘭争議（一九五四）などで連敗する。

経営者側には、企業の存亡に対する強烈な危機意識があった。労働者側には総評の階級闘争主義から離反する動きもあり、第二組合の結成も相次いだ。長期にわたる闘いが繰り広げられたものの、結果は組合側のほぼ全面的な敗北に終わった。そして高野実から太田薫・岩井章へ、総評指導部の交替が起き、五五年には春闘を中心とする経済闘争へ舵が切られていく。

しかし、記憶すべきは経営者側の決定的な譲歩もあったことだ。終身雇用・年功賃金を中心とする日本型雇用は、この五〇年代前半の労使の全面対決の中から、妥協策として生み落とされたのである。

その譲歩を引き出したのは、弱体といわれ続けてきた企業別組合だった。小池和男は、日鋼室蘭の解雇反対闘争を取り上げ、この闘争の歴史的意味を論じている（「労働運動の展開」）。

日鋼室蘭は、同じ日鋼労連傘下の労組の闘いにも頬かむりするような組合だった。それが、五四年の六月から十二月まで半年を越える厳しい闘争を闘ったのである。結果的には六百六十人の指名解雇を認め、第二組合の結成も許したから完全な敗北ではあった。しかし、「企業の中に閉じこもる」企業別組合が、解雇通告を突きつけられて豹変し、予測を越える粘り強い闘いを展開したことは人々を驚かせた。鉄鋼労連は「この闘争にしめされた強じんな労働者の抵抗は、独占資本の合理化スケジュールを思いとどまらせるに効果的な打撃を与えた」と評価した。

これ以後、大規模な解雇は姿を消す。もちろん、一九五五年以降の急激な雇用増という変化はあったが、資本金の二倍弱に達した解雇のコストが、抑制効果を発揮したのである。小池は、終身雇用の企業別組合だから闘えたのだという醒めた声を認めながら、逆に百九十三日の激しい闘いこそ、終身雇用制を支え、確かな制度として定着させたのではないか、と述べている。

では、なぜ闘いえたのかと自問しつつ、小池は明確な答えを出していない。ひとつの可能性だが、この時代には終身雇用も、敗戦のゼロリセットで得られた「平等」と「公平」の成果と観念されていたのではないか。第Ⅱ部第1章で述べたように、それは「平等な国民」意識の戦後的変奏だった。そのような「賜物」であるからこそ、労働者は経営者に対し、盟約の身勝手な不履行を糾弾したのである。その憤懣は、モダンな組合思想を担ぐ産別組合よりも、泥臭くて封建的な（！）企業別組合の方が格段に強かったのである。

しかし、大争議の幕が引かれると、時代はくるりと舞台を回した。

五五年に始まる春闘で、総評が提唱した生活保障給的な賃金要求は、終身雇用とセットになった年功賃金体系へ組み込まれていった。それは、技能と経験の労働者個人への蓄積を重視する日本的労務管理へ転じ、年齢と勤続年数に対応して上昇する賃金への期待によって労働者の忠誠心を高めた。結果的に労使関係は安定し、経済成長へ向けた態勢を整える効果を発揮した。こうして、アベグレンによって発見された、半封建的・半暗黙的なルールは、五〇年代前半の労働運動が「血を流して」守ることによって、文字通りの「日本的経営」システムへ昇華したのである。それは、十年

間にわたる泥沼のような闘いの中で、労使双方が模索し、つくりだした合意でもあった。★4

この合意に基づく大きな取り引き《ビッグディール》こそ、「日本的経営」の核にある公然の秘密である。労使はともにそれを明かさなかった。明かされないままにこの合意は、戦後の〈社会意識〉の重要なピースとなった。労使は自陣に都合のいい呼称を付けたために（労働側は「民主主義」、経営側は「温情主義」と呼んだ）、ピースの存在は見えにくくなったのである。

その後も、古い共同体的慣習が日本企業の成長の秘密だという見解に、日本人研究者は嚙みつくことをやめなかった。戦後日本企業の人と組織の在り方は明らかに家父長的傾向を残していたが、リベラルなアカデミシャンたちは、ここに触れられると過敏な反応を示したのである。

例えば社会学者の尾高邦雄は、アベグレンと同一書名の『日本の経営』（一九六五）で、伝統主義（封建主義）の残存を主張する論者たちに向かって「過大評価」であると批判した。

ただ、ややこしいのは、遺習の残響への「過大評価」が二つの陣営から出ていたことである。一方は、終身関係をはじめとする伝統的慣習が日本の経営の近代化や民主化を阻害しているという古典的左翼の論調であり、もう一方は、アベグレンに代表されるアメリカの学者たちの主張である。前者は、封建主義を払拭すべしといい、後者はそれこそ、日本の近代化と工業化を推し進めた要因であると述べた。

尾高は、この両方を批判してみせた。

左からの「過大評価」には、封建主義を除去するだけでは民主化は達成しえないし、そもそも近代化のプロセスが単一のパターンで進むという教条的な史観そのものがまちがいであるとした。他方、米国流アカデミズムには、まず外国人の観察にありがちな誇張・誤解・無知・無視を指摘した。尾高は、彼らが、ルース・ベネディクト以来の人類学的先入観によって「奇習探求」へ走っているように思えて仕方なかった。また、彼らの論調が保守的な企業人に都合のよい口実を与え、産業改革の停滞に力を貸していることも気に入らなかった。日本及び日本人は、改革の途次にあり、着実に旧習を退けつつあるのに、なぜ外国人たちはその現実を無視するのか!

尾高は、二つの「過大評価」を批判しながら、日本企業が遺制や遺習を脱ぎ捨て、新しい特徴を形成しつつあると主張した。もちろん、戦後の労働法規や労働組合運動による「民主化」は一定の成果を上げたし、若い労働者たちは経営家族主義を疎んじるようになっていた。しかし、さらに重要なのは「進歩的な経営者」たちが、「従業員の従順さや受動性に満足せず、そのかわりに従業員の能動的な独創性を重視し、また職場内の人間関係の安定よりも、個々人の間の競争を通しての協力を要請する」(前掲書)ようになってきたこと、それを実行するために、提案制度や職場懇談会、労使協調制度などの「従業員経営参加」制度が浸透してきたことであるという。

尾高は、この新しい息吹に大きな可能性を感じていた。経済学者の中山伊知郎が、産業の近代化が生み出す「社会の空白」を埋めるためには「新しい文化」が必要だと述べたことに賛同しながら、中山の言う「文化」が空虚であると批判し、そこに充填されるべきは、「経営参加」という新しい思想であると書いた。

「経営参加」の前提は、従業員をパートナーとして遇し、十分な訓練を与えた上で適職に配置、業績によって処遇し、企業内部に「従業員相互間の競争的協力の態勢」を形成することである。この「競争的協力」こそ、新しい産業文化の核心であると尾高は考えた。

わきたつような活気にみちたこうした企業内態勢のもとでは、従業員は、かつての経営家族主義態勢のもとにおける企業への細胞的埋没からも、また近代官僚主義機構のなかにおける「組織人」的事なかれ主義のムードからも、解放されていることができるはずである。（尾高邦雄『日本の経営』、一九六五）

このような職場がかつて存在しなかったわけではない。今でも「わきたつような活気」を誇りにする企業は存在する。しかし、「経営参加」や「競争的協力」は、多くの場合、「民主化」というファクターだけで成り立っていたわけではない。すでに述べたように、「日本的経営」は、五〇年代半ば、労使の妥協的合意によって、雇用と賃金を安定させるだけでなく、労務管理を円滑にする日本的で近代的なシステムへ変貌していた。この後で述べるQCサークルや能力主義も、労務管理システムの上に搭載される「経営参加」のツールとして機能したことはまちがいない。ゆえに、それは「社会の空白」を埋める「新しい文化」にはならなかったのではないか。

ただし、だからといって、尾高のビジョンがつまらないというのではない。「参加」や「協力」はいつの時代のどんな組織でも、価値を発揮する可能性があるからだ。第Ⅱ部第1章で触れた『キューポラのある街』の終盤の場面を思い起こしてほしい。日立武蔵の工場に就職した石黒ジュン（吉永小百合）が、あの後、職場でどちらに「参加」し、どちらに「協力」したのかは皮一枚の差なのである。

三　ＱＣサークルの光と影

アベグレンはいわば日本的経営の「観察者」だったが、彼が見た日本企業の現場には、すでに一人のアメリカ人によって大きな変化がもたらされていた。それは、ＳＱＣ（statistical quality control、統計的品質管理）と呼ばれる方法で、ウィリアム・エドワーズ・デミングという「伝道者」によって伝えられた。

デミングは、一九五〇年七月十日から八日間にわたる品質管理のセミナーで講師を務めた。会場は東京・御茶ノ水の医師会館講堂である。「デミング・セミナー」には、百五十人の募集に対して二百三十人が集まった。また、東京大学と九州大学で一般公開の講習会を開き、東大では五百人の受講生が参加した。彼は、八月二十一日に帰国するまでに、全国の主要都市十カ所を回って講演会を開いたが、どの会場にも聴講者が詰めかけたという。デミングはニューヨーク大学教授であり、アメリカ大統領府予算局抜取検査顧問という肩書きも持っていたが、「コンサルタントのような」明晰で説得力に満ちた語り口で聴衆を惹きつけたのである。★5

翌年、デミングは再来日し、七月から十月まで二カ月半近く滞在した。品質管理講習会、社長講習会、市場調査講習会の三つのセミナーが各地で開かれた。産業界はデミングで持ちきりだった。そして、この一大キャンペーンの締め括りが、第一回デミング賞の授賞式だった。

最初の受賞者は、個人対象の本賞が数理統計学者の増山元三郎、企業対象の実施賞は、八幡製鐵、富士製鐵、昭和電工、田辺製薬の四社だった。当時の日本を代表する大企業、八幡・富士製鐵の受賞は「箔付け」であったともいわれるが、デミングと品質管理の認知に大いに貢献した。また、田辺製薬が受賞によって製品の拡販に成功したことで、デミング賞はその「効果」とともに産業界に広く知られるようになった。

「デミング・セミナー」やデミング賞を仕掛けたのは、一九四六年に設立された日科技連（日本科学技術連盟）である。初代会長は経団連の初代会長であった石川一郎で、三代会長までは経団連会長が兼任している。日科技連が、八〇年代まで日本企業を席巻したＱＣサークルやＴＱＣ（Total Quality Control）の「総本山」であることはいうまでもない。

デミングブームが起きたのは、日本の景気が上向いてきたからである。デミング来日の一カ月前、朝鮮半島で戦争が始まり、その「特需」で、ドッジラインによる絶不況下にあった景気が持ち直すとともに、品質管理も急速に普及し始めた。前年にＪＩＳ（日本工業規格）が始まり、米軍が調達にあたってＪＩＳ表示品を条件としたことも追い風となった。品質管理は、粗製濫造を含意する「Made in Japan」からの脱却と工業化による経済成長のシンボルの役割を果たしたのである。

デミングが日本に根付かせようとしたのは、ＳＱＣ（統計的品質管理）の手法だった。製品の一つ一つの品質ではなく、生産工程全体（材料・機械装置・作業・製品）を対象として品質特性を測定し、その分布（バラつき）を見て管理を行なう手法である。一九二〇年代に米国・ベル研究所のウォルター・アンドリュー・シューハートが、大量生産における製造品質を一定にするために、統計的方法を案出したことが発端とされる。デミングはその弟子筋に当たる。

出来上がった製品の検品ではなく、バラつき要因をチェックすることで、製造工程の「つくり込み」を行なうＳＱＣは画期的な方法だったが、アメリカでも導入する企業は限られていた。その事情が一変したのは第二次大戦である。従来にない物量の軍需製品を調達するにあたり、米軍は国内の製造業者に対して、SQCの実施を求めた。「管理図」などを含むシューハートの方法論を盛り込んだ「American War Standards Z1.1 ~ Z1.3」と呼ばれる戦時規格である。

GHQは、一九四六年から日本の通信機器メーカーに対してSQCの導入を促した。ソ連による通信傍受への対抗策ともいわれるが、日本経済の復興に通信の持つ重要性を認識していたのも確かである。デミングと日科技連は、この「露払い」を受けて、SQCの啓蒙に乗り出していった。ただし、シューハート／デミング流のSQCは日本では短命であった。日本のQCは比較的早い段階で、正統的なSQCから離れ、日本的品質管理に移行していく。

尾高邦雄の『日本の経営』が刊行された一九六五年には、ジョセフ・M・ジュランが一九五四年に次いで再来日した。ジュランはデミングより格段に知名度の高いQCの世界的権威である。経営者向けセミナーの合間をぬって、石川馨（東京大学教授）とともに松下通信工業の綱島工場を訪れた。ちなみに、石川は日科技連の初代会長・石川一郎の子息で、後の日科技連幹部である。

そこでジュランが初めて見たのが「QCサークル」だった。若い工員たちが、自ら作業現場の問題解決に取り組んでいる様子は、ジュランには信じられない光景だった。翌日はQCサークル関東支部大会に出席して発表を聞き、さらに衝撃を受ける。七組のQCサークルの発表者には、一人の経営者も監督者も専門家も含まれていなかったからだ。また、前日訪れた松下通信工業綱島工場の三人の女性チームも発表者に含まれていた。彼女たちは「最終組み立て工程における不良カーラジオの低減策」について堂々と発表し、聴衆の質問にも見事に対応した。チームメンバーの矢沢章子は二十一歳、山田礼子は二十三歳、最年少の山崎美津子はなんと十八歳だった。

欧米の常識では、QCに取り組むのは専門の知識を持つエンジニアであり、ふつうの工員による自主的なQC活動などありえないことだった。フレデリック・テイラー以来の科学的管理法では、構想と実行の分離は絶対の「掟」である。現場作業員が品質管理の方法に口を出すのは驚天動地の事件だった。

ジュランは、翌六六年にストックホルムで開催されたヨーロッパ品質機構（EOQC）で、QCサークルを熱っぽい口調で紹介し、世界中のQC研究者から注目を集めることになった。

現場に品質管理を持ち込むQCサークルは、一九六〇年代の初頭に、日科技連のキャンペーンによって開始されたものである。自然発生的な小集団活動は以前から存在していたが、その目的や方法について、企業や業界を超えて運動が展開されたことはなかった。

日科技連の機関誌『品質管理』の六一年七月号に掲載された座談会「現場長をめぐるいろいろな問題」で、参加者の職長たちの中から、彼ら自身のための学習の機会や意見交換の場、そのための雑誌が欲しいという声が出てきた。編集長・石川馨は記事を見て、新雑誌の発行を思い立つ。翌六二年四月、『現場とQC』の創刊とともに、日科技連内にQCサークル本部が設置され、サークルの結成と本部への登録が呼びかけられた。★6

QCサークルを通して、デミングが指導したSQCは日本的品質管理へ変貌していった。経営史家の下川浩一によれば、日本企業は、戦後初期にアメリカから導入された教育訓練、人事制度、財務管理などを自身に合うように取捨選択し、加工していったが、SQCの変容はそのような「日本的修正」の典型的な例であったという。「品質管理を特定専門家だけでやるのでなく、現場の職長や労働者全員の参加で推進する方向を徹底して追求」する中で、「現場の誰でもわかる品質管理のいろいろな手法を七つにまとめたQC七つ道具、㈠層別、㈡チェックシート、㈢パレート図、㈣特性要因図、㈤ヒストグラム、㈥散布図、㈦グラフおよび管理図を開発し、これを全員に教えて」いったのである（『日本の企業発達史』、一九九〇）。

QCサークルの本部登録数は一九九一年に三十四万組、メンバー数は二百六十三万人に達している（未登録数を算定すると八八年に七十五万組／五百五十万人）。全盛期には、労働組合の「連合」にも比肩しうる巨大組織が、日本企業の中に組織化されていたことになる。

『現場とQC』の編集者だった光明春子は、初期のQCサークルには特有の熱気があったと回想している。「うちの工場にも来てくれ」という取材要請に加えて、「QCサークルをつくるにはどうすればいいのか」という問い合わせもひっきりなしだった。

恐らく、日々のルーティンワークから一時解放されて、職場の課題について頭をめぐらせ、仲間と議論する場は励みになり、期待をもたらしたと想像される。「明日は今日より良くなる」という想いは確かにあったのだろう。尾高邦雄がアベグレンに反発して、「わきたつような活気にみちた」企業現場を強調した背景には、職場の「民主化」だけでなく、それに重なりながら広がっていったQCサークルもあったにちがいない。

こうして、製品の品質管理から職場と労働者の品質管理手法へ転化していった日本のQCは、後のTQC（Total Quality Management）へ流れこむ新しい経営手法となった。これが「日本的経営」の第二幕である。ジュランは、EOQCの報告の翌年、米国の専門誌『IQC』でQCサークルに関する論文を発表している。徳丸壮也は、この論文に「モチベーション」という言葉が頻出することを指摘しつつ、論文を次のように引用している。

外国人がQCサークルについて一番に知るべきことは、品質管理とは無関係のところにある。それは、日本が、労働者のエネルギー、能力、熱意というものを、会社がまだ決定していない問題、企画や計画に対して向けさせることに成功したということである。西洋においては、このような活動を労働者にさせるのは、勤務時間においてすら、困難なことであろう。(『日本的経営の興亡』、一九九九)

ジュランは、「モチベーション」という人間関係論的なタームでQCを論じ、そのように動機づけているのは会社への忠誠心であると考えた。つまり、金銭的な報酬(インセンティブ)ではなく、会社の発展に貢献することで忠誠を証したいと願う心情である。忠誠心はもちろん、a lifetime commitmentという双務的関係を維持したいという意志の表明だ。従業員は、長期にわたる雇用という「恩」に対して、日常の労働以外でも報いようとしたのである、と。

SQCは、品質のバラつきをなくすために製造工程を「つくり込む」手法であり、その根底には、人の管理に費やすコストを最小化しようという意図がある。ところが、日本流の「品質管理」は対照的に——最も厄介なはずの——人の意欲を「つくり込む」方向へ向かっていった。しかも、その報酬は相変わらずa lifetime commitmentという帰属保証だった。

これは見慣れた風景の再現である。アベグレンが考えたように、組織への「帰属」は封建的報酬の一つに数えられていた。しかし、私には、六〇年代以後の企業と従業員の関係にはもうひとつ付け加わったものがあるように思える。ジュラン自身の言葉でいえば、「会社がまだ決定していない問題、企画や計画」に労働者の意識を向けさせ、その未来の可能性に「参加」させようとしたことである。先に述べた尾高の「経営参加」が夢見られた時期が――たとえ短い間にしても――あったのは事実であろう。

現場で働く者が課題を抽出し、解決策を考え、上司や経営に提案する。よく知られた「提案活動」と呼ばれるものである。労働者は、目前の効果だけでなく、今はまだ実現していない未来の場面において、今よりも高いレベルで活動している自分とその仲間の姿を描き出す。それは、「熟練」やその結果としての昇進とは一味違う「より良き明日」の自分たちである。換言すれば、労働する「個」が労働を通じて成長するという、新しい〈社会意識〉の出現である[★7]。

聴衆の質問に臆せずに答えた松下通工の女性たちにも、改善された職場で働く成長した自分たちが、ありありと見えていたに違いない。こうした自立的な努力が、企業の利益の方により効率的に回収されていくとしても、この新しい「能力」の姿は――労働者にとっても経営者にとっても――まだ見ぬ可能性だったのである。

四　柔らかい能力主義

労働法学者の濱口桂一郎は『新しい労働社会』（二〇〇九）で、「日本的経営」のコアにある日本型雇用を雇用契約の性質から論じて、かなり明快な視点を提供している。曰く、雇用契約は、法的な解釈では「当事者の一方が相手方に対して労働に従事することを約し、相手方がこれに対してその報酬を与えることを約することによって、その効力を生ずる」（民法第六二三条）。雇用契約も、契約である以上は報酬の対象が明示されなければならないから、特定された労働の内容、すなわち「職務」（ジョブ）の定義が論理的前提となる。

ところが日本企業の雇用では、職務はきわめて曖昧にしか定義されない。中途採用では特定の技術やポストに対する募集が行なわれる場合があるが、新卒採用では営業や研究という大きな枠で一括採用が行なわれ、彼や彼女は、入社にあたって使用者のそのつどの命令で職務に就くことに同意する。本来の雇用契約からすれば、職務が変われればそのたびに契約が交わされるべきだが、それはむしろ例外的である。

濱口によれば、日本の雇用契約は「そのつど職務が書き込まれるべき空白の石版」であり、その点にこそ日本型雇用システムの最も重要な本質がある。いわば、日本型雇用契約の法的性格は、「一種の地位協定あるいはメンバーシップ契約」と理解すべきであるというのだ。そして、終身雇用、年功制、企業別組合という日本型雇用の特徴は、「すべてこの職務のない雇用契約という本質からそのコロラリー（論理的帰結）」として導き出される。

つまり、職務の縛りがなければ、異動・出向などを含む無限定な長期雇用が可能になり（終身雇用）、賃金体系も個別職務と切り離された属人的なものになる（年功賃金）。また、職務給ではないから企業横断的な労使交渉にはならない（企業別組合）。職務の定義なき雇用契約は、内閉的だが実に融通無碍な企業内調達環境すなわち内部労働市場をつくり出したのである。

しかし、それらがすべて自然発生的であったわけではない。その陰には「日本的」能力主義という精緻な仕組みが稼働していたのである。

「能力主義」が産業界で実体を伴って表明されたのは、一九六〇年代の半ばである。そこに至る経緯をかいつまんで述べておこう。

敗戦後、急速な成長を遂げた労働組合は、経営側を圧倒して年齢別賃金を獲得していった。枝分かれのない「同一年齢・同一賃金」の昇給線では、年を追って賃金コストが増加していくため、経営側は危機感を募らせていた。また、単純な年齢別賃金では働く意欲を刺激できないという悩みを抱えていた。

五〇年代の半ば、日本の経営者たちはいったんアメリカ流の職務給を導入しようとした。職務給は階層的な職務の分布によって昇給と総額をコントロールすることができる。職務のランクアップがなければ昇給もないからだ。しかし、この試みは十年ほど続けられたものの定着には至らなかった。昇進なくして昇給なしという原則に労働側が反対したこともあるが、先に触れたように、日本企業の職場には明確な職務区分が存在しなかったからである。

結局、経営者たちは職務給の導入を諦め、年功制をある程度許容しながら、「資格」という全社員を対象とする格付けの導入によって、能力評価とそれに基づく処遇のシステムを構想していく。いわゆる職能資格制度を軸とする能力主義である。

画期をなしたのは、一九六九年に日経連が刊行した『能力主義管理——その理論と実践』である。日経連は、一九六五年の総会で人事労務管理の革新を唱え、翌年から能力主義管理研究会を発足させた。この研究会には主要企業二十一社の人事担当者が参加し、事例研究、専門家の意見聴取、実体調査などが行なわれた。前掲書はその報告書である。

五百頁に及ぶ本書は、第一部理論編と第二部実践編から構成され、この時期の人事・労務に関する論点をほぼカバーしている。主眼はもちろん右に述べたように、年功賃金・終身雇用を能力主義的制度で置き換えようとするものだが、随所に旧制度が果たしてきた役割への配慮があり、それらとの「共存」が語られている。今はもう想像しにくいが、四半世紀が形成してきた戦後的組織観・労働観は、大きな存在感をもって立ちはだかっていたに違いない。報告書の執筆者は、その戦後的な観念に対して、まるで腫れ物に触るような気遣いを見せている。


次に、能力主義管理は年功制のアンチテーゼではなくそれからの脱皮、あるいは修正であることにとくに注意を喚起したい。われわれは年功制をいまただちに、いっきょに撤廃しようと意図するものではないし、そのようなことは不可能である。年功制はわれわれの先人がわが国の国民性の上に、社会、経済制度にマッチさせたものでありすぐれた面をいまだなお多く持っている。それがわが国経済・企業をして今日の発展をもたらした重要な制度的要因の一つであったことは広く内外の識者によって認められているところである。(『能力主義管理』、一九六九)

しかし情勢は変わった、と日経連は続ける。

技術革新によって経験は能力の高度化を保証しなくなった。出生率の低下と高学歴化によって現場の労働力不足が深刻になり、賃金水準が大幅に上昇している。また、年功制は「ぬるま湯的な適当主義」を生み出し、企業のバイタリティを損なうものになりつつある。これでは激化する国際間競争に勝ち抜くことはとうていかなわない。だから、「従業員の職務遂行能力を発見し、より一層開発し、さらにより一層有効に活用することによって労働効率を高める、いわゆる少数精鋭主義を追求する」必要があるのだ、と。

こうして、経営者たちは、「日本的経営」の模様替えを行なうべく、半ばはおずおずと「能力主義」という新しいコンセプトを打ち出したのである。それは、「国民的強みである集団主義」の中で個人＝役割を明確化し、そのパフォーマンスを引き上げようとするものだった。一方の足はまだ戦後的な価値観の上に乗っていた。中根千枝の『タテ社会の人間関係』（一九六七）を援用したものか、従来の集団主義が「タテの線」であるとすれば、能力主義はそこに「ヨコの線」を加え、「いっそう強く織る」ことだというレトリックも登場する。俯瞰して見れば、この縦横の結合は、戦後の終わりが間近に感じられていた六〇年代末ならではのものだった。

しかし、実はこの「縦横結合」は、予想外の効能を示したのである。

日本の職場、特に生産の現場では、多くの場合、チームが単位となって、フレキシブルな職務担当をこなしていく。職務は固定しておらず、そのつどの環境と状況に応じて変化していく。濱口が「空白の石版」と呼んだ職務定義なき労働は、集団主義的な環境の中で「多能工性」として発揮されるのだ。多能であることを要請されるがゆえに、職務給が成立せず、その人ごとの属人給にならざるをえない。

しかし、これが思わぬ「効能」を生み出した。熊沢誠はこう書いている。

職務割当てと配置がフレキシブルな（柔軟な）働き方のほうが、たえまなく要請される市況や製品の変化に即応できるという意味で経営にとって合理的なのだ。それに労働者の仕事の内容や構成を大きく変えてゆく技術革新がつぎつぎに必要とされる時代でもあった。この技術革新を、労働者がつよく望んでいる終身雇用を守りながら推進してゆくためにも、従業員が特定の仕事にこだわらないありようが不可欠であった。（中略）いずれにせよ日本の経営は、このフレキシビリティの価値を発見して、フレキシブルな要請への適応力を核とする能力の開発と発揮につとめるような「ひと」に報いるシステム、職能資格給を選んだのである。（『能力主義と企業社会』、一九九七）

少々解説しておけば、職能資格給とは職能資格制度に基づく賃金体系である。職能資格制度の最大の特徴は、資格と職位の分離である。昇格はポストに制約されないので自由に能力評価ができる。給与は資格に連動しているから、昇格しないかぎり昇給はない。経営は「資格」という昇進段階によって全従業員のステータスを可視化し、個々の能力に「相応な」賃金を支払うことができるようになった。

つまり、経営は「終身雇用」を保証する代わりに企業内の自由な配置権を手にし、しかも様々な職務への「多能工性」も含めて評価することで、個々の働き手を長期にわたって管理できるようになる。

フレキシビリティを発揮させ、評価する仕組みは、業務現場と人事制度をつなぐ、きわめて合理的なシステムだった。

これが日本の企業に急速に普及したのはオイルショックの後である。物価上昇と失業が併存するスタグフレーションに取りつかれた日本産業界は、生き残りをかけて再編を進め、同時に低操業で利益を出せる多品種少量生産を競争の武器に変えていく。同質的かつ連続的（結果的に差異的）な製品開発力を生かし、市場ニーズに応える多仕様で適正なロットの生産を追求、損益分岐点を下げて体質転換を図ったのである。ジャスト・イン・タイムが、自動車のようなアセンブリー（加工組立）産業だけでなく、化学プラントなどを構えるプロセス（非加工組立）産業にも導入された。

この死に物狂いの努力の結果、自動車、電子、鉄鋼などの輸出が拡大し、同時に造船・繊維などの産業構造調整が進んで、日本産業全体の国際競争力は高まった。混乱の続く他の国を尻目にいち早く経済を回復軌道に乗せると、七八〜七九年の第二次オイルショックでは――アメリカ経済が大きな影響を被ったのとは対照的に――これを難なく切り抜けてしまったのである。この背景に、QCサークルなどと結合した現場のフレキシビリティの発動があったのはいうまでもない。

これが「日本的経営」の第三幕である。

中心にあったのは、トヨタ自動車工業の大野耐一が主唱した「トヨタ生産方式」である。[★8]大野の能力観は、多能であることに加えて自律的であることを求めている。彼は次のように書いている。

私どもの生産現場についていえば、自律神経とは、現場の自主判断機能ということである。今日はもうこれ以上つくらなくてもよいとか、いろいろな部品のつくる順序であるとか、あるいは今日は残業してでも一定数をつくらなければならないとかいった判断を、いちいち人間の身体でいえば脳に相当する生産管理部や工務部などに問い合わせなくとも自らの判断できるような現場にするということである。（『トヨタ生産方式』、一九七八）

こうした自律的な現場を構築し、それらを結んでムダのない「流れ」をつくりだすために、考案されたのが「かんばん」である。「かんばん」はつくったモノの分だけ、部品を前工程から引き取る（または生産させる）ことによって、過剰在庫をなくすツールである。しかし、フランスの経営学者、バンジャマン・コリアによれば、「大野の天才的な分析」は――「かんばん」を通して――在庫問題の枠をはるかに超えてしまった。在庫は「組織の「機能不全」や「過剰コスト」の検出装置」へ深められたのである（『逆転の思考』、一九九二）。

いうまでもなく、この高水準の自律的多能工性を発揮するには、長期にわたる現場経験とＯＪＴが不可欠である。トヨタをはじめとする日本企業が、自由な配置・昇進・再訓練を実行しうるシステム（内部労働市場）をつくったのはこのゆえである。それには「終身雇用」が不可欠だった。[★9]「日本的経営」はこうして七〇年代に完成形に達した。

要約すれば、「日本的経営」とは、前近代的な相貌を残した雇用システムが、そのフレキシブルな特性を最大限に生かした高度な労働管理システムへ変容を遂げたものである。それは、戦後日本社会に安定感を与え、特に家族の暮らしに「見通し」を与えただけでなく、経営者に高水準の内部労働市場と忠誠心を具えた中核的人材をもたらした。この精妙な仕組みは、双方に持続的な利益を生みだしたので、「日本的経営」はずっと続くものに見えた。でも現実は少し違っていた。多くのものがそうであるように、完成は終わりへの始まりだった。

エズラ・ヴォーゲルが一九七九年に発表した『ジャパンアズナンバーワン』は、日本システムの内実をかなり正確に分析しているが、少しだけ状況認識を誤ったところがある。彼は、「日本の成功を解明する要因を一つだけ挙げるとすれば、それは集団としての知識の追求ということになるであろう」と書いた。念頭にあったのは、ダニエル・ベルやピーター・ドラッカーらが唱える「脱工業化社会」や「知識社会」の先頭を、日本が走っているというイメージだったようだ。これは半分当たっていて、半分外れていた。

オイルショックから復活した日本企業（とそこで働く人々）は、そのサバイバルの成功によって、実は迫り来る次の時代への対応を繰り延べてしまったところがある。「トヨタ生産方式」に代表される日本の高度なモノづくりは、時代の変化に無頓着なまま、輸出主導の成長路線へ突進していった。しかし、オイルショック以後の世界で起きていたのは、近代の工業社会モデル自体の終焉だった。欧米ではすでに気づかれていた、この本質的な変化を見抜いていた日本人はごくわずかだった。産業の主役が、工場の生産装置からそれを設計・運用する人（知識）へ移りつつあることは、トヨタの経営者にもヴォーゲルにも見えていた。ただし、そのような知識経済がもたらす雇用や生活に対する影響を、我々は十分に捉えきれてはいなかったのである。

註

★1　日本の社会・文化の共同体的性格の研究では、村上泰亮・公文俊平・佐藤誠三郎の共同研究『文明としてのイエ社会』（一九七九）がある。村上はこの共同研究に基づき、『新中間大衆の時代』（一九八四）で、日本の「イエ型集団原則」が、近代的経営組織の中に「日本的経営」として転移したことを述べている。村上は〈前近代のイエ〉と〈近代の日本的経営〉を比べ、前者の特徴に（一）縁約性、（二）イエの永遠性（系譜性）、（三）機能的階統性、とくにそれとイエ内部の一体感とを調和させる工夫、（四）自立性を挙げ、後者の特徴として、（一）終身雇用制、（二）解散や解雇を避ける傾向、（三）年功制、（四）福祉制度や企業別組合を挙げて対応させている。

★2　先に述べたように、アベグレンの『日本の経営』を翻訳した占部都美は、a lifetime commitment に当初「終身雇用」の訳語を当てた。柴田高によれば、その後、版の改訂時に「終身関係」へ変更したという。「終身関係」なら、会社と従業員の双務的な関係が伝わりやすいし、少なくとも同書で使う訳語として適切である。「終身雇用」では、雇用者の責務が前面に出すぎてしまい、アベグレンの意図とはずれてしまう。しかし、結果的に世の中へ流布したのは「終身雇用」の方だった。「日本的経営の三種の神器」はよく知られたフレーズだが、その構成要素は「終身雇用・年功序列・企業別組合」とされるのが常である。

★3　経済学者の野口悠紀雄は、『一九四〇年体制——さらば「戦時経済」』（一九九五）で、戦後の経済システムが、一九四〇年代に成立した戦時経済の枠組みをそのまま踏襲していると述べ、社会・

経済の停滞を打破するには構造改革が必要だと主張した。

野口は、日本型企業、間接金融中心の金融システム、直接税中心の税体系、中央集権的財政制度など、日本経済の特質と考えられているものは、もともと日本にはなかったものであり、戦時経済の要請に応えるために人為的に導入されたものであるという。本章の関心事からすると、日本的経営の共同体的性格（成果の平等配分や非競争的文化を含めて）は、総力戦のための人為的なイデオロギーだったということになる。

戦時経済が戦後も存続したのは、引き続き〝復興と成長の総力戦〟が強く求められたからである。労働運動を含め、人々の想像力も〈生産力の増強⇒利益配分による豊かさの獲得〉という枠組みを大きく踏み出すことはなかった。

★4　労働と資本の大きな「合意」についていえば、レギュラシオン学派のフォーディズムに関する見解は、第二次大戦後、労働側はテイラー主義的労働の受容と引き換えに生産性インデックス賃金（実質賃金を生産性上昇にスライドさせて上昇させる仕組み）を獲得したと述べている。その合意こそが戦後先進諸国に成立した労使のゲームのルールだった。しかし戦後日本では、レギュラシオン学派の理論がそのまま当てはまるわけではない。山田鋭夫は、日本的労使の妥協が「雇用そのもの」をめぐってなされたとし、それを「企業主義的レギュラシオン」と呼ぶ。「アメリカ・フォーディズムにあっては、労働内容にかんする譲歩（テーラー主義の受容）の対価として労働側が要求したものは「賃金」（生産性インデックス賃金）であったのに対して、日本では労働者は、労働内容をめぐる譲歩（職務の無限定性の受容）のかわりに「雇用」（雇用保証）を獲得したのである。その意味で日本的妥協を根底的に特徴づけるのは、賃金妥協でなく雇用妥協なのである」（「日本型資本主義と企業主義的レギュラシオン」、『国際経済環境と産業構造が変化する中での日本型資本主義の調整様式の変容に関する研究』、一九九八、所収)。

★5　SQCの普及およびQCサークルについては、徳丸壮也『日本的経営の興亡――TQCはわれわれに何をもたらしたか』(一九九九)に多くを負っている。以下のQC関連の記述は基本的に本書によっている。

★6　QCサークルの「サークル」という言葉には左翼系文化運動のイメージがあったので、敬遠する経営者も多かった。徳丸壮也の『日本的経営の興亡』(一九九九)によれば、日科技連の中でも危惧する意見があった。それでも、「サークルという言葉は戦後になって出てきたような新鮮さがあったので、QCグループ活動もそういう今までにない言葉で新しく感じられるものにしていこう、とみんなが賛同して、QCサークルという名前に決めた」(光明春子の回想、前掲書)。

たしかに、一九五〇年代の職場サークル運動で主導的な地位を占めていたのは、日本共産党と傘下の全日本産業別労働組合会議(産別)、日本民主主義文化連盟(文連)である。日本共産党は、六全協直前の文化方針の中でサークル運動を次のように定義していた。

「大衆路線の確立のためには、大衆の中での文化活動の基本組織としての文化サークルを、真に大衆的な基礎の上に再組織しなければならない。それと同時に、サークルの自主性とサークル指導の目的意識性との統一を確立し、サークルの極端な専門化をふせぎ経済的政治的闘争と密接に結びついた綜合的運営を実現しなければならない。さらに、サークル活動を一経営・一居住に閉ぢ《(ママ)》こめておくのではなく、地域人民闘争を発展させるための文化工作活動に出動するよう指導することが必要である」(日本共産党臨時中央指導部「文化闘争における当面の任務」一九五一年一月)。

社会運動史研究者の道場親信によれば、この方針には相互に両立の難しい課題が詰め込まれており、多くの場合は判断停止と指示待ちを招くことになったが、党の指示に黙従する待機主義を採らない自立した「工作者集団」にとっては、「多様な文化／政治運動を斉放させるGOサイン」となった（「下丸子文化集団とその時代」、『現代思想』二〇〇七年十二月臨時増刊号〈戦後民衆精神史〉、上記「文化闘争における当面の任務」も同論文から引用）。道場が主要な研究対象とする「東京南部」の労働運動では、この時期、数百の労働者サークルが存在し、労働者自身の手になる記録・文学・美術などの多様な作品がガリ版刷りの媒体に掲載され、回付されたという。

サークル運動に、前衛党の思想活動を補完する組織として注目したのは、詩人の谷川雁である。一九五八年、谷川は福岡県中間市で、森崎和江・上野英信・石牟礼道子らとともに、雑誌『サークル村』を創刊し、筑豊地域で炭鉱労働者を中心にサークル運動を始動する。一九六〇年には安保闘争で全学連主流派を支持しつつ、地元の大正炭鉱で「大正行動隊」を組織、実力闘争を展開した。その谷川がサークルに見出した可能性は、階級的連帯の本質的な契機だった。従来の前衛が個人の小利を棄てて集団の大利につくことを説得しても、大衆はその古風なモラリズムを手もなく看破してしまった。彼らは利益でも正義でもなく、「連帯の快楽」を選んだのである。

「それは体制から疎外された大衆の財産であり、大衆はその感覚の伝統を下級共同体の底辺に維持しつづけてきたのである。したがってここにはじめて日本の大衆は階級的連帯意識をわがものとする自然な発条をみいだした。このことの意義はどれほど高く評価しても評価しすぎることはない。日本の思想はようやくにして主体性という言葉にすらつきまとってきたバタ臭さをさほど気にしなくてすむ通路を切りひらいたのである」（『戦闘への招待』、一九六一）。

「サークル」という言葉に降り積もった「連帯」のイメージが、QCサークルによって少なからぬ修正を被ったのはまちがいない。

★7　熊沢誠は、八〇年代に「QC活動の明暗」という論考で「小集団活動」の実情について論じている（『新編 日本の労働者像』、一九九三）。熊沢が、日科技連発行の出版物から署名のあるレポートを選び出し、「優等生の作文」の「美しい言葉の裏にある問題状況を透視」しようとしたのは、「『自主管理』のQC活動のなかには、職場の組合機能が健在であればその営みを通じて噴出したであろう労働者らしい欲求が、純度を落としてではあれ、溶かし込まれているのではないだろうか」と考えたからである。

熊沢は、十六の事例を分析しながら、稼働率・不良品率の可視化、「全社視点」の要求、剰員排出の風土形成など「タカ派」のQCに対して、労働者みずからが職場に必要な知識を体得してゆく「ハト派」のQCが存在しうると述べている。たとえば、三菱製鋼長崎の労働者による安全確保・災害防止の取り組み（一九七二）では、クレーン工と玉掛け工（クレーンに荷を掛け外しする作業員）の合同サークルが、両者の緊張した討論を経て、図解標準書をつくりだしていくプロセスを示している。ここでは、QCサークルというお仕着せの場の中で、にもかかわらず、異なる職種の労働者たちが安全な協業のために知恵を出しあう小さな「労働社会」が再現されていたのである。

★8　一九七〇年代以後の日本の生産・組織方式について、レギュラシオン学派の見解を紹介する。彼らは、七〇年代以後の長期不況の中でフォーディズムは終焉したと考え、代わりに登場したボルボやトヨタの生産方式／組織方式をネオ・フォーディズムと捉えている。トヨティズム（トヨタ生産方式）と呼ばれるのは、OJTや研修で労働者の技能を高め、QCサークルや提案制度によって創意を引き出す、多能工育成・活用システムの総称である。ただし、ネオ・フォーディズムとはいうものの、トヨタ生産方式の初期的試みは一九四七年頃に始まっているから、フォーディズムの終焉の「後」に突然登場したものではない。

★9　トヨタ生産方式で終身雇用は大きな意味を持ったが、その生産現場には「期間工」という有期契約の労働者がつねに併存していた。ルポライターの鎌田慧は、一九七二年九月二日から一九七三年二月十五日まで、トヨタ自動車工業で季節工として働き、その記録を『自動車絶望工場』（一九七三）として発表した。三十四歳の鎌田は、ベルトコンベアの流れについていけず、何度も音を上げながら、「使い捨てられる電池」のような労働者の肉声を書き留めている。

この時期のトヨタは、すでに基本的な生産方式を完成し、多品種少量生産のためのスピードアップを実現していた。たとえば、プレスの段取り時間（機械に設置された金型の交換時間）は、本社・元町工場では一九七一年に三分まで短縮されている（昭和二十年代には二〜三時間、一九六二年には十五分）。経済成長はすでに減速していたものの、日産自動車との「増産」競争によって、季節工は労働強化にさらされる。死亡も含め、労働災害はかなり高い頻度で発生している。

鎌田は一貫して、この製造現場の絶望的な「単純反復不熟練労働」を批判し、次のように書いた。「ミッション組付け（鎌田の就いた作業——引用者註）の全工程をこなせるのは、組長、班長、準班長の三人だけだが、この三人は不熟練工ではないが、熟練工でもない。半熟練ともちがう。初めから熟練の概念の埒外に置かれた、〝反熟練〟といった方がぴったりするような気がする」。

第2章　消費社会の仕組みと気分

一　アメリカ消費社会の匂い

本章では、戦後日本の消費社会を論じる。ただし、そこへ行きつく前に、回り道のようだが、二十世紀のアメリカについて語っておかなければならない。なぜなら、消費社会とはそこから生まれたものだからである。

後にベトナム反戦運動のリーダーになった小田実のアメリカ体験が、最初の手掛かりである。

小田は、「ひとつ、アメリカへ行ってやろう」と思いついて、フルブライト奨学生試験を受け、試験官を煙に巻いてまんまと合格をせしめてしまう。二十六歳の小田は、一九五八年に渡米し、一年間のアメリカ滞在の後にヨーロッパへ向かう。北欧、英仏、スペイン、エジプトからインドを巡り、安保闘争直前の日本へ戻ってくる。その食うや食わずの、しかし乾いた観察眼による記録は多くの読者に迎えられた。

一九六一年に出版された『何でも見てやろう』である。

当時は天衣無縫な若者の世界放浪記として読まれたのだろうが、読み返してみると、彼が異国の街をうろつきながら、冷戦下の世界が立てる密かな軋みに耳を澄ましていたことが分かる。後に続いた放浪者《バガボンド》たちは、異文化に翻弄されて呆然と自失したり、他愛なく望郷の念にかられたりしたが、小田は余計な自意識に邪魔されることなく、旺盛な好奇心と欲望を両手にぶら下げ、飄々として屈託がない。

確かに、あの時代、あのような日本人は決して多くなかっただろう。

例えば、小田と同年（一九三二）生まれの江藤淳は、ロックフェラー財団の研究員として、一九六二年から二年間、プリンストン大学で日本文学を講じたが、彼の地の生活を記した『アメリカと私』（一九六五）には屈託がぎっしり詰まっている。江藤の識見は、アメリカとアメリカ人の、擬制と傲慢と無知を容赦なく指摘する一方、「むきになって」生きる孤独なアメリカ人への共感を隠さない。それでも、陰影に満ちた文章には、日本を打ち負かし、占領したアメリカに対する執念深い憤りが満ちている。

だから、小田の眼には、江藤にない発見がある。

『何でも見てやろう』の中でも、一番読み応えがあるのは、いうまでもなくアメリカに関する記述である。代々木ゼミナールで英語を教えていた小田は、アメリカ文学を好んでいたが、その関心の突端はまちがいなく、資本主義世界の中心部に向かっていた。アメリカ社会の構成原理とその歪みは、いったいどのように人々の精神に影響しているのか。例えば、小田は行く先々で嗅いだ「アメリカの匂い」について、こんなふうに書いている。

スーパー・マーケットというものの扉を開くと、どこででも、「A&P」であろうとなかろうと、ニューヨークであろうとなかろうと、オマハ州《ママ》の何トカ町であろうと、同じ匂いが鼻をついた。いや、鼻をついたと言っては言いすぎであろう。そんな強い匂いではない。生まものというのはないのが原則だから（野菜も小ギレイな包装のなかにおさまっている）、サンマを焼くようなドギツイ匂いがプンと鼻にくるというようなことはないのである。きわめて衛生的な匂いであった。無害無益な匂いとはこういうものをいうのであろう。（『何でも見てやろう』、一九六一）

この「匂い」は、半分は（恐らく）洗剤か柔軟剤の類が発する物理的な臭気であって、残り半分は想像的な臭気である。小田は「匂い」の正体は「画一主義《コンフォーミズム》」だと言う。誰もが同じものを食べ、同じような衣服をまとい、同じような恋愛と結婚をして同じような住居に住む。その結果、誰もが同じような考え方をするに至る。いわゆる「アメリカン・ウェイ・オブ・ライフ」である。

それは、「マックス・ファクターの口紅の匂いをプンプンさせた女性と結婚し、スケアスデイルかどこかに住み、子供を持ち、テレビに熱中し、P・T・Aの会合に出、エプロンをかけて皿をふき、芝生の手入れをし、そのうちロータリー・クラブの会員になって、アメリカ人の好きなコトバを使えば、「共同体《コミュニティ》」に奉仕する」（前掲書）ような生活だが、この「豊かな社会」は、戦後のアメリカが周到につくり上げた人工的な「社会のしくみ」であることを、小田は見抜いていた。★1

冷戦下のアメリカは、共産圏の統制経済と一党支配に対抗して、自由な市場経済と民主的な政治体制を掲げ、資本主義のもたらす豊かな財を背景に、自由主義陣営の優位を押し出していた。この「リベラル・デモクラシー」の最大の特徴は、政治理念・経済理念を理念に留めることなく、現実の世界に物象化する方法を編み出したことにある。

　キーワードは「消費」である。人々は「消費者」というあり方を選べば、「消費社会」というきわめて平等な社会に参加することができるようになった。ヨーロッパの階級的差別から離れ、金さえあれば（！）誰にも指弾されることなく、自由に消費の快楽を満喫できる。二十世紀アメリカは、そのような魅惑的な擬制に満ちた国へ成長していった。

「アメリカン・ウェイ・オブ・ライフ」は、アメリカニズムの広告塔であり、しかも消費を正当化し、かつ一定のパターンに収斂させるパッケージであるところに大きな特徴があった。

　デビッド・リースマンは、『何のための豊かさ』（原著一九六四）の中で、「スタンダード・パッケージ」という概念を持ち出し、彼の言う「他人指向」型の大衆を領導するお手本の存在を指摘した。それは、戦後のアメリカが半ば人工的に描き出した、「ふつうのアメリカ人」の理想像であったが、同時にそこに配置された多様な財の集合でもあった。もちろん、四〇年代から五〇年代に市場投入された、自動車、家電、インテリアから衣料品、食品にいたる大量の消費財が、「スタンダード・パッケージ」に憧れる人々にそれを具現化する手だてを与えたのはいうまでもない。人々は、自分がふつうのアメリカ人であることを確認し、証明すべく、理想の標準的生活に向かって、ひたすらモノを買い続けた。

　ちなみに、「アメリカン・ウェイ・オブ・ライフ」は、この後述べるように二十世紀初頭に形成された新中産階級のライフスタイル・イメージである。企業はマスメディアと連携して、自社製品が「スタンダード」であり、中産階級的な生活を実現する上で欠かせない要素であると訴えた。なぜなら、戦後のアメリカには、大量の移民を含め、ミドルクラスへ上昇しうる大衆が急速に増えていたからである。デモクラシーの国にあって、「成り上がる」機会は平等でなくてはならなかった。経済成長のただ中にあるアメリカでは、消費という誰もが行使しうる手段を通して、「ミドルクラス」は誰にも手が届くターゲットになったのである。

しばし、時代を遡る。十九世紀末、アメリカの大企業は大量生産体制を構築しながら、一方、生産能力の飛躍的な拡大が過剰在庫を生む危険に直面していた。そこで彼らは保守的な流通業者に頼るのをやめ、マスメディアに広告を掲載して人々に直接語りかけようとした。彼らが期待をかけたのは、小売店の主人と顔なじみの常連客ではなく、広告で商品を知って店に飛び込んでくる見知らぬ新参者、つまり、「消費者」である。

このような大企業の働きかけに最も敏感に応えたのが、いわゆる新中産階級であった。もともとアメリカの中産階級は、自営農民、小企業家、自由専門職などで構成されていたが、十九世紀末から組織の管理者や専門家、販売員、事務員などのホワイトカラー的職種が新たに登場してくる。彼らは一八七〇年から一九一〇年の間に八倍に増加し、全中産階級の六割を占めるにいたった。米国史家の常松洋は、C・ライト・ミルズなどを引きながら、この新しい中間層が急速に「消費者」へ転じていった背景を次のように述べている。

彼らは、旧中産階級には及ばなかったが、労働者階級の二倍近い年収を得ていた。ただし、前世紀のように多少の経験で独立する道はすでに閉ざされていたし、企業規模の拡大につれて組織の管理・統制も進んだために、労働による達成感や満足感も得にくくなっていた。生活の楽しみは労働以外の場に求めざるをえなくなったから、労働の価値は労働そのものではなく、その対価（報酬）

で測られるようになった。

彼らが大量生産された商品の最有力の消費者として台頭したのは、至極当然な流れだった。石鹸、薬品、加工食品、嗜好品、衣類などの日用品に始まり、自動車、ラジオ、冷蔵庫、電話、洗濯機、掃除機などの耐久消費財にいたるまで、「アメリカン・ウェイ・オブ・ライフ」をかたちづくる商品群が、いっせいに新中産階級の家庭に入り込んでいく。

また、これらの「高価ではない贅沢品」は、クレジットでも購入されるようになった。十九世紀の貯蓄と倹約の美徳は忘れ去られ、人々は楽しみのための借金に罪悪感を持たなくなった。驚くべきことに、アメリカでは、一九二〇年代に自動車の普及率は五〇パーセントに達したが（イギリスやイタリアよりも五十年も早い）、自動車購入のクレジット利用は、二〇年代末には七五パーセントに届いていたという。

後にF・L・アレンは、『オンリー・イエスタデイ』（原著一九三一）の中で、一九二〇年代を「繁栄という楽隊車《バンドワゴン》が大通りをねり歩いた」時代であると形容したが、アメリカは、どこの国よりも早く泡沫《バブル》にまみれた消費社会を——それも大恐慌というおまけつきでたっぷりと——経験していたのである。

小田の見た五〇年代のアメリカは、もう無邪気な「若い国」ではなかった。アメリカ人は、豊かな消費社会が、気ままに「消費する社会」ではなく、周到に「消費させる社会」であることをすでによく知っていた。いや、その事情を知りながら、知らないような顔をして買い物を続けることがこの国の良き市民の生き方であることを理解していた。小田の嗅いだ「アメリカの匂い」は、そのような開き直りと諦めから発していたのである。

二　オートマティックな欲望システム

ロサンゼルス郊外のスーパーマーケットで買い物をしながら、店に来るアメリカ人をそれとなく観察したことがある。テレビでさんざん広告を見せられたシリアルの新製品が、レジ前のスペースにどんと積み上げてあった。広告展開に合わせて、目を引く店頭陳列が行なわれていたのである。見ていると、買い物客たちは、あまり悩む様子もなく、その商品を次々に買っていく。

決して不思議な光景ではないが、私はその様子に打たれた。彼らは飽きるほどプロモーション・シャワーを浴びせられたお返しのように、山積みされた「それ」を発見すると、真剣な表情で近寄り、取り上げて、確かに「それ」であることを認めると、ぽんとカートに放り込む。

そこには、ふたつの印象があった。

ひとつは、ナショナルブランドの新商品が大々的に広告されている以上、その意図を汲み、購買という具体的な行為で応えるべきであると、彼らが感じているらしいことである。もうひとつは、その買い物がいちいちの意思決定ではなく、一定の刺激に対する一定の反応のように、自然で淀みない反射行動のようにも見えたことである。

もう少しいえば、そこには大きなオートマティック・システムが働いている。製品をつくり、店頭に並べて購入を促すだけでなく、それなりの「結果」や「効果」が得られるように設計されたシステムがあって、彼らの行動も、その一部に最初から組み込まれている――そんな印象だ。どこかでつくったものを誰かに買ってもらうのではない。つくる方も買う方も、共通の利害関係の中で、システムがうまく働く（ワークする）ように、それぞれの役割を分担し、遂行しているのである。

ああ、これがマーケティングなんだ、と私は口の中で呟いた。

たぶん、事情は日本でもさほど変わりなく、実は私たちも同じように振る舞っているに違いない。我々は彼らほど律儀ではなく、彼らほど自動的ではないかもしれないが、別の穴に住む生き物ではない。ただし、どうやらアメリカ人は、マーケティングを、生産と消費のシステムというだけでなく、アメリカ社会の本質的な仕組みとして認識し、日々の消費行動を通して関与し続けている節がある。

アメリカニズムの核心にある「リベラル・デモクラシー」を根底で支えているのは、人種や階層などの差異を超える普遍的な概念、「消費者」にほかならない。この消費者としての平等こそ、アメリカ社会の編成原理である。乱暴な言い方をすれば、彼らアメリカ人が、破綻すれすれの家計を尻目に、クレジット払いと借金を重ねながら、大量の買い物をし、消費者としての自分を維持してきたのは、ここに理由があるのではないか。彼らはマーケティング・システムに参画することによって、アメリカ人としての存在証明を得ようとするのである。

マーケティングという概念がぼんやりしたかたちで生まれたのは、十九世紀の後半である。[★2] 先に述べたように、この時代、大量生産によって需給バランスはすでに崩れかけていた。その危機を救う新しい買い手の役割を担ったのが新中産階級であり、彼らを中心に「消費者」という従来にない役割が登場したのである。

一八九〇年代には、大手製造業が流通過程に積極的に介入を始める。広告資材の提供から商品陳列の指導まで、「ディーラー・ヘルプス」と呼ばれる小売店支援を通して、プロモーション施策のコントロールを強めていくが、その中から、セールスマン、広告、ディーラーの三大要素を統合的に管理しようという機運が高まっていく。積み上がる在庫を眼前にした大企業が、一方では中小企業を駆逐しながら、もう一方で、顧客に対してよりダイレクトに働きかけるべく、対市場行動の全体的・整合的管理に乗り出していくのである。

このような変化の中から、「マーケティング」や「マーケティング管理」がアカデミックなコンセプトとしても形成されていく。代表格はバトラーとショーの二人である。

ラルフ・S・バトラー（一八八二〜一九七二）はあまり知られていないが、「マーケティング」という言葉の創始者である。プロクター・アンド・ギャンブル（P&G）で働いた後に、ウィスコンシン大学へ転じ、『マーケティングの諸方法とセールスマンシップ』（原著一九一四）を著した。同書の中で彼は、いかなる販売活動でも、セールスマンと広告に加えて、それら二つに共通しながら「先立つ販売キャンペーンの準備」「キャンペーンの背後にある計画」を考慮しなければならないと指摘した。そして、この準備・計画にまだ一般的な名称がないことに気づき、「マーケティング」という新しい言葉を与えたのである。★3

バトラーと同時期に活動したアーチ・W・ショー（一八七六〜一九六二）の方は比較的知られている。「マーケティング論の父」という称号は、ショーに与えられることが多い。ショーは、先に述べた需給のアンバランスの原因を販売組織の非合理性に見ていた。大量生産方式とテイラーの科学的管理法の結合が、生産力の飛躍的拡大と生産効率の向上をもたらしたのに比べて、モノを売る側は古めかしい流通機構に足を取られ、旧態依然の様相を呈していた。この状況を改善する効率的

な販売組織論の確立こそ、彼の最大の関心事だった。[★4]

バトラーとショーというマーケティング草創期の両巨人は、モノを売るという企業活動を体系的に考察し、合理的な仕組みを構想した。彼ら二人は、実務家の経験を持つ実直な学者だったが、その構想は巨大なパラダイム転換をもたらした。

マーケティングとは、市場に対する働きかけであると同時に、市場と工場の間から余計な要素を排除し、両者のよりダイレクトな関係を築こうとする〝構造改革〟である。卸売などの「中間商人」を利用しながら、彼らの影響力を相対的に低下させ、広告によって消費者へ直接呼びかける。

さらに徹底すると、消費者が欲しいと思うものを探し出し、商品を以てニーズをいい当て、彼らを巻き込む。周到に「計画」されたキャンペーンで消費者の欲求を活性化し、販売「組織」の緻密な連携で、キャンペーンの刈り取りの精度を高める。消費者は、自分が欲しかったものが魔法のように店頭に到来するので、躊躇なく購入する。[★5] こうして製品開発から購買促進に到るトータルシステムは、ウロボロス（自らの尾を呑む蛇）のように、消費者で始まり消費者で完結する、矛盾なきサイクルを描くのである。

こうした〝夢のような〟世界が現実性を帯びて語られるようになったのは、十九世紀末のアメリカに広大な市場とそれに見合う大企業が登場したからである。

では、彼ら二人に共通していたものは何だったのか。そこを考察すると、マーケティングという発想を支える世界観やシステム観が見えてくる。

共通点の第一は、十九世紀末アメリカの需給ギャップへの危機意識であり、そのアンバランスを調整するために販売システムの強化を課題としたことである。そして、彼らの発想はともにテイラ

ーの「科学的管理法」に強い影響を受けている。これが二番目の共通点である。[★6]

フレデリック・W・テイラーは、「動作研究」と「時間研究」によって仕事を細かく分割・分析し、労働者の標準的な「課業《タスク》」を設定したことで知られる。企業は「課業管理」によって出来高賃金を制度化し、労働量と賃金額を安定的に管理できるようになった。また、一人の職長へ集中した権限を複数の職長へ分散し、頭脳的・間接的業務を「計画部」へ引き渡すように求めた。

テイラーの主張の中で最も広く受け入れられたのは、時間・動作研究などを中心とする労働プロセスの再編といわれるが、その背景には、南欧・東欧（イタリア、ロシア、ポーランドなど）からの新移民の大量の流入があった。彼らは農村の出身で英語が十分に喋れない上に、アメリカ社会にも、工場労働のルールにもなじもうとしなかった。拡大する工場は人を求めており、彼らを受け入れざるをえなかったが、遅刻・早退・欠勤・転職は日常的で、雇用者は常に労働力確保に汲々としていた。

テイラーの主張は――当時から批判はあったものの――アメリカの産業社会に決定的な影響を与えた。事実、科学的管理法は欧州からやってきた〝不揃いな人々〟を、短期間に有能な工場労働者へ叩き直し、アメリカの産業の生産性に大きな貢献を果たしたのである。[★7]

バトラーとショーは、この「核心部」を共有し、さらに拡張した感がある。組織の「内部」だけでなく、組織の「外部」（市場）もシステムの中に取り込めれば、安定性は格段に増す。少なくとも、「内部」と「外部」が同じ基盤の上で手続きを共有するなら、効率はもっと良くなるはずである、と。

ただし、この「外部」の主人公は、「内部」の働き手よりずっと厄介な存在、すなわち買い手である。購買という意思決定の権利はあちら側にある上に、彼らは移ろいやすく身勝手で、何を考えているかよく分からない。古典経済学が前提とする合理的「経済人」ではなく、心理や文化に左右され、時に非合理的に振る舞う「ただの人間」を相手にせざるをえないのである。

マーケティングとは、この困難を突破するために、気ままな顧客を「消費者」という律義な顧客――「システム的要素」――へ転換し、しかるべき入力によるしかるべき出力をコントロールするメカニズムの一部分として扱おうという発想である。個々人の心理的・文化的・社会的要素をいちいち斟酌《しんしゃく》することはしない。それらの要素はブラックボックスに入れたまま、特定の製品や価格などの「刺激」に対して、選択や購買などの「反応」がどのように現われるかがマーケティングの関心事である。そして、より多くの反応・出力を得るための刺激・入力策に企業は経営資源を傾ける。より確かな刺激―反応系、より豊かな入力―出力系の発見へ向けて、マーケティングはアメリカ企業の最大の関心事になっていく。

三　大量生産・大量消費――フォーディズムの夢

アメリカのマーケティングの発想は、第二次大戦後、さらに拡大する。戦争の勝利によって、完全雇用と景気回復のみならず、圧倒的な経済的・軍事的リーダーシップを手に入れ、あいつぐイノベーションによって「超大国」のパワーを得たからである。すでに、自動車や家電製品などは、オートメーションの導入によって圧倒的な競争力を発揮していた。さらに、電子工学や高分子化学の発達は、半導体、コンピュータ、エレクトロニクス、航空機、化学など戦後の新成長産業を生み出し、おびただしい種類の工学製品、新素材製品を市場に投入した。マーケティングは、このイノベーション・ブームを追い風に、アメリカ産業界の中心的な思想に高まっていく。

いちばん大きな変化は、マーケティングが流通の領域にとどまらず、生産の領域に踏み込んでいったことである。製品の決定、さらにさかのぼって投資の決定に関与し、企業活動の方針にかかわるようになる。これは、経営者主導のマーケティングという意味で「マネジリアル・マーケティング」と呼ばれ、販売・流通だけでなく、製品開発にも深く関与することで、トータルシステムへの志向を強めていく。マーケティングの究極の「夢」が、消費者を常に〝発情〟させ、刺激に対して過敏な状態に置き続けることであるとすれば——経営学者もマーケッターもそんなことを言いはしないが——戦後のマーケティングは、この「夢」を間近に見ていたのである。

この時期に、「フォーディズム」と呼ばれる、資本主義システムの「進化」が起きていたこともつけ加えておくべきだろう。

「フォーディズム」とは、狭義にはフォード社の採用した作業合理化方式を指していたが、イタリアのマルクス主義者、アントニオ・グラムシによって、大量生産と大量消費を同時に実現する「黄金の回路」として再定義された。

フォード社は、T型フォードの量産に当たってテイラーの科学的管理法を導入し、作業の標準化や職長の権限再編などを進めたものの、労働力不足もあって無断欠勤や離職率の増加を招いた。この窮状を打開すべく、一九一四年、日給を二倍の五ドルへ引き上げ、労働時間を八時間に短縮した。併せて作業態度の改善、貯蓄、節酒、住居の整理整頓、英語習得などを求めたところ、労働者はこの提案を受け止め、業務に積極的に取り組むようになった。こうしてフォード社は、高い生産性上昇の成果を劇的な価格引き下げと賃金の引き上げへ還元し、アメリカ社会に自動車を普及させたのである。労働者は一方的に搾取される存在から、生産性の向上に見合った分配を受ける存在になって大いに働き、増えた稼ぎで大いに消費するようになった。大量生産がそれに見合う大量消費をつくりだし、経済成長システムが生まれたのである。

しかし、大量生産・大量消費の好循環系が本格的に稼働するのは、第二次大戦後からである。テイラー主義は戦間期まで、――フォード工場のような例外はあるが――労働者の激しい抵抗に遭って定着しなかった。戦後、資本側が生産性向上に連動する賃金上昇を提示すると、ようやく労働側も引き換えにテイラー主義を受容していく。

具体的には、労組は経営との団体交渉によって、賃金を生産性の上昇にスライドして上げる約束をとりつける。いわゆる生産性インデックス賃金である。その代わり、現場の労働者は、計画と実行の分離（判断・自律の剝奪）、実行作業の細分化と単純化（単調な反復的労働）、組織のヒエラルキー的編成（命令と統制）を受け入れていく。この労働側と資本側の相互譲歩による「合意」こそが、経済成長の起点となったのである。

レギュラシオン学派と呼ばれる経済学者グループは、グラムシの発想を受け継ぎ、アメリカを中心とする先進国で起きた、この新たなマクロ経済システムを「フォーディズム」として再定義した。グラムシは、マルクスの描いた窮乏化する労働者像に対置して、むしろ「豊か」になっていく消費者像を描き出し、レギュラシオン学派はさらに、戦後資本主義の成長を支えた「調整《レギュラシオン》」機能をモデル化してみせたのである。

アメリカのマーケティングが、戦後、開発・生産・販売の全領域に及んでマネジリアル・マーケティングを目指すようになった背景には、このようなマクロ経済の変貌があったと考えられる。労働と資本の「合意」が舞台裏で行なわれた頃、最先端のマーケティングと手を携えて巨大な消費社会が立ち現われてくる。この後に述べるように、新しい郊外が消費する家族を迎え入れ、耐久消費財をフル装備した新中産階級が「アメリカン・ウェイ・オブ・ライフ」を演じる中で、アメリカ資本主義は、労働から消費まで資本の論理をくまなく貫徹し、経済成長のオートマティックなシステムに自信を深めていったのである。★8

さて、日本にマーケティングが本格的に「輸入」されたのはこの時期である。一九五五年に日本生産性本部が派遣した視察団（団長・石坂泰三東芝社長）は、アメリカの企業活動と経済の活力の大きな要因がマーケティングによるものと痛感し、帰国後積極的な啓発活動を開始した。参加した日本の経営者たちは、生産技術では負けていないが、市場や販路の開拓には関心が薄いことを反省した。続いて国内で始まったマーケティング講習会は、デミング博士のＳＱＣ講演のように押すな押すなの大盛況となった。

いうまでもなく、この時期に日本は「消費社会」のとば口にさしかかっていた。前章で述べたように、日本経済がドッジ・ラインによる不況から脱し、同時に労働運動が春闘を軸に経済闘争へ舵を切った時期である。一九五四年十二月には「神武景気」が始まり、五六年の経済白書は、一人当たりの実質国民総生産（ＧＮＰ）が五五年に戦前の水準を超えたことをもって「もはや戦後ではない」と宣言した。また、人々の政治や社会に対する意識も変化した。社会学者、小熊英二によれば、「戦後」は一九五五年を境に、「第一の戦後」と「第二の戦後」に区分される。貧困と改革に揺れた

「第一の戦後」と、豊かさと安定を求める「第二の戦後」との間には見えない断絶があり、「国家」や「民族」や「市民」などの言葉も異なる響きを持って語られたという。「第二の戦後」から見れば、「民主主義」をはじめとする「第一の戦後」の言葉はかつての響きを失い、敗戦直後の心情は一時の「気の迷い」とみなされていった。

もちろん、その背景には消費社会の出現がある。消費文化は戦前の日本でも上層階級に浸透しつつあったものの、大衆的な広がりを持つには至っていなかった。それが、もう少し手を伸ばせば届くところへ、それも煌めくような商品群とともに上陸してきたのである。特に映像や雑誌で垣間見るアメリカの暮らしは人々を魅了した。広大な邸宅には、巨大な自動車とガレージがあり、ブロンドの主婦は光り輝く家電製品とキッチンの前で微笑んでいた。

周知のように、五〇年代には「三種の神器」（テレビ・電気洗濯機・電気冷蔵庫）が、追って六〇年代には「３Ｃ」（カラーテレビ・カー・クーラー）が消費を牽引したが、これは、耐久消費財が買える人々がようやく増えつつあったからだ。春闘方式の定着も大きな要素だったが、終身雇用・年功賃金が、労働者に「見通し」を与えたことがさらに重要である。「明日はもっとよくなる」という期待は、六〇年代にはさらに強化されていった。もちろん、これらの「権利」は、労働側が柔軟な多能工的対応を許容し、日本的労務管理を承諾したことと引き換えに供与されたものである。戦後日本が奇跡のような経済成長を享受し、消費社会化を進めた背景には、この〝日本型フォーディズム〟があった★9。

四　「消費」と「愛国」

戦後のアメリカが、消費社会を拡大するために、「郊外にすむ中流家族」を市場化していったことはよく知られている。先に述べたように、一九二〇年代から郊外住宅地と中産階級の結びつきは形成されていたが、戦後は、住宅法（一九四九）による推奨も手伝って、より広範な階層を対象とする郊外住宅が大量に供給されたのである。

その代表が、ウィリアム・レヴィットが開発した「レヴィットタウン」である。ニューヨークから東へ四〇キロ、ロングアイランドのじゃがいも畑の中に、まるでフォードの生産様式をまねたような分業システムで住宅が建設されていった。一日で三十六戸という驚異的な生産性によって、四八年には一万七千戸が完成し、いちばんベーシックな「ケープコッドスタイル」の住宅は七九九〇ドル、頭金わずか五八ドルで売りだされた。マーケティング・アナリストの三浦展は、「レヴィットタウン」を重視し、それが郊外に住む中流階級のライフスタイル・モデルを――アメリカのみならず戦後日本にも――提供したと位置づけている。

郊外に住んだ中流家族は、たしかに巨大な市場をつくりだしていった。まず「家族のための消費」という名目が、消費行為につきまとう罪悪感を払拭した。多少贅沢な消費も〝家族のため〟の実質を含んでいるなら、正しい消費と容認された。そしてさらに都合のいいことに、郊外の中流家族は均質性の高いターゲットだったから、マーケティングの観点からすると、この上ない上客だった。大量生産された商品は、郊外という市場で大量に消費され、均質なライフスタイルを上書きしていったのである。

こうして、郊外の豊かで清潔な暮らしは、アメリカとリベラル・デモクラシーの優位を示すこの上ないシンボルとして世界中へ発信されていった。日本人の多くはそれを素直に吸収した。郊外に住まう中流の核家族像こそ、我々の中に長く留まった理想型であった。

ただし、戦後日本の郊外は一戸建てではなく、団地から始まった。

五〇年代から六〇年代にかけて、大都市への人口移動が急速に進み、また核家族化が並行して進んだために、都市部の世帯数が増え、住宅が不足した。良質の住宅を大量に供給する目的で、一九五五年に日本住宅公団が設立され、大都市圏周辺で団地の建設が始まる。浴室・水洗トイレ・ダイニングキッチンを備えた鉄筋コンクリート製の集合住宅は人々の垂涎の的になり、入居の抽選は高倍率になった。★10

実は私も団地で育った。一九五九年に入居が開始された東京都北多摩郡のひばりヶ丘団地（現・西東京市、東久留米市）に、小学校入学時に引っ越したのである。それまで暮らしていたのは東京の下町、台東区谷中であったから、広大な原っぱや雑木林に囲まれた団地に圧倒された記憶がある。両親が買い込んできたデコラ（高圧メラミン化粧板）のテーブルやパイプ脚の椅子もどこか誇らしかった。テレビも冷蔵庫も洗濯機も——やや遅れてステレオも——すべてこの2DKにやってきた。我が家の「戦後消費」はまちがいなく、団地とともにあった。

もっとも団地住民がかならずしも裕福だったわけではない。私の通った中原小学校は団地建設に合わせて開校した学校だが、団地住民はクラスの約半分で、残り半分は近隣から通学していた。暮らし向きは、団地周辺の戸建ての級友の方が優っていた記憶がある。団地住民の大半は、東京都内からの移転組であり、(我が家を含め) 狭小で老朽化した賃貸住宅を脱出してきた人々だったからだろう。

ただし、すぐ近くの滝山団地で少年時代を過ごした原武史 (政治思想史家) が書いているように、団地住人はある時期まで、「団地に住むというのは選ばれた者の特権」(原武史・重松清『団地の時代』、二〇一〇) であると思っていたし、やや不遜ながら、時代の先端にいるような感覚さえ持っていた。

それは住民に「選民意識」を抱かせるようなイベントがあったからだ。特に、結婚したばかりの皇太子夫妻の視察訪問 (六〇年九月六日) はマスメディアで報道されて、ひばりヶ丘団地の名を上げた。後に述べるように、若いロイヤルカップルは、団地に住むような新しい夫婦／家族のシンボルとして演出されていたのである。

また、秋山駿 (文芸評論家)、馬場あき子 (歌人) などの文化人に加え、日本共産党の不破哲三まで (!) が住んでいた。団地は確かに〝選ばれた者〟のコミュニティであり、住民は開明的だった。団地自治会や小学校PTAには、共産党など「革新勢力」の影響力がかなりあったようだが、違和感はあまり生まれなかった。団地内給水への油混入を突き止め、住宅公団に改善を求めた住民運動では、彼らが積極的に動いたという。六〇年代の団地には――アメリカの郊外とは異なり――消費文化だけでなく、「民主」思想も同居していたのである。

多くの論者が、戦後の旺盛な消費欲に言及し、その原因にアメリカの消費文化を挙げる。大勢は確かにその通りだろうが、多少の違和感が残る。すべての日本人が何の屈託もなく、消費社会に駆け込んだとは思えないからだ。人々がまだ貧しかったこともあるが、気持ちの整理がついていなかった向きもある。敗戦と占領の記憶は生々しく、戦時中を知る者たちにはわだかまりが残っていた。「復興」はアメリカの援助によるところが大きく、自前ではなかった。特に、戦前の消費や娯楽を知っていた世代には、再びそれを取り戻すことに抵抗があった。★11 また、小田実の『何でも見てやろう』のように――敗戦による外傷ではなく――消費社会のシステムに対する批判意識も兆《きざ》していた。「第二の戦後」は、一直線に消費社会へ突き進んだのではなく、時に蛇行しながら、依るべき何かを求めた。拠り所は定かではなかったが、日本が豊かになり、成長することを肯定し、承認してくれる誰かや何かが欲しかったのである。それはナショナルな感情といっていいものだ。

たとえば、家電の代表であるテレビの普及過程には、それが顕著に現われている。

一九五三年二月一日にNHKが放送を開始（受信契約数八六六）、追って八月二十八日、日本テレビが民間テレビ第一号として放送を開始したものの、受像機が高価なこともあって契約者数は伸び悩み、年が変わっても二万に届かなかった。そこで読売テレビを率いる正力松太郎は、「街頭テレビ」という思い切った作戦に出た。繁華街、主要駅、百貨店、公園など都内五十五カ所に二百台を常設すると、プロレス中継、ボクシング中継には観衆が殺到した。

中でも、五四年二月二十一日の力道山・木村政彦組対シャープ兄弟のタッグマッチ、同年五月二十四日の白井義男対エスピノサの世界フライ級タイトルマッチなどは、本当に黒山の人だかりができた。人々は、映画と異なる「いま、ここ」の映像に接して熱狂し、外国人を倒す日本人の姿にカタルシスを得た。プロレスもボクシングも娯楽にすぎなかったが、仮託されていたのはナショナルな感情だった。

街頭テレビに触れた人々は、自宅にもテレビを迎える決心を固める。放送開始から三年目の五五年には十万台、さらに三年後、東京タワー竣工の五八年には急伸して百五十万台に達していた。「街頭テレビ」は発端にすぎない。テレビの普及にはいくつかの象徴的なイベントがあった。まず、五九年のロイヤルウェディング——当時の皇太子（現天皇）と正田美智子の結婚である。五八年十一月に発表され、翌年四月十日の結婚式で、テレビは格別の地位を与えられることになる。ＮＨＫ、日本テレビ系列、ラジオ東京（現ＴＢＳ）の三局は、皇居から東宮仮御所に至る披露パレードの沿道に百四十台のカメラと千五百人の局員を配置し、総力を挙げた実況中継を行なった。また、受像機メーカーと電気店はここぞとばかりに売り込みをかけ、式の一週間前には受信契約数が二百万台に達したという。

そしてこの「ミッチー・ブーム」は、折から相次いで創刊された週刊誌（特に女性週刊誌）に格好の話題を提供した。美智子妃の姿は、「プリンセスルック」だけでなく、自己意志を貫く女性像や恋愛結婚を軸とする家族観の形成にも寄与した可能性がある。

加えて「御成婚」にはもうひとつ、人々から旺盛な「寿《ことほ》ぎ」の感情を引き出す意図があったはずだ。ロイヤルウェディングへの肯定的な感情が醸成される中、政治学者・松下圭一の言う「大衆天皇制」を梃子《てこ》にして、次の時代の扉を開けることが、まさにこの時期、求められていた。「第一の戦後」の残滓を一掃するためには、皇室という切り札を使ってでも、ナショナルな感情に訴えるイベントが必要だったのである。また、全国津々浦々の日本人が、そのイベントを同時に——例えば映像を通して——経験すれば、彼らは依拠すべき観念を確認し、一体感を持つだろうという目論見もあった。

誰かがそのようなシナリオを書き、若い皇太子夫妻はその筋書き通り、「寿ぐ」人々に対して、ともに新しい時代の家族と生活をつくり出そうと語りかけた。人々は機嫌よく同意したが、そこには二重の意味があった、と私は思う。人々は天皇家の存続を認め、同時に彼ら大衆が――その承認の反対給付として――長きにわたる屈託から身を解き放つ許可を求めたのである。

屈託からの解放とは、つまり戦後的禁欲の停止であり、その項目には、消費の欲望と並んで一体感の抱懐も含まれていた。買い物が悪徳でないのと同様に、自分たちが一個の国民文化に帰属することも悪ではない――人々はそのような承認を、このイベントを通してロイヤルファミリーから得たのだと思う。

一九六〇年の安保闘争は、もちろんロイヤルウェディングとは異なる種類のイベントだったが、アメリカを向こうに回す以上は、ナショナルな感情が高まるのは必定だった。新・安保条約自体は、対米従属という点では改善されたにもかかわらず、軍事同盟によって戦争に巻き込まれるという不安が募り、併せて岸信介首相への反感も相俟って、広範な反安保の気運を巻き起こした。

特に五月十九日の強行採決によって、安保闘争は「改正是非をめぐる政治闘争から、戦後民主主義を守るのか否かという、より普遍的な争点へ移っていった」（原彬久『岸信介』、一九九五）。国会デモの参加者には急速に一般市民が増え、社共や総評、国民会議などの指導力が低下し、「声なき声の会」のような無党無派の集団も生まれていくが、「こうした「市民」は、ナショナリズムと矛盾していなかった」（小熊英二『〈民主〉と〈愛国〉』、二〇〇二）。

国会を取り巻くデモは、アイゼンハワー大統領の来日を断念させ、岸内閣を総辞職に追い込んだだけでなく、テレビの映像を通して人々に政治行動の身体感覚を伝えた。東大生・樺美智子の死が強い衝撃を与えたのは、デモの映像が権力の暴力を擬似的痛覚を伴って伝えていたからである。

五〇年代から六〇年代へ、奇《く》しくも二人の「美智子」が時代の交替に立ち会った。彼女たちはやり方こそ異なるものの、ナショナルな感情の高揚を促し、その流路を開いた。岸を継いだ池田勇人首相が、政治の季節から経済の季節へ舵を大きく切ると、国民は池田内閣による転進に賛意を表明した。この年十一月の総選挙で、自民党は三百議席を獲得して大勝したのである。★12

さらにテレビの進撃は続く。

受信契約数は、六二年に一千万台を超えて普及率は四八・五パーセントに達し、六四年にはついに九〇パーセントを超えた。東京オリンピックの年のことである。

人々はテレビを通して、海外のアスリートの身体に圧倒され、豊かな表情に魅了されたが、もう一方では、選手たちの競い合う姿を間近に見て、それまで経験したことのない感情に見舞われた。劇作家の山崎正和は、六〇年代の日本が様々な「まつり」を必要としたと書いているが、東京オリンピックは中でも際立ったものだった。それは、「日本が世界の中で許されたことを示す儀式であり、同時に、日本の内部に世界のすべての国々を取り入れたという実感」（『おんりい・いえすたでい'60s』、一九七七）を人々に与えたのである。

日本が獲得した金メダルは十六個で、米ソに次いで三位、メダルの総数でも四位につけた。予想を上回る成果だった。「同盟国」であるアメリカ以外の国の人々が、日本を認め、笑顔で対してくれたことも嬉しかった。日本が、一個の独立した先進国として扱われたと感じたからである。

その感情は、十月二十四日の閉会式でクライマックスに達する。誘導がうまくいかなかったせいで、ばらばらに入場した各国選手団は、腕を組み、仲間を肩車し、はしゃいだ。そこに立ち交じる日本人選手たちも、自由で明るく溌剌としていた。「蛍の光」が流れる中、電光掲示板に点じられた「SAYONARA」の文字は、オリンピックの終了とともに、戦後的屈託の終わりを告げているようだった。
「御成婚」、安保闘争、東京オリンピックといった大きな「まつり」の中で、人々は久しく忘れていた国家や民族に対する新鮮な感情を体験し、その体験を通して、五〇年代とは異なる一体感を抱いた。それは、ナショナリズムと呼べるほど確固としたものではなかったが、ひとつの国と社会を拠り所として回復させたいという欲求には違いなかった。

戦後の「消費社会」は、通説が語るようなアメリカの生活と風俗への憧れだけでなく、実はもっと多様な思想と感情を織り込みながら、形成されていったのではないか。団地では、消費文化とモダニズムは「民主」文化と矛盾なく混在していたし、テレビの普及に見たように、ナショナルな感情に裏打ちされた一体感が、消費社会の均質性を促進した側面もある。〈民主〉と〈愛国〉が——小熊が指摘したように——六〇年代前半まで矛盾なく同居していたのと同様に、「消費」も「愛国」とともに定着したのである。

戦後の日本人は、親米意識を刷り込まれながら、潜在的には常にアメリカの「属領化」に不安を抱いていた。占領が終了した後も、「占領された日本《オキュパイド・ジャパン》」を感じ取り、自己回復を期する心情は、戦後の表現活動の不可欠の主題であり、意匠を変えて七〇年代の村上龍や村上春樹へもつながっていく。その対米意識が、身体化した親米意識を牽制しながら、六〇年代の〈社会意識〉である、ナショナルな感情を形成したことは見逃せない。

「第一の戦後」の主導的理念を「民主と平等」と呼ぶなら、「第二の戦後」で主役を務めたのは「豊かな暮らしへの平等」という、よりプラグマティックなリベラル・デモクラシーである。そのコンセプトを定着させるには、「国民」を拠り所とする包摂的な〈社会意識〉が不可欠だった。それは必ずしも、政治的に合意されたものではなく、消費社会に媒介され、消費的に合意されたものでよかったのである。六〇年代のナショナルな感情が、ついに統合的な国民意識へ届かなかったのは、それがさまざまな消費財とともに、人々の暮らしの中を通過していってしまったからである。★13

五　飽和の後の光景

戦後日本の消費者は、学習に熱心でしかもなかなか慎重な人々だった。経営学者の池尾恭一は、彼らを「未熟だが関心の高い消費者」(『日本型マーケティングの革新』、一九九九)と呼び、特徴として、リスク回避志向と人的情報源の重視を挙げている。人々は認知度の高いメーカーブランドを頼り、その系列店に詳細な知識を求めた。街の電器店は頼りになる指南役だったのだ。また彼らは、家電製品や日用品の商品テストで名を馳せた雑誌『暮らしの手帖』の読者にもなった。日本の消費者はおずおずと、しかし確実に情報と体験を蓄積し、批評眼を具えていったのである。

六〇年代後半から七〇年代初頭にかけて、日本の消費財市場――特に耐久消費財市場には――変化が現われてくる。まず、農村から都会への人口移動と世帯数の増加が終息すると、家族による耐久消費財への需要が頭打ちになった。購買行動が買い替えに移行するにしたがって、知識を相応に蓄えた消費者は、製品の差異化を求めるようになっていく。また、メーカーもこれに応えるように差異化製品の開発を進めた。不確実性の高い基礎研究を回避するというメリットに加え、モデルチェンジを繰り返して旧製品を陳腐化させる連続的新製品投入策が、強みを形成したからだ。

ちょうどその頃、アメリカはベトナムで敗色を深め、凋落の気配を滲ませていく。日本が、ようやくアメリカを相対化する視線を手に入れるのはこの頃である。この視線は、彼らの消費に対する批評を生み出した。たとえば桐島洋子の『淋しいアメリカ人』（一九七一）は、アメリカ市民たちが、テレビコマーシャルに翻弄される様子をこんなふうに描いている。

おびただしい買物情報を比較検討し、眼光紙背に徹して買得品を選び出すのが、アメリカ市民の最大の趣味といっていいだろう。いや本当に眼光紙背に徹したら、そんなものは買わないでもすむことを悟るだろうが、やはり彼らは買いたくて仕方がないのだから、その購入を正当化できさえすればいい。広告の技術は、いかに多くのエクスキューズを消費者に与えるかにかかっている。

アメリカ市民を見つめる桐島の眼差しは、けっして反米的ではない。当時三十代前半で、しかも三人の子供を持つ「未婚の母」は、食うや食わずでアメリカを放浪しながら、その懐の深さを好意的に実感していた。しかしそんな彼女にとっても、すでにアメリカ的消費生活は憧れの対象ではなく——彼女が捨て身で取材した中年夫婦のスワッピングと同様——味気なく、エゲツなく馬鹿馬鹿しいものに映っていた。あらゆる広告が、「セーブマネー！」（節約を！）と叫んで節約効果を謳い文句とする商品の購入を際限なく促し、テレビの前のアメリカ人は、その臆面もないメッセージにまんまと乗せられてみせる。

日本人は、このようなマーケティング・オートマティズムには、ついになじむことはなかった。

我々は、なぜかかろうじて踏みとどまり、自動化から免れた。★14 機械仕掛けの買い物競争ではなく、我々は別方向に、消費社会のセカンドステージを描き出していったのである。

七〇年代初頭は、戦後世界の枠組みが音を立てて崩れ、日本もその影響を真正面から受けた。ニクソン・ショックと第一次オイルショックの結果、日本経済は物価上昇と失業が併存するスタグフレーションに見舞われたが、前節で述べたように、日本企業は多品種少量生産による差別化とコストダウンを同時に追求し、死に物狂いで競争力を回復した。

国内では、輸出拡大に牽引されて好況感が広がり、先に触れたように、広範な「中の意識」が台頭した。村上泰亮の「新中間大衆」には、ややバイアスがかかっていたものの、戦後的な大衆像を超える新しいイメージが付加されていた。それは、理知的かつ利己的な大衆であり、平等かつ自由に権利を行使できる消費社会を望む大衆、すなわち、本物の消費者である。消費社会を、「消費様式が当人の社会的評価を定める主要因となる社会」（松原隆一郎『消費資本主義のゆくえ』、二〇〇〇）と狭く定義すれば、日本の消費社会は、七〇年代初頭から半ばにかけてはじめて成立したのであって、そこに住む人々は、自らを「中間・中流」と表現することによって相対的多数派であることを主張したのである。

しかしこの時期に、日本の消費社会は明暗の両面を見せ始める。「三種の神器」から「３Ｃ」へ、十年余の熱狂的な消費時代を駆け抜けた「消費家族」にはいっときの倦怠が訪れた。

買い物のメインテーマがなくなったのだ。

宮台真司によれば、豊かさを象徴する耐久消費財の普及が飽和したことで、核家族に正当性を与えてきた柱が消えてしまったのである。方向性を失った家族の周辺には、様々な暴力現象が生起する。良き家族のメディアイメージが横溢する中で、実は家族はもはや拠り所にならないという失望感が、依存対象である家族への暴力を生みだしたという。家庭内暴力として発現したこの「依存的暴力」は、学校に対しては校内暴力として、地域に対しては暴走族のような現象を通して現われてくる。

消費の反対側にこうしたバイオレンスがうずくまっていたことを、この時まで我々は知らなかった。経済的成長の次にやってきたのは、穏やかな文化的成熟ではなく、小さな規模で頻発する社会的激発だった。

たとえば筒井康隆の『家族八景』(一九七二)も、そのような兆候をつかまえている。主人公の超能力少女・火田七瀬は、住み込みの家政婦として様々な家庭を転々としながら、読心能力によって、それぞれの家族のそれぞれの「暗闇」を覗き込んでしまう。作品の主要なモチーフは、平穏な家族の日常に塗りこめられた凄まじい嫌悪であり、折れ曲がったセクシュアリティである。しかも、それらは依存と失意の合間から吹き出す暴力へ、もう一歩のところへ迫っているのである。七瀬はまるで逃げるようにして、煉獄のような家族の現場を渡り歩いていく。

たぶん、このあたりが折り返し点だった。戦後消費社会は、七〇年代初頭にいっとき立ちどまったものの、そのエネルギーを三つの方向へ向けて発散させていく。

ひとつは、団地に代わる第二の郊外の形成である。最大の特徴は「持ち家」へのシフトであり、結果としてのさらなる郊外の拡大(遠方化)だった。日本住宅公団の賃貸住宅の計画戸数は、七一年にピークに達したのち徐々に減少し、七七年には分譲が賃貸を上回るようになる。六〇年代に団地に住んだ人々は平均四・五年で退去し、その多くはマイホームを取得した。また七〇年代後半には、結婚・出産を終えた団塊世代家族が、都市圏のドーナツを広げながら、住宅購入に踏み切っていった。[★15]

受け皿を用意したのは、商社、金融業、不動産業、一般製造業などから成る住宅産業である。この新産業は、住宅用部品、設備などの製造や組み立て、施工を中心に、土地の供給まで含めて大量供給システムをつくりだし、住宅公団に代わって、日本の住宅建設における主導的地位を占めていく。

また、住宅購入資金に対する便宜も多様化していた。一九五〇年に設立された住宅金融公庫の融資制度に加え、大企業のサラリーマンは福利厚生策の住宅取得貸付制度を利用した。そこへ民間住宅ローン事業の規制が緩和され、都市銀行などがいっせいにこの分野へ参入したのである。また、民間の勢いに重ねて、ニクソン・ショックや第一次オイルショックがもたらした景気後退に対する刺激策として住宅建設が促進されたことも大きな誘因になった。七〇年代、日本は民と官を挙げて、持ち家取得と郊外化を進めていったのである。

では、この「持ち家」を求めた人々は何を欲していたのか？

先駆的な郊外論の中で、小田光雄は〝マイホーム幻想〟の意味を論じている。

しかし一九七〇年代に入ると、その個人の「小さな物語」であるマイホームが、高度成長といった「大きな物語」のかわりに、消費社会の「大きな物語」として変貌する。オイルショックによって高度成長に終止符を打ち、低成長期を迎えた七〇年以降の日本社会は、個人の「小さな物語」を結集することで、「大きな物語」として育成しようとする。その最たるものがマイホーム幻想であったというべきであろう。（『〈郊外〉の誕生と死』、一九九七）

マイホームはいうまでもなく、戦後家族の最終的な消費対象である。この後にはもうなにもない。耐久消費財の購入によって家族の存在意義を確認してきた戦後家族は、高度成長の終わりを見届けながら、最後の大きな買い物に踏み切ることで、存在証明を完成させようとしたかのようだ。しかし、おそらく戦後家族自体もその頃、終わりを迎えていた。先の『家族八景』や山田太一の一連の郊外ホームドラマなど、七〇年代以後の家族を表象した物語がけだるい崩壊感を滲ませているのは、そのためである。

評論家の川本三郎が、山田太一のドラマ作品集『沿線地図』（一九八三）の解説で、山田のホームドラマはマイホーム幻想にかげりが生じだしたところから始まる「ポスト・マイホームのホームドラマである」と書いている。川本によれば、それはジョン・チーヴァーやジョン・アプダイクの小説に通じる、「サバービアの意識の世界同時性」である。

山田の代表作『岸辺のアルバム』（一九七七）は、一九七四年に起きた多摩川の氾濫を題材にしている。まちがいなくこの時期に、我々は、マイホームとは洪水に呑み込まれて流されることもあるものだ、という認識にたどり着いた。それは八千草薫が密通する母親を演じるのとほぼ同義のことであった。もちろん、そのような事態にアメリカの作家たちは六〇年代に気づいていた。日本の社会はアメリカに追いついたが、その背中には郊外住人（消費社会の住人）の疲労も張り付いていたということだろうか。三浦展によれば、アメリカ郊外の風景は三十年遅れて日本に出現したが、住人たちの心の風景も、「淋しいアメリカ人」にちゃんと追いついていたのである。

これも川本の受け売りだが、ノンフィクション作家のトム・ウルフが言う「ミーイズム」は、山田太一の言葉を借りれば「それぞれ」だという。『それぞれの秋』（一九七三）で山田が示したのは、円満に見えた郊外の家族が、実はてんでんばらばらな「個」だったという苦い認識である。しかし、その「それぞれ」を山田は必ずしも否定しているわけではない。小林桂樹の演じた夫も、その背中を眺める妻の久我美子も、林隆三、高沢順子、小倉一郎が演じた子どもたちも、すでに家族の時代を抜け出して、あてどのない「個」の自分に直面している。「それぞれ」は誰が選んだものでもないが、選ばれてそこにあった。

三つの方向のうちのふたつめは、消費の「個体化」（中西新太郎『若者たちに何が起こっているのか』、二〇〇四）である。戦後家族は「持ち家」を買った後、消費主体としては後景へ退き、代わって前景へ押し出されたのは、家族の一人ひとりである「個」だった。七〇年代、「個」は本格的な消費主体への転換を求められたのである。

夫と妻（父と母）と子ども二人の家族にもっと買い物をしてもらうには、家族消費とは別に、個々の構成員が「それぞれ」の欲望を持ち、別々の商品群によってその欲望を満たしてもらう必要がある。七〇年代には家族の経済も、そのような「個」の消費を許すほどの余裕をつくりだしていた。

この個体消費を象徴しているのはコンビニエンスストアである。買い物は妻／母だけのものではなくなった。夫／父も息子も娘も、家族全員がそれぞれかってにコンビニに出かけ、誰にも知らせずにものを買う。家族の消費秩序はコンビニによってかんたんに崩壊した。

セブン・イレブン第一号店が東京の江東区豊洲に出店したのは、一九七四年のことである。

平川克美は、コンビニエンスストアが都市住民の生活形態や家族の構造に深い影響を及ぼしたことに注意を喚起している。コンビニは、夕餉の支度に象徴される家族の役割分担や暮らしのリズムを消失させ、利便性《コンビニエンス》という抗いがたい力で、我々のライフスタイルを変えてしまった。平川はその核心を、「いつでも時間を金と自由に交換することができるという観念、労働を金と交換することができるという観念」（『移行期的混乱』、二〇一〇）であると言う。「いつでもどこでも買える商品」は、カネの万能性を強化する。いうまでもなく、それは家族から切り離された「個」が消費に邁進するためには、どうしても必要なことだったのである。

最後のひとつは、消費の虚構化である。

消費の「個体化」をさらに進めるには、欲望を肯定し、躊躇を突破する仕掛けがもう一つ必要だった。アメリカでは、禁欲を突破させるために「セーブマネー！」という免罪符を使ったが、日本の消費社会では別のやり方が採用された。「ファッション」や「デザイン」というキーワードがそれにあたる。

「個」はそのままでは何者でもない。逆説的だが、「個」は他者の視線によってしか存在しえない以上、生身の「個」を、見られる「個」、見られたい「個」へ転化するには、なんらかの虚構化が必要だった。衣装や意匠はそのための手段だった。[★16]

また、そのような他者の視線を浴びる場（時空間）がしつらえられた。東京では六〇年代後半に賑わった新宿に代わり、渋谷や原宿や青山が、〝ファッショナブル〟な新しいタイプの繁華街になっていく。特に、一九六八年に西武百貨店渋谷店を開業した堤清二は、七三年、盟友・増田通二とともに渋谷の「区役所通り」にパルコを進出させ、「公園通り」と改称する。ちょうど、郊外が遠方へ拡大したのと同じ時期に、そこからやってくる「個」が、相互の視線を交わし合うための装置（虚構）を作ったのである。

七〇年代の「不思議」のひとつは、日本企業が集中豪雨のような輸出攻勢に打って出ていったにもかかわらず、人々の意識が「内」へ向かったことである。人々は、欧米風の雰囲気や味付けを求めたが、それらをいったん日本の現実の上で解釈し、再構築してみせた。青山や渋谷の街は、『アンアン』などの女性誌の助けを借りて欧米の街角を模倣し、国鉄の「ディスカバー・ジャパン」によって、京都や鎌倉はくすんだ観光地から洒落た散策地へ見立て替えされた。また、アメリカやヨーロッパの文物は、購入可能なカタログ・アイテムとして編集された。欲しいものを、ここにいる「個」が手を伸ばせば手に入る消費対象とするために、「外」は「内」へ虚構化されたのである。

そして、もっと不思議なことに、「個」の生き方やあり方は、ファッションやデザインのような外形によって自在に選択できるものと観念された。これが「ライフスタイル」と呼ばれたものだ。「ライフスタイル」は、差異化のように見えて、実は帰属する集団の共通の表象である。「個」の種類だけ差異化が進んでも商品は対応できない。消費者の道案内には、差異の記号を統合的に制御するサインやガイドが必要になる。消費者に自らのセグメント（帰属集団）を認識させ、自身の行方を自覚させるための道標が求められたのである。「ライフスタイル」という言葉は、このような事情から創出された（きわめて上出来の）マーケティング概念だった。[★17]

山崎正和のように「ライフスタイル」を高く評価する論調もあった。山崎は、近代の日本人が「もっぱら自己と集団をつなぐ生活の横軸のうへに生きてきた」ために、「人間をこの世に位置づけるいはば生活の縦軸」である「「個人の生涯」といふ時間」を忘れていたと述べた（『柔らかい個人主義の誕生』、一九八四）。慧眼だが、この機をつかんでライフスタイル・ビジネスを繰り広げた産業界の眼力もたいしたものだった。「ライフスタイル」の妙味は、生き方という非商品（虚構）を、誰にも買える商品として物件化したところにある。

この時期、消費文化の先頭にいたのはセゾングループである。たかがデパートとショッピングセンターなのに、そのメッセージは奇妙な熱狂を含んでいた。石岡瑛子のつくるテレビコマーシャルは欲望を解放せよと訴え、女性たちは（もちろん）それを消費への欲望の全面的解禁を促すものと理解した。

後に堤清二（辻井喬）は、「消費者として自立することは、社会人として自立する第一歩」（辻井喬・上野千鶴子『ポスト消費社会のゆくえ』、二〇〇八）と考えていたと語っているが、家族消費から「個体消費」への転換点で、この人物ほど楽観的かつ情熱的に消費を啓蒙した人物はいない。公園通りに原宿や青山とは違う芝居気が立ちこめていたのは、堤の消費者に対する啓蒙精神のせいだったのかもしれない。

七〇年代後半に、セゾングループは、消費社会を類のないお祭り騒ぎに変えてみせた。それはアメリカのマーケティングが、（たぶん）一度も経験したことのない祭祀的体験だったと思う。「ライフスタイル」を見つけるために、人々は街へ繰り出し、買い物袋をさげて郊外へ帰っていく。この都市と郊外の往復の中に、高度経済成長末期の〈社会意識〉が浮上し、陽炎のように消えた。糸井重里は、この光景を仔細に観察した上で、「自分、新発見。」と密かな揶揄を投げつけてみせた。[★18]糸井は早々と祝祭的消費社会の死を予言してみせたのだが、堤も我々もそのことに気づいていなかったように思う。

ついでにいえば、戦後の家族消費は、七〇年代の「虚構消費」を経て、八〇年代に本当の「個体消費」へ進化していった。一九七九年に発売されたソニーの「ウォークマン」が、「個」へ完全にシフトした象徴的な商品であったことはいうまでもない。

註

★1　小田実が訪米した五〇年代末は、そろそろ「スタンダード・パッケージ」が効力を失い始めた時期だったのかもしれない。アメリカを去る直前、小田は大都市郊外によくある自動車のスクラップヤードを訪ね、無数の廃棄車がプレスで圧縮されていく様子を、疲れたアメリカの象徴のように描いている。

★2　マーケティングの原型は長期不況の中から生まれたといわれる。一八八〇年代には、NCR社のパターソンによってセールスマン管理の方法が考案され、同じ時期には、市場調査や広告制作などを代行する広告代理店も登場、一八八八年には広告専門誌『プリンターズ・インク』も創刊されている。なお、本章におけるアメリカのマーケティングの歴史については、マーケティング史研究会編『マーケティング学説史　アメリカ編』（一九九三）と、光澤滋朗『マーケティング管理発展史』（一九八七）を主に参照した。

★3　バトラーは、マーケティング計画の重要項目を「取引要素」と呼び、製品、市場、取引チャネル、価格を挙げた。「取引要素」はさらに詳細な項目へ分割される。彼は、販売の「執行」から一段上の「計画」を分離し、製品の研究開発からセールスマンの管理にいたる広大な領域を管理するチェックリストをつくり出した。

★4　ショーの理論の特徴は、マーケティング活動を「需要創造活動」と「物的供給活動」に大別した上で、需要創造活動に重心を置き、なおかつ、その中の組織活動を重視したことである。組織活動とは、市場分析であり、価格設定であり、機関の選択・組み合わせである。そして、的確な市場分析と価格設定を前提に、機関の選択・組み合わせが究極の研究課題に設定される。「機関」とは、中間商人・直接販売力（セールスマンや販売支店など）・広告の三つを指す。これらの組織要素の最適な組み合わせこそ、最大のマーケティング効果を生む――ショーのマーケティング体系はこのように、組織論を頂点に据えた課題分析のシステムである。

★５　バトラーが籍を置いていたプロクター・アンド・ギャンブル（Ｐ＆Ｇ）は、マーケティングの歴史そのもののような企業である。Ｐ＆Ｇが一九一一年に市場導入した純植物性食用油脂「クリスコ」は、同社の加工食品産業への参入を果たし、本格的な多角化を促した記念碑的な製品である。常松洋の『大衆消費社会の登場』（一九九七）によれば、Ｐ＆Ｇは、従来市場に存在しなかったこの製品のために、二年にわたるテストを繰り返し、料理学校や家庭から多数のデータを集めた。また、入念なマーケティングの仕上げを狙って、ニューヨークのユダヤ人地区では、製品に二人のラビ（ユダヤ教司祭）の手によるイディッシュ語の証明書を添付した。そこには、「クリスコ」が清浄な食物（コウシャ）であることが記されていた。ヨーロッパ大陸からやってきたユダヤ人たちは、「クリスコ」を購入すれば、戒律で禁じられたラードを使わずに、アメリカンパイをつくることができるようになったのである。

★６　ショーやバトラーはテイラーの教え子のようなところがある。ショーは、自身の分析起点をテイラー同様に「動作」に置き、無駄な動作の排除、有効な動作の導入と組織化を目指した。またバトラーの、販売の「執行」と「計画」の分離という考え方は、テイラーが提唱した現場業務と計画業務を分業すべしという主張に忠実である。直接的な影響関係だけでなく、テイラーの（科学的というよりも）工学的な管理論は、この時代の通念として広く行き渡っていたのだろう。

★7　テイラーの「科学的管理法」が脚光を浴びたのは、アメリカの生産方式が世界の最先端へ躍り出たにもかかわらず、そのハード面に対応するソフト面としての経営管理論が不在だったからである。工場規模が格段に大きくなっていたにもかかわらず、現場組織は従来の「請負制」で運営されていたため、統制に欠け、混乱に直面していた。しかも、十九世紀後半の長期不況による労働条件の低下が各所で争議を生み出し、工場の生産性は急降下していたのである。そのような状況の中で、テイラーは、職長と熟練工に握られていた生産プロセスに対する支配権を管理者の手に取り返し、生産性を高め、併せて労使間、職長と一般労働者の不毛な対立を解消しようとした。ただし実際には、職長と熟練工の抵抗は強く、管理強化への反発もあって、テイラーが唱導した制度改革はほとんど行なわれなかったという。

★8　消費社会の本質は、実は「消費」ではなく「創出」である。大量生産と大量消費を媒介する欲望を日々創り出さなければ、この社会は息絶えてしまう。アメリカで、マーケティングが消費社会と同時に現われた理由はそこにある。ものを売るのではない。セリングはマーケティングのごく一部でしかない。ものを絶えず買いたくなるような人々を再生産する仕組みづくりこそ、もっとも注力すべきテーマなのである。一九五四年にピーター・ドラッカーは、企業活動とは「顧客を創造することである」と看破した。経営理論の世界では、いまだにこの定義を上回るものは登場していない。

★9　「日本型フォーディズム」とは、「雇用妥協」を軸とする、資本と労働の合意による管理方式である（第Ⅲ部第1章註（4）参照）。雇用と引き換えに労働側が受け容れた内容は、「徹底した効率化を可能にしうる労働編成原理（柔軟な配置転換、小集団によるクォリティ・コントロール、一人で複数の職務をこなす多能工化・少人化）およびそれに付随して、しばしば前近代的とさえ指摘できるような、低い労働分配率を可能にする協調的労使関係、年功をベースとする職能給制度、画一的・集団主義的な企業文化」である（坂本旬「日本型フォーディズムの形成と能力主義の変容構造（下）」、一九九二）。

★10　団地への憧れについては、第Ⅱ部第1章で採り上げた『下町の太陽』で、町子（倍賞）が、結婚して会社を退職した友人を郊外の団地に訪ねるシーンが印象的である。一緒に尋ねたもう一人の同僚は――町子の恋人、道男と同様に――しきりに団地への憧れを口にするが、町子は専業主婦となって夫の帰りを待つばかりの〝団地妻〟に違和感を持つ。

★11　ナショナルな感情について、江藤淳は「戦後と私」（一九六六）というエッセイの中で、自分の父が戦前親しんだゴルフをなかなか再開しなかったことを書いている。乗馬もやったモダンな「父」は、「戦後そういう気分になれなかったので、つまり不幸に耐えねばならないと思いつづけていたので、一度もゴルフ場に足ぶみしなかったのである」。

★12　安保闘争のナショナリズムについて、評論家の磯田光一は『戦後史の空間』（一九八三）で次のように指摘した。

「戦後ナショナリズムの全文脈からみるとき、私には六〇年安保はつぎのようにみえる。すなわち日米同盟による軍事基地の後ろに人々は占領の間接的な継続を感じとり、ナショナル・アイデンティティの拘束された遺恨を、旧敵国と手を組んだ〝岸信介〟という象徴に投影し、それを葬ることによって人びとは何ものかを蘇生させる祭儀をおこなったのではないだろうか」。

蘇生されたのは言うまでもなく、豊かさへの欲望であろう。それは一面ではナショナル・アイデンティティの発揮であったが、奇怪なことにアメリカ文化の模倣と摂取を通して実行された。磯田はその屈折した〈社会意識〉を以下のように描き出した。

「高度成長を潜在的に支えていた情熱の本質は、一九六〇年にアメリカの拘束力をはねのけることのできなかった民族が、こんどは生活様式においてアメリカと対等になろうと努力した国民運動としてもとらえることができる。それはアメリカニズムの流入を無際限にしたという点では、ナショナル・アイデンティティを裏切るものではあった。しかし、かつての恥ずべき貧苦から自立しようと努力をつづけたという点では、物質的な繁栄をナショナルな自負の一部として実現してきた歴史でもある」。

★13　テレビはマーケティングのために生まれた装置である。消費の欲望を行動に変えるには、その対象が何であり、何の役に立つかを人々の頭の中に想起させなければならない。テレビはこの用途に召命されて、消費社会の高揚期に登場したのである。テレビは、家庭の真ん中に降り立ち、あらゆる消費財の情報を発信し、消費者の欲望を道案内しうる最強の道具だった。さらにいえば、テレビが地域や世代を超えて、消費者を造形したのである。戦後の消費のすべてのかたちは、テレビの中から生まれ、テレビの中で変容してきた。我々はテレビのように感じ、テレビのように欲し、テレビと一体化した。この点において日米の差は恐らくない。そこへたどり着くのに当方は多少遅れたものの、テレビジョン（遠方へ映像と欲望を送る技術）を私的時空間のただ中に招き入れることについて、彼らと我らはほぼ同様の無防備さを発揮したのである。

★14　桐島が観察したように、アメリカのマーケティングが消費者を強く駆り立てるように働くのと異なり、日本のマーケティングは、比較的穏やかな宣伝・販促活動の範囲内にあったという印象がある。それは、日本の社会・文化が「同質」であり、アメリカのように多様な文化を統合・同化するためにマーケティングを利用する必要がなかったからだろう。

★15　私の両親は一九七二年にひばりヶ丘団地を出て、東京都昭島市に戸建住宅を購入した。また私自身は八〇年、千葉市に分譲マンションを購入している。私の家族の住宅史は、戦後の住宅史に（嫌になるくらい）ぴったり重なっている。

★16　日本の大衆的なファッション産業を押し上げたのは、おそらくその「虚構化」のエネルギーである。三宅一生は一九七〇年にパリから戻ってオフィスを設立、山本耀司は七二年に「ワイズ」を、川久保玲は七三年に「コムデギャルソン」を立ち上げている。

★17　ジャン・ボードリヤールの『消費社会の神話と構造』（原著一九七〇）の翻訳が、一九七九年に日本で刊行されたことから見て、日本の読者には記号消費のリアリティが十分理解できたということだろう。これは驚くべきことかもしれない。事実、セゾン・グループをはじめとする日本の「先端的」企業のマーケッターは、商品の飽和した「高度消費社会」ではモノの違いを表徴する記号が欲望を刺激する、という理論をプラクティカルに適用してみせた、ボードリヤールの模範生たちである。

★18　糸井重里は、天野祐吉（『広告批評』編集長、当時）のインタビューに答えて、自分の書くコピーの中ではさまざまな〝倍音〟が鳴っていると語っている。たとえば、「不思議、大好き。」は、日常生活の小さな出来事（編み物やコップからこぼれた水）に発しているように見えて、実は「人間はなぜ人を殺したいと思うんだろうとか、なぜ浮気をしたいと思うんだろうとか、そういうことまで含めて「不思議、大好き。」」なのだと言う（『広告の本』、一九八三）。いわば、私小説的発想の中に、深淵な存在論が潜んでいるという自作解説である。

また一方で、そのコピーを発信する企業について、「「不思議、大好き。」なんて、あれ、実際ヘンなもんですよね。「僕たち、何もできません」と言ってるのと同じことですから」（前掲書）と突き放して語る。消費者の地位が上がるにつれて、企業は消費者と一緒に考えるフリをしなければならなくなっている。そうした事情を自分のコピーは浮き彫りにしているというわけだ。

このように、さまざまな「解説」がそのつど繰り出されるが整合性は定かでない。「ああも言えればこうも言える」式の糸井節である。社会学者の北田暁大は、この糸井流レトリックに含まれた政治的な位置取りを〈「抵抗としての無反省」＝「消費社会的アイロニズム」〉と呼んでいる（『嗤う日本の「ナショナリズム」』、二〇〇五）。それは、「世界（思想）と自己との関係への反省を迫る「六〇年代的なるもの」に抗い、世界を記号の集積体として相対化する消費社会の話法」であり、全共闘から内ゲバへ連なる糾弾の論理からの離陸だったという。

第3章　村上春樹と対米闘争

一　アメリカニズムの波打ち際

第Ⅲ部のこれまでの章で述べてきたように、戦後日本は労働と消費のそれぞれの分野で、深くアメリカに接し、学びながら、なんとかその掌から半身を引き剝がす努力を続けた。七〇年代は、アメリカの影から逃れ出ようとするパワーが、頂点に達した時期であるように見える。本章では、「戦後的近代」からの脱出でもあったこの「自立」のプロセスを、文学的想像力を通して観察していく。

一九七六年十月、村上龍はニューヨークへ出かけた。その年に、『限りなく透明に近いブルー』で第十九回群像新人賞と第七十五回芥川賞を受賞した村上の、初めての海外体験だった。ちょうど日本企業がオイルショックを乗り越え、旺盛な輸出によって、復活への足がかりをつかんだ頃のことである。

二年後に「ニューヨーク日記」と題して書かれた旅の記録には、もっぱら食べたものと飲んだもの、クラブで聴いた音楽のことしか書かれていない。ただしその冒頭では、コパカバーナの海岸で、言葉の通じない女とローリング・ストーンズやロッド・スチュアートの曲を夜明けまで合唱したと、やや得意げに記している。そして、ポップカルチャーの世界性にそんなふうに触れている自分と比べて、「サブカルチャアだ植民地文化だと言っている人は、眼鏡をかけてカメラをぶら下げ汗をかきながらネクタイをしめてゾロゾロ歩く農協の観光客と何ら違うところはない」と書いた。

『ブルー』について「サブカルチャアだ植民地文化だ」と評したのは、評論家の江藤淳である。江藤は、村上の芥川賞受賞に際して、『ブルー』が在日米軍基地周辺にたむろする、黄黒白混合の若者たちの「一つのサブカルチュアの反映」に過ぎないとこき下ろした。仮にも文学の「表現」を企てるなら、描かれる部分的な文化は、全体の文化とのかかわりあいの上に位置づけられねばならない。それがなされないなら、「反映」以上のものにはならないという論理だった。

ところが四年後、江藤は、田中康夫の『なんとなく、クリスタル』（一九八一）を高く評価し、文壇や読者の意表を突いた。『クリスタル』にも、全編にブランドとファッションのサブカルチャーが敷き詰められていたからである。なぜ、村上のサブカルチャーは排撃され、田中のサブカルチャーは賞賛されたのか。

ご存知の読者も多いだろうが、加藤典洋は、『アメリカの影』（一九八五）でこの一見奇妙な江藤の言動を採り上げ、その評価基準が作品のサブカルチャー性にあるのではなく、作家の「アメリカ」に対する姿勢にあると見た。もちろん、村上と田中の作品は正面からアメリカを論じているわけではない。村上の『ブルー』には、暴力的な性交渉によって日米の主従関係を暗示する場面があるものの、田中の『クリスタル』には――加藤の執拗な探索眼に導かれない限り――「アメリカの影」はただちに見えない。しかし、示唆されてみれば、左記のような男女の関係には、日本の米国に対する、いまだに依存的な関係が透けて見える仕掛けになっている。


私はこわかった。淳一が離れていってしまうのが。

おたがいに必要以上には束縛し合わないというのも、淳一が私から離れていかないという保証があっての話だった。やはり、淳一がいてくれるということが、私のアイデンティティなのだった。（『なんとなく、クリスタル』、一九八一）

江藤は、こんにちふうの男女の、実は古風で淫靡な関係を借りて、国家間のもたれあいを（たぶん確信犯的に）描いた田中の「批評精神」にエールを送った、というのである。加藤によれば、江藤がいらだつのは、村上が日本のジレンマに無頓着であったからだ。日本は、「一九四六年憲法」の拘束とアメリカの圧迫から脱しなければならないにもかかわらず、アメリカなしにやっていけない。その困難を理解せず、「「ヤンキー・ゴウ・ホーム！」とやる村上は――江藤に言わせれば――全然わかっちゃいない甘ったれなのである」（加藤典洋『アメリカの影』、一九八五）。

しかし、村上龍が「全然わかっちゃいない」ままであったわけではない。恐らく、彼は、江藤から受けた批判の「芯」を理解した上で、アメリカに対する自身のポジションを明確にしていった。ただし、それは、三作目の長編『コインロッカー・ベイビーズ』（一九八〇）を書いてからのことだろう。この文字通りの長編で、村上は、二人の「存在すべきではなかった子供たち」を主人公に、憤怒と破壊のファンタジーを書いた。

デビュー作と、第二作の『海の向こうで戦争が始まる』（一九七七）には、村上自身の私的視線が残っていた。体験的だが幻想的なエピソードを想起する視線は、想起ゆえに固定したままで、一六ミリフィルムのような粗い映像が映しだされていく。その中には、敗戦によってもたらされた従属や蔑視を再現するようなイメージもあった。江藤を刺激したのが、そのような主人公の視覚だったのはまちがいない。

村上は、『コインロッカー・ベイビーズ』では、一転、挿話的な幻視の世界から出て、ロールプレイング・ゲームのキャラクターのように運命論的で（それゆえ）行動的な人物群を登場させ、日本-東京を神話的世界に変形させて、スピード感のある活劇と惨劇を描いてみせた。恐らくこの小説のカタストロフィは、七〇年代後半から八〇年代初頭のアニメやコミックと、想像力の基盤を共有している。現状を終末論的な閉塞状況（コインロッカー）と見て、そこから破壊を以て脱出しようとする意志は、すでに「ヤンキー・ゴウ・ホーム！」のような弱々しい叫びではない。この世界を、それを隠された場所から制御する者もろともに爆破しようとしている。

恐らく村上は、デビュー当時もそれ以後も、ナイーブな反米主義者ではなかった。彼は、アメリカが際限なく発し続け、戦後世界に浴びせ続けてきた「アメリカ的なもの」にきわめて意識的であったし、愛憎半ばのうちにそれと交わることに強い使命感を持っていた。

「アメリカン★ドリーム」という自問自答形式の文章で、村上は「ポップの波」が日本に押し寄せていると書いている。それは単純な植民地化ではない。「日本とアメリカの奇妙で曖昧な関係そのままの「奇妙で曖昧なポップの波」が寄せてきている」と言う。

その（ポップの――引用者註）波打ち際で仕事をしていない表現者は、まず全部ダメだ。これはもう救いようがない。ただ、ほとんどの人はそのことに気付いていないと思う。タンポポの種子みたいなポップの種子をアメリカはもうほとんど全世界にばらまいた。そしてそれはその国の土質に応じて、今や完全に根づいてしまったんだ。（『アメリカン★ドリーム』、一九八五）

村上はこの引用文の後で、ポップを「大衆の快楽」と定義し、それに人々が接触した時に「アメリカン・ドリーム」が生まれたと語っている。「ポップ」とは、ポピュラーカルチャーにとどまらず、アメリカの欲望システムや消費社会そのものであり、それを普遍的な正しさとして世界中に拡散していくアメリカの戦略でもある。

今やアメリカは世界だ。そのことは間違いがない。アメリカの価値観が世界に拡がっていく。「あなたにとってアメリカとは？」とよく聞かれるが、あまり意味はない。ドイツとかフランスとかベルギーとは違って、アメリカが世界そのものだからだ。「あなたにとって世界とは？」そんな問は意味をなさない。（前掲書）

つまり、これは「アメリカニズム」である。世界一の軍事力と経済力を有し、二十世紀以後の政治・経済・社会・文化モデルの「標準型」を主導してきたアメリカのウェイ（やり方）である。それは、政治思想としては「リベラル・デモクラシー」を標榜し、自由市場における競争を主張し、「中流」の生活を理想化する大衆社会を形成し、民族や人種による差異を無視する画一的な文化を発信する。アメリカ起源の様々な財やサービスが誘導する大量消費の密雲は、常にアメリカニズムの上空にあって、その版図の拡大とともに、上空を覆っていったのである。

> アメリカは日々私に刻印し続ける。それはあまりに日常的なことなので（例えば、『スター・ウォーズ』を観に行くことはまちがいなく日常的なことだ）、自覚するのが難しい。コカ・コーラもマグドナルドもリーバイスも日本の日常そのものだが、実はそれらは、思想なのだ。
>
> 思想なのだから、本来は格闘しなければならないのだが、コカ・コーラと格闘するのは難しい。
>
> 吉本隆明にもそんなことはできない。（前掲書）

アメリカニズムと格闘するのは絶望的に困難だ、と村上は言う。日本は確かに工業生産でも消費文化でもアメリカに匹敵し、それを凌駕するところまで辿りついたが、アメリカニズムの本体には手も足も出ない――村上の認識はそのようなものだった。[★1]

しかし、日本が実際に選んだのは、「格闘」のような対抗的な戦略ではなかった。我々は、正反対の道を選んだ。日本は、一九七〇年代にアメリカとひとつになる道を選んだのである。いや、もう少しいえば、日本的アメリカニズムを完成させ、それを自身の新しい姿として認識するようになった。そして、この時期に作品を書き始めた作家たちは、多かれ少なかれ、その事情にある程度気づいていた。というより、それに気づいていない限り、七〇年代の日本で、文化の本質に触れて書き始めることはできなかった。

二　呑み込まれたアメリカ

ただし、気にかかるのは——加藤が言うように——村上も田中もともに「アメリカの影」を帯び、ともに日米関係を性的関係の暗喩で描く「同工」にもかかわらず、なぜ、江藤から正反対の反応を引き出すような「異曲」を演じたのか、ということだ。『ブルー』では、主人公やその女友達を蹂躙するアメリカ人の肉体そのものが描かれるのと対比的に、『クリスタル』では、主人公と恋人の依存的関係は暗喩でしか表象されない。このような婉曲な表現こそ、江藤が田中に認めた「批評精神」の発露であったのだろうが、では、なぜ田中にはそういう表現が可能だったのか。

日本は日本的アメリカニズムを完成させたと書いたが、言葉を換えれば、この国はアメリカニズムを自身の内部に取り込み、日米の境界を限りなく曖昧にした上で、一個の心的システムとして認識するようになったのである。「外」にあったアメリカが「内」に入り込んだ結果、それは貫入してくるものではなく、心象のように浮かび上がるものになっていった。その内面化は、恐らく七〇年代の半ばから後半にかけて起きたのである。

『クリスタル』の中には、ファッショナブルな小物に囲まれた若い男女の関係に、「アメリカの影」（「カーキ色をしたトラック」）が通り過ぎる瞬間がある。その瞬間、「クリスタル」な都会の物語の背景に隠された権力関係が浮かび上がる。★2 田中にこのような凝った仕掛けを促すような意識の変化が、七〇年代の後半に起きたのである。

こうして、『ブルー』と『クリスタル』の趣向の違いや位置関係が見えてくると、一九七九年に群像新人賞を受賞した村上春樹の『風の歌を聴け』（一九七九）も、アメリカニズムの内面化に深く言及した小説であることが分かってくる。

小説の冒頭には、主人公である「僕」が、デレク・ハートフィールドという一九三〇年代のアメリカの作家に文章を学んだ、というイントロダクションがある。ハートフィールドは、もっともらしいプロフィールを添えられているものの非在の人物である。しかし、多くの読者は、その真偽を知らされないまま、小説を読み進む。つまり、この小説の一人称「僕」の真偽も、「僕」が明かすひと夏の物語の真偽も、ともに定かならぬままに、読者は小説を読まされる仕掛けになっている。

小説は虚構であり、その虚構の時空間に現われる人も街も実在するものではない。そのことはあらかじめの約束であったはずだが、『風の歌を聴け』という虚構の向こう側に、さらにハートフィールドという非在の作家による虚構の世界（例えば、その作品「『気分が悪くて何が悪い？』一九三六年」）があるといわれれば、読者は軽い目まいのような感覚に襲われる。

眼前の物語の向こうに、もうひとつの物語がある。小説は、その見知らぬあちら側の世界を根拠に成立している。ならば読者は、書き手と足場を共有しえないはずなのに、書き手の似姿と思しき主人公は、六〇年代末の現実の事件を語っている。読者は混乱し、あちらとこちらの空隙に、もうひとつの歴史（偽史）を探し求めることになる。

『風の歌を聴け』の新しさや重要性は、たぶんそこにあり、そこにしかない。この国のこの時代を描きながら、描く者（話者）の根拠を、別の国の別の時代の言説に求めるというやり方が、村上春樹のイノベーションであった。カート・ヴォネガットの真似だという論評はあったが、半分は正解で半分は誤解である。ヴォネガットの話法を真似ながら、非在のアメリカ作家を根拠に作品が書かれたことに最大の意味があり、ヴォネガット調に本質があるわけではない。また、アメリカニズムを内面化した一九七〇年代の日本で、この作品が書かれたことが切実なのであって、六〇年代の出来事が断片的に回想されることにさほどの重みはない。

冒頭のイントロダクションには、実はこう書いてある。

僕は文章についての多くをデレク・ハートフィールドに学んだ。殆んど全部、というべきかもしれない。不幸なことにハートフィールド自身は全ての意味で不毛な作家だった。読めば分かる。文章は読み辛く、ストーリーは出鱈目であり、テーマは稚拙だった。しかし、それにもかかわらず、彼は文章を武器として闘うことのできる数少ない非凡な作家の一人でもあった。

（『風の歌を聴け』、一九七九）

うがっていえば、ハートフィールドとはアメリカニズムである。そして「僕」とは、アメリカニズムを学んだ、この国を表わす一人称である。アメリカニズムは、でたらめで稚拙であり、にもかかわらず闘う武器を持っていた。ハートフィールドの最大のヒット作「冒険児ウォルド」のシリーズで、主人公ウォルドは、「三回死に、五千人もの敵を殺し、火星人の女も含めて全部で三百七十五人の女と交わった」という。これもまた、アメリカの犠牲になった者たちの象徴的数値のように見える。

しかし、さらに目を細めてみると、ハートフィールドに「日本」を代入しても論理は整合する。この国もまた「全ての意味で不毛」かもしれないが、文章＝知識を「武器として闘うことのできる数少ない非凡な」国であった。「僕」はそのような国に生まれ、「殆んど全部」を学んだ、のである。

つまり、村上春樹においては、田中康夫と同様、アメリカ／アメリカニズムは、内面化され、挿話のようなものになっている。『風の歌』のつい数年前、『ブルー』の中で、巨大なペニスを持つ黒人兵として形象化されたアメリカは、三〇年代に存在していたとされるマイナーな作家に姿を変えている。黒い大男は錬金術師のつくるホムンクルスのような小人に縮小され、作家のつくる人工的世界の中に住まわされている。

当時、群像新人賞の選考委員は、佐々木基一、佐多稲子、島尾敏雄、丸谷才一、吉行淳之介の五人であったが、選評を読むと、ことの本質にわずかに気づいていたのは丸谷一人であったようだ。英米文学に明るい彼は、村上が「外国のお手本」を元に「昔ふうのリアリズム」から離れたことを賞賛し、「この新人の登場」が「強い印象を与へるのは、彼の背後にある（と推定される）文学趣味の変革のせいでせう」と書いた（『群像』一九七九年六月号）。しかし、ことは「文学趣味の変革」ではなかった、と私は思う。

もう一度振り返れば、村上龍は、日米関係を暴力的な支配関係と見なす視線を明示的に語って恐れなかった。田中康夫は——加藤によれば、だが——日米関係を男女の抜き差しならぬ関係に見立てつつ、選ばれた「女」であることを記号（ブランド）で演じる愉しさ（と侘しさ）を語ってみせた。そして、村上春樹は、アメリカ文学に対する親近感を隠すことなく、しかも小説が成立する根拠が疑似アメリカであるような小説を書いた。

また、一九七六年の『ブルー』と、七九年の『風の歌』及び八〇年の『クリスタル』の間には、スタイルやテーマではなく、作品世界の設《しつら》えに決定的な異質感がある。それは、「使用前－使用後」のような人工的な操作の痕跡なのだが、譬えて言えば、生き物が何か大きなものを呑み込んでしまった後に発する倦怠感のようなものを伴っている。

呑み込んだものは、アメリカである。それまでは慣れ親しみながらも外にあったアメリカを、我々は口に頬張り、徐々に嚥下し、身体化し内面化した。その「呑み込み」がどのように行なわれたのか、また、どのような心的変化をもたらしたのか、が本章の中心的な関心事である。

七〇年代、日本がアメリカと奇妙な「一体化」を起こしたのは確かである。戦後一貫して、絶対的な先導者、保護者であったアメリカを、日本はようやく相対化し、対象化し、呑み込んだ。それはアメリカ離れのように見えたが、実は離陸《テイクオフ》ではなく、アメリカの日本化であり、日本がアメリカ以上にアメリカ的な日本になることだった。

前章で述べたように、七〇年代に始まったファッションや「ライフスタイル」の消費は、欧米文化を模倣しながら、日本の現実を虚構化した。消費者は、青山・原宿・渋谷が模倣的欧米であることを知りながら、その時空間に立ち交じり、匿名の視線の対象になり、模倣的商品を購入することを強く欲したのである。

村上春樹は、こういう擬似欧米的和風文化に彩られた「消費社会」の只中にデビューした作家である。『風の歌を聞け』が、七〇年代前半の小説とはまったく異なる風情を持っているのは、ここに理由がある。

彼の初期作品の見かけは、明らかに「ライフスタイル」小説である。港町のバーで毎晩ビールを飲み続けるのも、ビーチ・ボーイズの曲に過剰な意味を求めるのも、スタイルの発揚である。登場人物は、作家の代弁者・代行者というより、スタイルの具現者であるから、表面しかない空虚な存在である。ただし、この二次元性の一枚下には、自分のスタイルに対する批評意識がある。今の自分はたまたまこのようであるが、それは自身のいかなる必然にも根差していないという意識だ。主人公の「僕」が「鼠」と貧富について語り合うのは、スタイルへの屈託があるからだ。我々はそれぞれ別のあり方を選べたのかという、メタ・ライフスタイル問題の前を、彼ら二人は行きつ戻りつしている。しかもその問題は、実はこの国に二重写しされており、こんな設問となって読者へ響いてくる。

〈我々はアメリカなしにやっていけるのか〉。

あるいは〈我々がアメリカになってしまっていいか〉。

アメリカは「ライフスタイル」のひとつに過ぎないが、アメリカが目の前から消えた後、我々は手本なしの際限ない探索の旅へ出ていくことを強いられるのではないか、という自問である。

村上がライフスタイル・ライターに留まらず、本質的な作家として書き続けたのは、このメタな問いかけを抱えていたからである。ただし、人々は、表面的な「ライフスタイル」にカモフラージュされた彼の意図に気づかなかった。いや、作家自身も十分に自覚的でなかった可能性がある。

ともかく、村上は、何かに促されるようにして、この大胆な試みを敢行した後、呑み込んで見えなくなったものを——もちろん自身の内部に向かって——探しに出る。一連の「聖杯探求」型の物語がその後書かれたのは、そのような理由によっている。『１９７３年のピンボール』（一九八〇）、『羊をめぐる冒険』（一九八二）などの八〇年代初期の作品で、主人公はピンボール・マシンや特別な羊を「聖杯」に見立て、自身をあたかも円卓の騎士になぞらえるように、奇妙な旅に出かけていく。

もっとも、村上春樹だけが、アメリカを呑み込む（包摂的同化）という前代未聞の冒険に挑んだわけではない。東浩紀が見抜いたように、オタクはほぼ同じ主題の闘いを、まったく別の趣向で闘った人々である。彼らはアメリカに倣《なら》わぬ者たちであり、アメリカのねじれた日本化が生みだした者たちである。オタク文化は、アメリカ由来のサブカルチャーを「いかに「国産化」するか、その換骨奪胎の歴史だった」（『動物化するポストモダン』、二〇〇一）。しかも、その動機には戦後のアメリカの圧倒的な優位に対する嫌悪、敗戦によるトラウマが色濃く反映しているという。

たとえば、リミテッドアニメの「効能」に関する分析は興味深い。一秒につき八枚の動画（正規は一秒につき二十四枚）でつくられたリミテッドアニメは、当初ディズニー的リアリズムへの批判から始まったが、日本では、手塚治虫の『鉄腕アトム』以後、循環動画やバンクシステム（使い回し）などと併用されながら、テレビアニメのコストダウン策として普及した。しかし、これらのチープな節約手段は、フルアニメの滑らかな動きとは別の方向で作品の魅力をつくりだした。たとえば、富野由悠季や安彦良和らの作品に現われた物語や世界観の充実であり、安彦やスタジオぬえが先導したイラストレーションの洗練であり、金田伊功《かなだよしのり》らが開発した特殊な演出リズムなどである。これらの貧しさゆえのイノベーションが、日本アニメをオタク系文化の中核に押し上げ、また同時に、米国製アニメーションから遠く離れた、独自の美学を持つジャンルへ成長させていったのである。

確かに未来の宇宙空間や最終戦争後の地球を舞台にするなら、「アメリカの影」を消してしまえる。アニメ作家たちは、まるでアメリカなど眼中にないかのようなそぶりで、新しい自前の世界（偽史の世界）をつくりだした。そこは、アムロ・レイやナウシカのような非日本人が住まう場所だが、どこか日本的な感受性を共有する「反世界的」な日本である。この擬似的な日本は——アメリカが関与しない——世界の中心であり、すべての物語は、この擬・日本に関わりながら展開、進行していく。日本こそ、世界の中心であり、先端であり、それゆえに外来の敵の最初の標的である——このナルシシズムが、戦後日本に登場した最初の本質的非米文化たる、オタク文化のコアだった。

こうして、我々は一つの凡庸な認識にたどりつく。日本人と日本の社会は、恐ろしく勤勉な態度でアメリカニズムの核心を学習し続けた結果、ついに本家よりはるかに洗練されたアメリカニズムを達成したのであるにちがいない、と。

我々は、「リベラル・デモクラシー」はもちろんのこと、ＳＱＣやマーケティングをはじめとする経営技術も、中産階級的な美意識や幸福感も、合理や効率の下に論理を組み立てる思考法も、すべてアメリカから学んだ。その際、単純に同化することはなく、日本的な翻案と調整を施した上で実用化し、アメリカ人のやり方をそのまま模倣することはなかった。身体も精神も「属領化」されることはなかったのである。その代わりに、ひたすら学び続けることで、もうひとつのアメリカになった。もし、「アメリカの影」に怯えることがあっても、それは太平洋の向こうの星条旗の国家に対する怖れではなく、自身の内部で自動的に発動するアメリカへの恐怖である。村上春樹は、それを知って書くことを始めた作家である。

三　滑り落ちた超大国

一九六〇年代末から七〇年代初頭にかけて、アメリカは政治的にも社会的にも精神的にも、どん底を経験した。ベトナム戦争の敗北は目に見えていた。戦費によって財政はみるみるうちに悪化し、反戦運動と人種暴動が頻発して、政府の威信は地に落ちた。

ニクソン大統領は、辣腕のキッシンジャー（国家安全保障問題担当補佐官）とともに、強烈な危機意識にかられて、世界戦略の大胆な再編を進めた。

まず、共産勢力に対する地球大に拡大した封じ込め政策を見直し、ソ連とのデタント（緊張緩和）に動くと同時に、米中融和を仕掛けた。七一年、キッシンジャーが極秘訪中を果たし、七月十五日にニクソン自身がテレビで、翌年の訪中を発表したのである。

ニクソンによるショックは続く。

一カ月後の八月十五日、輸入品に対する一律一〇パーセントの課徴金を課し、ドルと金の交換の一時停止措置を含む、一連の新経済政策を発表した。いわゆるドルショックである。

国際通貨システムは、協議による為替相場の調整策（スミソニアン体制）を経て、変動相場制へ移行する。ブレトンウッズ体制と呼ばれた戦後国際経済システムは、七〇年代前半に、各国の変動相場制への移行によって終結したのである。

一九七三年十月、第四次中東戦争が勃発すると、石油輸出国機構（ＯＰＥＣ）は原油価格の引き上げを、アラブ石油輸出国機構（ＡＯＰＥＣ）加盟の諸国は生産削減とイスラエル支援国への禁輸を決定した。

このオイルショックで、日本は窮地に陥ったが、アメリカから格別の対応を引き出すことができず、アラブ諸国に独自の外交を展開して、アメリカとの溝を深めた。当時の世論調査では、日本人の対米感情は戦後最低のラインにあったという（七三〜七四年を通して親米感を持つ日本人は一八パーセントまで減った）。

日本人がアメリカを嫌いになったばかりではない。アメリカもまた、日本を冷たい目で見るようになっていた。政治的なテーマだけでなく、経済関係でも、日米関係は確実に悪化していたのである。

一九六五年以来、日米の貿易収支は逆転し、アメリカの輸入超過が続いていた。アメリカは、日本こそアメリカの安全保障と自由貿易システムの最大の受益者と見ていた。「メイド・イン・ジャパン」の優位が高機能と高品質によることに目を瞑ったまま、安保へのタダ乗りと日本市場の閉鎖性への批判が高まっていたのである。

いわゆる繊維交渉でも、アメリカはほとんど恫喝に近い強圧的な態度を示し、日本政府に譲歩を迫った。背景には沖縄返還交渉の駆け引き（「糸と縄の取引」）があったとされるものの、アメリカの政治色の強い要求を、日本が最初は拒絶しながらやがて呑むというパターンの、先駆けとなったといわれる。

明らかなのはアメリカが弱くなったことだ。アメリカは日本を保護し、容赦する余裕を失い、日本もまた、アメリカへの憧憬と依存から醒めていった。『ひよわな花』（一九七二）で、日本は政治外交領域ではいまだに独立した行動をとる力を持っていないと論じたブレジンスキー（政治学者）は、日本で新たな反米意識が生まれつつあるのを見逃さなかった。★3

アメリカの弱体化は、政治の失敗によるものだけではなかった。六〇年代後半から、製造業がはっきり不調を示していた。生産の増加は鈍化し、製造業の所得や雇用は頭打ちになり、国民経済における地位が低下した。中でも最大の凶兆は国際競争力の低下だった。

この凋落は、戦後のアメリカ製造業の黄金期を築いた生産と消費の好循環（フォーディズム）の終焉から来ている。テイラー主義的な労働管理が受け入れられなくなり、併せて画一的な大量生産品が求められなくなった。その結果、生産性上昇が停滞し、賃金上昇も望めなくなり、消費が低迷する。好循環はすべて裏返って悪循環へ入っていった。戦後製造業の先頭を走ったアメリカは、急速に金融などのサービス業へ軸足を移していく。

一方、日本はオイルショックからいち早く立ち直った。「日本（ジャパン）が（アズ）一番（ナンバーワン）」はこの時期、かなりリアリティのあるキャッチフレーズだった。

この機に乗じて日米の位置関係を――少なくとも想像的世界において――逆転しようという機運（少なくとも彼と我は同等であるという気分）が高まっても不思議ではなかった。アメリカは手強い相手には見えなかった。我々は小兵だが、アメリカを追い抜いたという実感を手に入れかかっていた。このようなナショナルな〈社会意識〉は、七〇年代の前半には存在しなかったものである。

四　戦後のあとの物語

村上春樹は、デビューしてからもしばらくは、「ピーターキャット」というジャズ喫茶を経営していた。最初国分寺に開いた店を千駄ヶ谷に移し、八一年には他人に譲ったと聞く。広告制作会社をやっていた私の友人が、たまたまその店を発見して連れていってくれたのがきっかけで、何回か通った。千駄ヶ谷駅から鳩森神社へ向かう道の小さな交差点の角で、二階の店の窓からは、新宿の高層ビルが目の高さに見えた。

その夜、私は若い友人と二人で、かなり遅い時間に店へ入った。たまたま、読みかけの『1973年のピンボール』を持っていた。午後十時を回る頃に、店のオーナーがやってきてレジのチェックを始めた。少々酔っていた友人は、その本をつかんでふらりと立ち上がり、レジへ近づいていった。驚いた私もその後についた。挨拶すると、たしか向こうは、少しだけ顔を上げて頷いたような記憶がある。そこでわが友は本を差し出し、サインを求めた。一瞬の間があった。オーナーは無言のまま拒否のしぐさによって、酩酊した読者のリクエストをはねつけたのである。

私の、村上という人物に対する感覚は、この時点からほとんど変わっていない。ただし、彼の作品に対する感じ方は、久しぶりに読み返すとすっかり変わっていた。一言でいえば、作品の中に、嵐が過ぎ去った跡のようなものが見えるようになった。洪水と氾濫の痕跡（決壊した護岸や引き裂かれた流木）のようなものが点在しているのが、分かるようになったのである。たぶんそれは、一九八〇年の現在から六〇年代と七〇年代を振り返った時に、この作家自身が見たものにちがいない。

『1973年のピンボール』（一九八〇）は、二十日足らずのワン・サマー・ストーリーだったデビュー作と異なり、作品中に一九六九年から七三年にかけての四年間の時間経過が織り込まれている。この四年の間に、「僕」も「鼠」も、「僕」のガールフレンドの直子も、正体の知れない力によって圧迫され、追い詰められてしまっている。直子はすでにこの世を去り、鼠もまた衰弱しきっている。「僕」はかろうじて聖杯たるピンボール・マシンにたどり着き、イニシエーションのような再会を経て生還する。

この作品には、ストーリーに少しずつからみつく――それも特定の年が刻まれた――象徴的な事物や光景が散在している。

ひとつのカテゴリーは、六〇年代に起きた惨劇や排除や暴力のエピソードである。

直子が十七歳の時（一九六七年）、電車に轢かれて「何千という肉片となってあたりの野原に飛び散り」死んだ井戸掘り職人の話。また一九六二年、鼠の住む街の漁師たちが追われるように浜辺から去っていった話。さらに、ジェイの飼い猫が何者かに手のひらを潰された話（一九六九年）などである。

つぎのカテゴリーは、一九七三年という、小説中の「現在」に関する記述である。もっとも印象的なのは、鼠の心象風景を通して語られたつぎの一節だ。

一九七三年の秋には、何かしら底意地の悪いものが秘められているようでもあった。まるで靴の中の小石のように鼠にははっきりとそれを感じ取ることができた。（『1973年のピンボ

ール』、一九八〇）

秋になると「ジェイズ・バー」の客も減っていった。

例年のことではあったが、その秋の凋落ぶりには目を見張るものがあった。そしてジェイにも鼠にもその理由はわからなかった。店を閉める時間になっても、フライド・ポテト用に剝いた芋がバケツ半杯分ばかり残っているという有様だった。

「今に忙しくなるさ。」と鼠はジェイを慰めた。「それで今度は忙しすぎるってまた文句を言い出すんだ。」（前掲書）

しかし実のところ、この時以来、「忙しくなる」ことはついになかった。港町のバーも日本の企業も――いっときの賑わいは別として――本質的に忙しい時代は過ぎ去り、「底意地の悪い」停滞と倦怠が、湿った霧のようにそこここを覆った。

兆候は一九七〇年から始まった、とこの作家は認識していたようだ。これが三番目のカテゴリーに属する一九七〇年の事象である。

たとえば、「僕」と同じ学生アパートに住んでいた長い髪の少女は、何かに引きずられるように故郷《くに》へ帰っていく。おそらく直子もそのように――我々は『ノルウェイの森』でその事情を知る――消息を絶つ。その年の冬、「僕」はピンボールにのめり込み、真冬のゲームセンターで震えながら、「3《スリー》フリッパーのスペース・シップ」という名機と「短い蜜月」を過ごす。女性の声で語るこのピンボール・マシンは、「僕」の悔恨――おそらくは直子の死をめぐる悔恨――を受け止め、許しを与えるが、「僕」はついに傷を癒すことができない。三年後の聖杯探索のようなピンボール・マシンの捜索は、その悔恨をもう一度確認するためのミステリー・ツアーのように見えるが、我々は主人公の内面を十分に知ることなく、小説を読み終える。

加藤典洋は、『風の歌』以来の作品はことごとく、此岸と彼岸の往還の物語であると解釈している。[★4]デビュー作ですでに鼠は死者であり、『ピンボール』でも自死に赴く者として描かれている、という。直子も然り。加藤によれば、「僕」が養鶏場の倉庫で再会するピンボール・マシンは、彼岸からいっとき此岸へ戻ってきた直子である。東京のはずれにあるらしい倉庫が「世界の果てみたい」なのは、そこが彼岸との境界であるからにほかならない。

たしかに、村上作品に立ち込める幽明往還の感覚は、この着眼によって解釈できる。しかし、『ピンボール』には、此岸と彼岸の対比だけでは解消しきれないものがある。そのひとつは、一九七〇年を境に、世界が戦後の「後」の時代へずれ込んでしまったことへの気づきだ。鼠や直子が「あちら」へ去っていくのは、この新しい世界から異物のように閉め出されてしまうからである。

ただし村上は、なぜ彼らが退去せざるをえなかったのか、その理由を『ピンボール』で書ききることはしなかった。理由はわからない。後に書かれたいくつかの作品で、鼠や直子がいなくなった事情はしだいに明らかにされていったのである。

たとえば鼠の事情は、『羊をめぐる冒険』（一九八二）で描かれた。前二作を大きく上回るボリュームのこの長編は、量だけではなく、読者の予想を大きく覆す質を持つ作品だった。

しかし、当時の読者は少なからず違和感も持った。

結論から述べてしまえば、『羊をめぐる冒険』は、鼠が生きて死んだ理由を、いかにも作り物に見える昭和の偽史にはめ込んで正当化した小説である。そのために随所に破綻が露呈する。加藤はそれを「一個の「空しい」遍歴の物語」と呼んだ（『村上春樹イエローページ』、一九九六）。謎を秘めた北海道の山荘の所有者が鼠の父親だったり、瀕死の状態にある右翼の大物がその山荘のある町で生まれていたりする偶然に、加藤同様、我々も「シラけ、本から目を離しそうにもなる」。確かに作者の身勝手な作り話は、作品からもっともらしさを奪い、前二作が保持していた、私的で風俗的なリアリズムをぶち壊してしまった。

しかし、村上がこの長編第三作で、新しい地平を切り開いたのは事実だ。それは聖杯伝説や通過儀礼などの「物語装置」を使って、しがない若者たちの登場する私小説を、「世界小説」へ押し上げるトライアルだったのである。

最小限に筋書きを追ってみる。

一九七三年、「街」を出た鼠は消息を断つが、七七年十二月と七八年五月の二回、「僕」に手紙をよこす。二度目の手紙に同封されていた羊の写真が、この物語の論理的起点になっている。鼠の要請に従ってその写真を雑誌に掲載すると、黒服の男が現われ、写真に写し撮られた背中に星印のある羊の所在を探索せよと命じる。件《くだん》の羊は、男の雇い主である右翼の大物に取りついていたが、まるで利己的遺伝子《セルフイッシュ・ジーン》のように別の宿主を求めて出ていったのだという。

こうして主人公は、ある種のミステリーのように事件に巻き込まれる。一九七八年九月、「僕」は、予知能力のある耳のモデルと一緒に北海道へ渡り、札幌のドルフィンホテルに投宿して羊を探し始める。聖杯探求のスタートだ。

ホテルで出会った羊博士から写真の場所を教えられ、そこへ向かう途次で——先に述べたように——「僕」は目的地の正体を知る。

羊の牧場を付設した鼠の別荘は、異世界である。すでにこの世にいない鼠が羊男の姿で現われるが、もって回ったやりとりに「僕」が怒りを表わすと、ようやくことの真相を告げる。なにかの事情で——その事情は不明である——羊は右翼の大物から抜けて鼠に取りついた。その目的はわからないが、鼠は自分が自分でなくなることを拒否し、自死を選んだ。闇の中で、彼岸に旅立つ直前の鼠がそう明かす。

「簡単に言うと、俺は羊を呑み込んだまま死んだんだ」と鼠は言った。「羊がぐっすりと寝こむのを待ってから台所のはりにロープを結んで首を吊ったんだ。奴には逃げだす暇もなかった」

「本当にそうしなきゃならなかったのか？」

「本当にそうしなきゃならなかったんだよ。もう少し遅かったら羊は完全に俺を支配していただろうからね。最後のチャンスだったんだ」

鼠はもう一度手のひらをこすりあわせた。「俺はきちんとした俺自身として君に会いたかったんだ。俺自身の記憶と俺自身の弱さを持った俺自身としてね。君に暗号のような写真を送ったのもそのせいなんだ。もし偶然が君をこの土地に導いてくれるとしたら、俺は最後に救われるだろうってね」

「それで救われたのかい？」

「救われたよ」と鼠は静かに言った。(『羊をめぐる冒険』、一九八二)

鼠という六〇年代のシンボルが退去する理由は、このようにやや両義的に説明される。羊に象徴される邪悪な意志(と強大な力)を拒む倫理が一方にあり、他方には、「俺自身」はそのままでなくてはならないという論理がある。倫理と論理を同時に遂行するためには、羊を呑み込んだまま死ななくてはならない。それが、『風の歌』で「金持ちなんて・みんな・糞くらえさ」とどなった男の運命だと、村上は考えている。彼は、六〇年代から何かを負った(あるいは課された)者は、このようにしてその負債(あるいは課題)を始末しなければならないと考えた。「僕」は鼠をそのように見ている。

我々が強くうたれるのも、鼠がこのように両義的な死を選んでいるからだ。六〇年代的な考え方というものがあるとすれば、それは他者を救う倫理と自己を守る論理の両方を保持しようとするものだ。鼠はその考え方で自身を持ちこたえ、それに従って死んだ。

ただし、別の解釈がありうることに、我々は気づいている。

鼠は、アメリカを呑み込んだ村上のやり方を、そっくり真似ているのではないか。「羊」とは、実は最初からアメリカの謂《いい》ではなかったのか。しかも村上は、アメリカを呑み込んだその人物を、死に追いやってみせたのである。

これが村上春樹という作家の戦略であり、真骨頂だったと私は思う。彼は「鼠三部作」で六〇年代の強制終了を実行し、併せて日本が内面化したアメリカも殺害した。換言すれば、六〇年代という「第二の戦後」に引導を渡し、アメリカという「第二の日本」を忘れ去ろうとしたのである。[★5]この二重の戦略は、明確に浮上したことはないが、実は七〇年代の深奥の〈社会意識〉だった可能性がある。

　再びアメリカに話を戻して本章を終える。

　七〇年代に落魄したアメリカは、おぼつかない足取りで八〇年代を迎えた。レーガン大統領は「強いアメリカ」の再建を目的に、大幅な減税と軍事費の増加を進めた。他の歳出は十分に削減されなかったから、大規模な財政赤字を生み出した。同時にインフレへの懸念から金融引き締めが行なわれたので、金利は上昇し、海外からの資本流入とドル高が生じた。

　ドル高は輸出における価格競争力を奪うだけでなく、賃金など生産コストの相対的上昇と安い輸入品の殺到によって製造業の海外移転を招いた。その空隙をめがけて、日本企業をはじめとする海外企業が陸続と侵入した。後には巨額の貿易赤字が積み上がった。

　もっとも打撃を受けたのは、鉄鋼、自動車、家電などの成熟産業であり、中でもナショナルブランドを有する大企業だった。

「メイド・イン・アメリカ」がオーラを失った原因は、マクロ経済の影響だけではなかった。現場の製品開発力が減退し、生産性も低下していった。企業経営自体も覇気をなくしていた。「アメリカの工場は非能率的であると非難され、労働者は意欲に欠け、誤った訓練を受けていると指摘されている。また経営者は、より適切な長期目標よりも、目先の利益を求めていると批判され」ていたのである（M・L・ダートウゾス他『Made in America』、一九九〇）。

　このような危機意識を背景に、一九八六年、マサチューセッツ工科大学で、「MIT産業生産性調査委員会」が発足し、八つの産業分野にわたる大々的な調査が開始された。三十人の教授が参加し、三大陸をまたぐ二百社の企業の訪問調査が行なわれた。メインテーマは、「アメリカの国家経済の将来を脅かすほど深刻だと思われるインダストリアル・パフォーマンス低下の問題」であった。そのレポート『Made in America』（一九九〇）は、日本の製造業と比較しながら、米国の問題だらけの開発・製造システムを描きだした。行き過ぎた分業と専門化が業務を複雑化し、様々な非効率を生んでいた。製品の開発時間が長くなっただけではない。商品出荷のような仕事、顧客の与信調査のような仕事でも、分業と専門化が手間と時間を増やしていた。スリムでフレキシブルな日本の製造業と対照的に、米国の製造業の多くは、恐竜化しながらその姿に気づいていなかったのである。『Made in America』には、あの国には珍しい痛みを伴った自己分析と自己批判のトーンがある。世界の頂点に居据わっていたはずの自国の産業が、いつの間にか二流三流のガラクタづくりに転落していたことに呆れ、驚いている。しかも、起死回生の策を探る手つきには不器用な大男のような物悲しさがある。

しかし、アメリカはそのまま負けたわけではなかった。アメリカ企業は八〇年代に、戦後ほぼ初めてといってよい経営の抜本的な再編と合理化に着手したのである。その「変革」の規模と速度は、他の国の予測をはるかに上回っていた。

その方策の代表がリストラクチャリングだ。過剰な人員や老朽化した設備を削ぎ落とすダウンサイジングを進めながら、事業分野や製品種類を選択し、本業や競争力のある分野へ集中する。並行して、事業の売り買いを目的とするM＆Aが頻発した。

リストラクチャリングが可能になった背景にはＩＴがある。経営情報がデジタル化されて共有され、意思決定のスピードアップを促進した。同時に中間管理職の削減や組織階層のフラット化が進み、組織がスリム化されていったのである。

生産組織も経営組織もよりフレキシブルになった。アメリカの伝統的な分業システムと階層的な組織構造が見直されていった。ここでさかんに研究され、学習されたのは、日本企業の仕組みだった。いわゆる「系列」は「バーチャル・コーポレーション」と翻訳され、日本企業の製品開発システムや製造方式が、リエンジニアリング（業務プロセスの再構築）やリーン生産方式（ムダを排するスリムな生産方式）などの理論へ整理されていった。★6

その結果、九〇年代になるとアメリカの産業は劇的に復活した。一九九一年を底にアメリカ企業の純利益は増加し、多くの業種の企業が記録的な好業績を示した。ビッグスリーさえ史上最高の純益をあげたのである。もちろん、背景には個々の産業や企業の改革ばかりでなく、国を挙げての産業政策があり、スーパー三〇一条に代表される攻撃的なユニラテラリズム（アメリカの一方的単独行動主義）があり、八五年のプラザ合意によるドル安への誘導もあった。

しかし復活したアメリカは、かつてのアメリカではなかった。アメリカの経済をリードしているのは、もはや製造業ではなくサービス業であり、その中でも金融業とＩＴ産業だった。「富はメインストリート（工場街）ではなく、ウォール・ストリート（金融街）から生まれるようになった」のである。

金融とＩＴによってアメリカはみごとに変貌した。戦後世界の先頭に立って範を示した先進工業国のモデルをみずから捨て、マネーを含む情報の管理で世界を仕切る国、すなわち「アメリカ金融帝国」へ変身したのである。

ここから先が、我々が今立っている世界である。

村上は『羊をめぐる冒険』の六年後に続編のような『ダンス、ダンス、ダンス』（一九八八）を発表した。「僕」は、冒険の拠点となった札幌のドルフィンホテルを、引き寄せられるようにして再訪する。夢の中で、誰かが「僕の為に涙を流している」からだ。

ホテルは経営者が替わり、完璧に改築され、まともな客で賑わっていた。にもかかわらず、「僕」はエレベーターで異空間に連れ込まれ、羊男に再会する。

彼は「僕」がいるかホテルに含まれていると言う。「これまでもずっと含まれていたし、これからもずっと含まれている。ここからすべてが始まるし、ここですべてが終わるんだ」と、羊の皮を被った誰かは謎めいたことを言う。

この時点の村上の世界観は、「卵と壁」と題するエルサレム賞のスピーチ（二〇〇九）ほど明快ではない。「卵と壁」のように味方と敵、弱者と強者、こちらとあちらは分明ではない。かつて呑み込んだものが、いつの間にかこちらを含んでいる。そのように羊男は語っている。アメリカと日本の関係は、まるで袋をひっくり返すようにもう一度入れ替わっているかもしれない。

註

★１　アメリカとその影響力について、小島信夫の「アメリカン・スクール」（一九六七）を参照する。女教師ミチ子は、英語嫌いの伊佐のことを、英語好きの山田に英語で話しながら、内部の声で以下のようにつぶやく。

「ミチ子は英語で「彼」というと何か伊佐の蔭口を云ってもそれほど苦にならないことを知って、伊佐のあれほど英語を話すのを嫌う気持もわかるような気がした。たしかに英語を話す時には何かもう自分ではなくなる。そして外国語で話した喜びと昂奮が支配してしまう。ミチ子は、山田のそばをはなれなくてはと思った」。小島はアメリカニズムの浸透力に対して独特の勘を発揮している。

★２　『クリスタル』に仕込まれた日米関係の隠喩について、加藤典洋は主人公の由利が見る「カーキ色をしたトラック」に注意を促している。手許の文庫版（一九八五）ではテキストに多少の異同があるが、初出は「ベースの車らしかった」の一文があったようだ。加藤はこの「アメリカの影」が小説に転調をもたらし、由利の以下のような内省を引き出していると分析した。

「淳一によってしか与えられない歓びを知った今でも、彼のコントロール下に〝従属〟ではなく、〝所属〟していられるのも、ただ唯一、私がモデルをやっていたからかもしれなかった。だから、いつまでたっても私たちは同棲でなく、共棲という雰囲気でいられるのだった」。（『なんとなく、クリスタル』、一九八一）

★３　反米意識について、一九七二年に、ブレジンスキーはこう書いている。「一方日本では、米国に対する新たな大衆イメージが形成されつつある。彼らは米国に批判的になり、かつてのように米国的なものすべてを理想化することもなくなり、むしろ、米国の否定的な側面を強調するようになってきている。（中略）この日本側の批判的な風潮の背景に、日本の経済復興という事実が存在するのはまちがいない」。（「日本――大国の条件」、梅垣理郎編訳『戦後日米関係を読む』、一九九三、所収）

★4　村上春樹の作品の「読み」については多くの論考がある。今回主に参照したのは、加藤典洋の『村上春樹イエローページ』（一九九六）である。同書は一種の謎解き本だが、加藤が明治学院大学国際学部の学生たちと共同作業をして書いた分、発想にバラエティがあって楽しい。ああでもないこうでもないというディスカッションから出てきた発見やアイデアが新鮮なのである。一貫して流れているのは、春樹作品のデュアルワールド（二重世界）である。その二つの世界の一方が「死者の国」という彼岸であるという仮説に、参加者たちがどんどんのめり込んでいった様子もよく分かる。

★5　鼠の自決について。誰かが借りを返すようにして自死を決行しない限り、戦後もアメリカも終わらない――この村上の着想は確信的なものだったのではないか。『羊をめぐる冒険』第一章の「1970／11／25」という見出しがそれを証明している。この日、三島由紀夫は自衛隊市ヶ谷駐屯地で自刃して果てた。作中、「僕」は十八歳の少女と、その映像をＩＣＵ（国際キリスト教大学）のラウンジでぼんやり見ていた。その少女がほぼ予告通りに一九七八年七月に死ぬと、物語はようやく本編へ入っていくのである。

★6　リエンジニアリングが「輸入」された経緯について述べておく。マイケル・ハマーとジェイムズ・チャンピーのベストセラー『リエンジニアリング革命』（一九九三）の発想は、分断され、部分最適に陥った業務を、最終的な目的である顧客に提供する価値の増大に即してシンプルにつなぎ直すことであり、その背景にはＭＩＴの委員会と共通する問題意識があった。また、ハマーたちの発想は、経営資源は市場ですべて調達できると考える米国的思考とは異なっている。彼らは、企業とは資産のポートフォリオではなく、内部から周到につくり込まれた業務プロセスであり、「何かを発明したり、作ったり、売ったり、またはサービスを提供するために共に働いている人々の集まり」だと考えていたが、これはまさしく日本企業の姿である。だから、『リエンジニアリング革命』の「監訳者あとがき」で野中郁次郎が書いたように、日本のビジネスパーソンたちは、リエンジニアリングを「いつも自分たちのやっていることではないか」と感じたのである。

日本人の発想が海を渡って英語の概念になり、また発祥の地へ戻ってくる。ところが、その言葉はどういうわけか、当の日本人を圧するコンセプトに化けていた。「いつも自分たちのやっていること」は、その「自分たち」を追い出す理屈に転化していたのである。実際、九〇年代半ば以後、「リエンジニアリング」で謳われた業務プロセスの統合や簡素化は、事業の強化だけでなく、合理化・コストダウン・人員整理に利用されていった。リエンジニアリングは、新手のリストラ理論として迎え入れられたのである。

終章　「受け入れられない自己」の肖像

一　三つの不遇な自己

ここまで我々は、日本人がこの七〇年に及ぶ〝長い戦後〟（あるいは幾度かの戦後）を通して産み出した、おおよそ三つの系の〈社会意識〉を論じてきた。

ひとつめの系は労働にかかわるもの、二つめの系は家族にかかわるもの、三つめの系はアメリカにかかわるものである。

それら三つの系をつなぐ、ゆるやかだが強固な「筋」は、本書の中で何回か言及してきた「豊かな暮らし」という観念だ。労働は「豊かさ」のための手段であり、家族は「豊かさ」を分かちあう場であり、アメリカは「豊かさ」の手本を示すものだった。

誰もが豊かな暮らしを享受する権利を持ち、誰もが豊かな暮らしを獲得する機会において平等かつ公平であるべきだ――と戦後の日本人は信じてきた。団塊世代を真ん中に置けば、日本人は〈親－本人－子〉の三世代を通じ、この信念に衝き動かされるように駆け足を続けてきたことになる。二〇〇〇年代にあたりの様子が一変するまで、人々の歩調はほとんど緩むことがなかった。

「豊かな暮らし」のすぐ隣りには、「民主主義」という大きな観念もあった。小熊英二は、戦後日本の「民主主義」は議会制民主主義だけではなく、平和志向・男女平等・愛国心教育反対などの事項も含む「民主主義のワンセット」（『〈民主〉と〈愛国〉』、二〇〇二）だったと言うが、そのセットは暗黙のうちに、「豊かな暮らし」への期待を含んでいた。「民主主義」は、戦争する国家を否定し、「豊かな暮らし」を維持・拡大するための最大の防壁でもあり、「豊かな暮らし」の中でこそ「民主主義」は成就されると人々は考えていた。

しかし、この強力な主筋の陰に、もうひとつ見落とせない「裏筋」がある、というのが本章の論点である。

それは、長く続けられるしっかりした仕事、結束して守り合う安定した家族、衛生的で機能的なアメリカの文物など、「豊かな暮らし」の必須の要素から疎外されていると感じる心性である。皆が認める良きものから遠ざけられている悔しさである。

そう感じるのは、都会になじめなかったり、組織からのけものにされ、人々の期待に応えられなかったりする者たちだ。そうした現象は、彼らの資質や属性が原因であることが多い。ただし、彼らの負性が原因だとしても、その責任を取りきれるはずもない。だから、彼らは自身を「不遇な自己」と感じてきた。

「豊かな暮らし」が多くの人に享受されるようになれば、実はそこからこぼれ落ちる人々の数も増える。戦後社会が経済成長によって、「豊かな暮らし」へ引き上げる包摂力を高めたのは事実だが、包摂は必ず選別を連れてくる。「誰もが豊かな暮らしを享受する権利を持つ」というタテマエは、「誰もがそれを享受するわけではない」というリアリズムを招き寄せてしまうのである。

「不遇」とは、字義通りにいえば「めぐりあわせが悪く、他者から認められない」という状態を指している。その人が持つ良きものがふさわしい機会に出会えない、その結果、彼や彼女は認められず、受け入れられないのである。

「不遇」は、都会のよそよそしさや組織の厳しさや世間のせちがらさとして立ち現われる。これらが突き出す鋭い棘が、「不遇」な者を傷つけるのだ。例えていえば、「不遇」感を励起する場面には次のようなものがある。

・目の前の「場」へ入れず、声をかけてくれるのを待っている
・自分は実は招かれざる客なのではないかと立ちすくんでいる
・好きな相手が、実はこの自分を嫌っていると気づいてしまう

多くの者が思い当たるシーンであり、ここから躊躇や怯懦《きょうだ》や悲憤など、「不遇」に付随する多様な感情が発生する。ちなみに、子どもたちはこうした場を意図的につくりだす行為を「シカト」と呼ぶ。「シカト」は攻撃する側には手軽な強打であり、攻撃される側には、もっとも忌まわしい痛打である。

「不遇な自己」は、言葉を換えれば、「受け入れられない自己」、はじかれ、締め出される自己のことである。いうまでもなく、「自己」は自己そのものによっては定義されない。自己は他者との関係の中で、他者の承認を通してしか自己を見出すことができない。このような逆説があるから、自己は自己認識のために、常に他者との関係を必要とする。したがって、「受け入れられない自己」は、自己を見出すことができない自己である。

ただし、本当のことを先にいってしまえば、「受け入れられない自己」だけでなく、あらゆる自己が自己認識から疎外される危険を持っている。なぜなら、すべての他者は――他者である以上――こちらの統御下にあるわけでなく、あてにならないからだ。

それでも、「受け入れられない自己」は、自分が他者の認知からこぼれおちる危機に、人一倍敏

感である。他者に触れた経験に乏しい分、他者に対する期待が大きく、ゆえに他者への失望も大きい。「私という現象」はどこまでいっても他者の掌の上に生起するにもかかわらず、彼らは自身の掌の上で「自己」を定義しようと試みて失敗する。その失敗や挫折のくり返しの果てに暴発がやってくる。

「連続ピストル射殺事件」の犯人、永山則夫は、一九六五年に青森から東京へ集団就職した若者の一人である。渋谷の西村フルーツパーラーに勤めたが、ささいな理由ですぐに店を飛び出した。その後、転職の遍歴の中で、誰かに「出生の秘密」を追及され、大きな衝撃を受ける。出生地が「網走」であったこと、顔面に傷があったことから、刑務所で生まれた者だとからかわれた。永山は実家の母に真相を問い合わせ、母は否定するが、以来糸の切れたタコのように行方をくらましてしまう。母に宛てた手紙には、「オレハモウダメダ、シヌゾ」とあったという。
見田宗介は、永山を論じた「まなざしの地獄」の中で、このように書いた。

> N・Nの戸籍体験は、多くの都市への流入者たちが、言葉その他で体験したおぼえのある、さまざまな否定的アイデンティティの体験、つまり自分が、まさにその価値基準に同化しようとしているその当の集団から、自己の存在のうちに刻印づけられている家郷を、否定的なものとして決定づけられるという体験の、ひとつの極限のケースとみなしうる。
> 彼らはいまや家郷から、そして都市から、二重にしめ出された人間として、境界人《マージナル・マン》というよりはむしろ、二つの社会の裂け目に生きることを強いられる。(『現代社会の社会意識』、一九

七九)

上京して三年半後の一九六八年十月十日、永山はあてもなく都心をさまよったあげく、東京プリンスホテルの庭園に忍んでいたところをガードマンに発見され、逃げようとして襟首をつかまれ、慌てて拳銃を発射する。以後の逃亡の過程でさらに三人を射殺、マスコミは彼を「連続射殺魔」と命名した。

犯罪を暴力的社会参加と見るなら、永山の行為はまさに、「受け入れられない自己」が暴力的な手段で社会に参入する企てだった。

六九年四月七日、千駄ヶ谷で逮捕されたときに所持していたのは、拳銃のほか、ローレックスの腕時計、ロンソンのライター、鉄製クシ、明治学院大学商学部の学生証、質札二枚。中野区若宮の三畳のアパートには、残高ゼロの預金通帳、シェーファーの万年筆、パーカーのボールペン、アメリカ製ボストンバッグなどがあったという。

これらの小物は、おそらくまなざしで防護された都市に潜り込む道具だったが、そのような表層の演技は、たちまち射すくめられ、凍りつき、路上へ剝がれ落ちたにちがいない。

「受け入れられない自己」の不幸は、恋愛のようなごく私的な関係の中にも生じる。

一九六五年三月三日に服毒自殺を遂げた奥浩平は、横浜市立大学に在籍し、マルクス主義学生同盟の同盟員として、学生運動に打ち込む活動家だった。遺稿集『青春の墓標』(一九六五)は、私の世代まで含めて広く読まれた。

奥は都立青山高校の二年生の時に安保闘争に遭遇し、樺美智子の死に激昂した世代である。一年の浪人生活を経て横浜市立大学に進学し、安保闘争の後に否応ない停滞期を迎えた学生運動を再興するために駆けずり回る。遺稿にはその様子を伝えるノートや論文が含まれている。しかし、同書が多くの読者を獲得したのは——よく知られているように——彼が中原素子に宛てたおびただしい書簡の魅力によるところが大きい。

中原は青山高校の同級生で、婦人問題に関心を持つ〝意識の高い〟高校生だった。現役で早稲田大学へ進学。奥は高校卒業後に中原とつきあい始めるが、ちょうどこの時期に革命的共産主義者同盟の分派闘争で、学生組織であるマル学同も二派に別れる。中原は早大で山本派（後の革マル派）へ近づき、奥は少し遅れて後の中核派に加盟する。大学自治会や政治闘争の主導権争いで暴力的な抗争が始まり、二人の間には越え難い溝が生まれる。

交際はそれでも続く。奥の手紙やノートを読む限り、対話は多く論争的であり、甘い囁きにはほど遠いが、時折中原が漏らす両義的な言葉に奥は揺さぶられ、打ちのめされ、一瞬からめた指や触れた肩先の感触を反芻しながら、彼女への想いを募らせていく。

中原の振る舞いは、多くの場合素っ気ないものだったが、まったく拒絶的というわけでもなかったようにうかがえる。それは、奥の次のような文言から読み取れる。

七・二事件が起こるまえの土曜日、ぼくが改札口を前にして握っていた彼女の手に力を入れて離そうとしたとき、それに応えてぼくの手を握りかえしたのは、彼女自身ではなかったのか！

公園から帰る途中「やっぱりケルン・パーはパーね」と言った彼女は、それを黙殺したぼくの手を、どうしてふりはなそうとしなかったのだ。（『青春の墓標』、一九六五）

「七・二事件」とは、両派の決定的な抗争（一九六四年七月二日）のことで、この後、二人の交際は途絶えたらしい。そのような緊張関係の中で、奥は中原の自宅を訪ね、公園へ誘い出して接吻を強要する。「やっぱりケルン・パーはパーね」は、その行為に対する揶揄の発言だが（「ケルン・パー」は中核派の蔑称）、コケティッシュな響きをまちがいなく含んでいる。つまり、奥は彼女に翻弄され、動揺している。

自死の一カ月ほど前、奥は中原に宛てた最後の手紙で絶叫するように、男を愛することを恐れているのか、それとも自分が愛するに足る男ではないのかを問い、もし後者なら死を選ぶと書き綴った。脅迫と言っていい。

実兄の奥紳平は、弟・浩平が両親の離婚によって幼くして母親と別れたこと、十一年ぶりの母親との再会と落胆が、転じて中原への強い執着を生み出したと書いている。

そのような背景は誰にも検証できない。ただ、明らかなのは、永山則夫とは少し違う意味で、奥浩平もまた――恋愛という心的現象を通して――「受け入れられない自己」の不幸に苛《さいな》まれたのである。むろん、反体制運動がその不幸に苛烈さを加えたことは否めないとしても。

いったんは栄光の近くまでにじり寄ったにもかかわらず、いくつかの悪条件によって自己の存続を諦めた青年もいる。円谷幸吉《つぶらやこうきち》がその一人である。

円谷は、一九六四年の東京オリンピック陸上競技最終種目のマラソンで、三位に入賞、銅メダルを獲得した。国立競技場のトラックへ戻ってきた時は、エチオピアのアベベ・ビキラに次ぐ二位だったのだが、イギリスのベシル・ヒートレーにラストスパートで追いぬかれ、三位に落ちた。[★1] 大観衆の前で起きたこの悲劇的なレース展開は、それでも日本陸上競技界に二十八年ぶりの日章旗掲揚をもたらした。

その日、スタンドでこのシーンを見つめていた「二流の高校生ランナー」沢木耕太郎は、後に円谷が自ら頸動脈を切断し、特異な遺書を残したことに違和感を持ち続けていた。

残された二通の遺書のうち、家族に宛てて書かれた言葉は次のようなものだった。

父上様、母上様、三日とろろ美味しゅうございました。干し柿、モチも美味しゅうございました。

敏雄兄、姉上様、おすし美味しゅうございました。

克美兄、姉上様、ブドウ酒とリンゴ美味しゅうございました。

巌兄、姉上様、しそめし、南ばん漬け美味しゅうございました。

喜久浩兄、姉上様、ブドウ酒、養命酒美味しゅうございました。又いつも洗濯ありがとうございました。

幸造兄、姉上様、往復車に便乗させて戴き有難うございました。モンゴいか美味しゅうございました。

正男兄、姉上様、お気を煩わして大変申しわけありませんでした。

幸雄君、秀雄君、幹雄君、敏子ちゃん、ひで子ちゃん、良介君、敬久君、みよ子ちゃん、ゆき江ちゃん、光江ちゃん、彰君、芳幸君、恵子ちゃん、幸栄君、裕ちゃん、キーちゃん、正嗣君、立派な人になって下さい。

父上様、母上様、幸吉はもうすっかり疲れ切ってしまって走れません。何卒お許し下さい。気が安まることもなく御苦労、御心配をお掛け致し申しわけありません。

幸吉は父母上様の側で暮らしとうございました。

自殺は一九六八年の一月八日の未明だった。手紙前半で繰り返される「美味しゅうございました」は、正月に福島県須賀川市の実家でふるまわれた料理に対する感謝の言葉である。末っ子の円谷が父母と兄たちに対して丁重に礼を尽くそうとした結果、「美味しゅうございました」は少々薄気味悪いリフレインになった。

沢木は、この遺書に土俗的なまじないや呪文のような響きを感じ、併せて「微塵も自己主張が透けてこないこと」「異常なほどの自己表白のなさ」に慄然とした（『敗れざる者たち』、一九七六）。

なぜ、円谷は死んだのか。

東京オリンピックの後、円谷は不遇の時期を迎える。いちばん大きな不幸は、盟友・畠野コーチとの別離である。原因は円谷の結婚への意志だった。婚約相手も決まっていたし、両家の合意もあったにもかかわらず、自衛隊体育学校の吉池校長は、メキシコオリンピックが済むまで余計なことはするなと反対した。間に立った畠野が吉池校長を説得したが、容れられず、逆に北海道へ転属命令が下った。この事情は沢木が書くまで、関係者以外には知られていなかった。★2

畠野不在の円谷に、持病の椎間板ヘルニアが追い打ちをかける。一人きりの無謀なトレーニングが身体を傷つけ、スランプが深まる。意を決して手術に踏み切るも、腰は元に戻らない。引退の覚悟を迫られながら、マスコミの取材にはメキシコで全力を尽くすと宣言してみせた。一九六七年の暮れからオリンピックイヤーの六八年へ移り変わる頃だ。

正月を須賀川で過ごした円谷が、体育学校の宿舎へ戻ったのが一月五日。六日も七日も円谷の行動は目撃されているが、不審なところはなかった。八日は終日顔を見せず、九日の朝になって、自室で血の海に浸かった姿で発見された。

二　獄中の自己造形

円谷幸吉と奥浩平は自ら死を選んだ。両者の死には精神の疲れのみならず、肉体の疲れが折り重なっている。円谷はすでに書いた通り、痛めた腰をかばいながら無茶なトレーニングを繰り返し、筋肉を硬化させてしまった。奥の方は自死の前月、椎名（悦三郎・外相）訪韓阻止闘争のデモで、機動隊に警棒で鼻硬骨を砕かれ、退院したばかりだった。検視官を訝《いぶか》らせた四肢の多くの紫斑は、六〇年安保闘争以来の傷跡だった。

しかし、「受け入れられない自己」に対する悲観が、錘《おもり》のように両者を死へ引きずり込んだのはまちがいない。

奥はマルクス主義の学習を通して、自分が「革命」という大きな物語に参加する無数の個のひとつにすぎないと自覚していただろうが、いったん想う女性と対面するやいなや、自分が唯一無二の

「自己」として認められないことに深く傷ついた。

円谷は——父の厳格な教育や自衛隊の組織風土によって——「自己」の抑圧を個性の基調として形成したが、起死回生の望みをかけた自己主張（結婚への意志表明）が、次々に負の連鎖をつくりだすという悲劇に見舞われた。

円谷のケースは、日本人の「自己」問題のややクラシックな典型でもある。組織への従順こそ規範とよく知りながら、思い余って「自己」を対置させてしまったために、大小のトラブルやクレームに翻弄される。するとたちまち回避の妥協案があちこちから出てきて、結局は忍耐という自己欺瞞へ逢着するのである。「忍耐」は東京オリンピックの後、円谷がサインを求められてよく書いた言葉だという。彼は、ヒーローを歓呼で迎えた「世間」が、走れなくなったヒーローを爪弾きにすることを怖れ、その恐怖に耐え忍ぶことを自身の心得としたように思える。

円谷と奥は死んだが、永山則夫は一九九七年八月一日に死刑になるまで生きた。その間に、永山は「自己」をめぐる長い物語を書き続けた。

彼は獄中で、なぜ自分が他者を殺害したのかと自問する。最初の手記『無知の涙』（一九七一）で、「俺は殺人者だ。何も言えない、一言も——。が、俺はいつも狂人なのか。否定する。殺人にいたらしめた由来が一つなりとも有る筈である」と書く。

もちろん理屈のつく「由来」などない。誰にも生まれてきた理由がないように、本質的なところでは人を殺した理由が見当たらないからだ。それでも五冊目のノートでは、「この無知が私を狂わせたことを知り、また、社会全体の問題であることも知ることができた」と記し、殺人者の方が社会に対してその責任を追及するという反撃に出る。「無知」を生み出した社会こそ告発されるべきだ、という因果論は衝撃力を持っていた。

　しかし、永山自身は「説明」が弁明であることに気づいている。弁明したら、我は彼らに服することを鋭く自覚していた。「この胸に、この頭脳《あたま》にあるものを、てめぇらに言ってしまったら私の負けなのだ」（前掲書）。彼は弁明ではなく、憎悪を持続することをより重要だと思っていた。「私のてめえらへの憎悪は深いのです……どんな国語の文法をもちいても、それは言い尽くせません」（前掲書）。

　永山はおそらく、強固な「自己」を、獄中でほぼ一人で一からつくりだした人間である。彼は当初孤立していたので、誰かと共有するべき「内面」を持ちえなかった。他者に許容される可能性はほぼゼロだったから、他者を介在させずに自己を捻り出すという離れ業に挑んだのである。

　ゆえに初期の文章は難解である。内面を遮断し、世間から見られた「自己」（殺人者）の輪郭を自らの手でなぞりながら、新たに「自己」を捏《こ》ね上げていくというややこしい手続きをとっているからだ。ノートの中で何度も「自分は殺人者だ」と繰り返すのにはそのようなわけがある。『無知の涙』や『人民をわすれたカナリアたち』（一九七一）は、手記という形態をとっているものの、永山則夫の内面を明かすものではない。彼が長時間の思考の果てにつくりだした、人工的なオブジェのような「自己」像の制作記録なのである。

「受け入れられない自己」の体験を重ねて、その主観的極限状況の中でピストルを発射した男は、復讐するように、「受け入れられない自己」を文学という通路を通して、世間に送り込もうとした。たとえば、書名に採られた詩、「無知の涙」はこうだ。

独りで誕まれて来たのであり
独りで育って来たのであり
独りでこの事件をやったのであり
とある日　独りで死んで逝くのだ
そこには　他との関係は一切れも存在しない
まるで　路傍の小石のように

（中略）

涙が頬にかかるとき
それは　無知の涙ではない
涙せる日を憧憬し　存在を置く
無知の涙とは　悠久の果てにも無いかも知れない
でも　それが　頬にかかるとき
私のその涙は無知ではなくなる（『無知の涙』、一九七一）

この時点で、ノートを書き始めて約一年が経過している。この詩に、半身を開いて「内面」を覗かせようとする媚態を感じるのは私だけだろうか。出版の話が持ち上がって以後、永山が「自己」の表象を目論む戦略家に成長しつつあったのは疑いない。彼は、奥や円谷とは異なり、三十年近い月日を、「受け入れられない自己」の造形に費やして飽きることがなかった。

中上健次は、永山に対して愛憎半ばする思いを持っていた。和歌山県新宮市から東京へ出た中上は、青森県板柳町から来た永山に対して、同じような体験を重ねた者の親近感と、裏返しの嫌悪感を抱いていた。[★3]

中上が、永山の逮捕から約二カ月後に書いた数篇の文章（「永山則夫からの報告」）がある。永山自身の言葉はまだ獄舎から発信されていないが、中上は半ば自分のことのように、彼の失意と希望を書きつけてみせたのである。

その中心にあった想念は、大都会に無数に棲息する「永山則夫」の中の一人が、なぜ「中上健次」ではなかったのか、というものだ。そのように問わない限り、「永山則夫に対峙する方法はない」と中上はつきつめた。どうやら、この「対峙」とは、中上の「書く」という表現が、永山の「殺す」という表現に拮抗できるかという問いであった。

中上は永山に負けた、とこの時、思っていた。

> つまり、言葉を使って書くということのなかには、わかってくれ、みんなわかって素裸の俺を、いや内臓の奥の奥、性の奥の奥なる俺をわかって抱きしめてくれ、俺は君（他者）と完全に同化したい、という願望があり、そしてその裏には他者との癒着を激しく拒絶する、俺は俺だしどこまでいっても俺だ、というものがある。それは完全に「私」の領域に属する世界であり、それが書くという行為の永続化の要因でもあるのだ。
> 「私」自身のうらみつらみ、そして死や生に対するおぞましさがあり、そこから近代人の誰でもがもつというあの自我というものやら根なし草というものへの、実にねじれた否《ノン》を永山則夫

は言い、ぼくは言いたいと思っているのである。(『鳥のように獣のように』、一九八一)

「殺す」者の方が、「書く」者よりラディカルである、と中上は考えていたから、「永山則夫は言い、ぼくは言いたいと思っている」という劣後の意識が彼にはあった。ところが、後年永山が書き手の側に回ると、その文章について厳しい評価を下すようになる。永山の文章を「言葉のクズ、カス」「生ゴミ」と呼び、その書き手を「物を物としてとらえる知性の欠けたガキ」(前掲書)とこきおろした。どんな言葉も弁明になり、同時に他者へのあてこすりに転化する危険をはらんでいるのに、永山にはその洞察が欠けていると、中上は見ていたのである。

たいそうきわどいが——先に引いたように(「てめぇらに言ってしまったら私の負けなのだ」)——おそらく永山もそれに気づいていた。ただ、彼は奥や円谷と違って自ら死を選ばず、殺されるまで生きる道を選んだ。中上が腎臓癌で九二年に死んだあと、さらに五年生きて、十四歳の、神戸の児童殺人事件の犯人、酒鬼薔薇聖斗が逮捕された年に死刑になった。一部の熱狂的な支持と残りの圧倒的な忘却の中で、永山は「受け入れられない自己」を表象し続けた。

三　日活アクションの「譲りわたせない自己」

「受け入れられない自己」は、決して少数の特殊な認識ではなかった。「豊かな暮らし」への志向が広く共有されるに従って、そこからはじかれ、締め出されたと感じる機会は急速に増えていった。高度経済成長が割前の量を相対的に増やしたとはいえ、それが欲望のカーブに追いつくことはなかったからだ。

結果的に、「受け入れられない自己」は、非力で無能な自己というさらに否定的な認識に至る。こんなふがいない自分は容赦できないと感じる人は急激に増加した。「自己嫌悪」は、団塊世代やその前後にとって不可欠のキーワードだった。

「自己嫌悪」とは、理想的な自己と現在の自己のギャップを見て、現実の自己の方を批判する意識である。その自己への批判が一定の閾値を超えた時、二通りの方向転換が起きる。

ひとつは、いまここにある自己は本来の自己が何者かによって抑圧され、変形された結果であり、偽物だとする見方への転換だ。「本来の自己」を回復したいとする欲求は、時に偽りの自己を余儀なくさせた他者への批判に向かう。

もうひとつは、抑圧や変形を迫る者（社会・世間・体制）との闘いを諦め、それらとの関係を断つ「孤独な自己」への転換である。無用な自己嫌悪から逃れ、社会関係を清算するために、恒久的な余所者（漂泊者）であろうとする。

注意すべきは、二つの方向転換の中で、「自己」はいつの間にか肯定されていくことだ。六〇年代的な「自己」は、否定的な装いの下に（実は）ナルシシズムを潜ませていく。そしてこの「自己」をめぐる〈社会意識〉は、二つの転換を撚《よ》り合わせながら浮上し、大衆的な作品表現の中にも可視化されていった。たとえば、映画評論家の渡辺武信によれば、日活アクションのようなプログラム・ピクチャーにおいて、青春や恋愛をモチーフとしながら、〝自己の取り扱い〟は重要な主題として、観客の共感を獲得していったのである。

渡辺の秀逸な論考（『日活アクションの華麗な世界』、一九八一〜八二）は、論じられた作品群を生み出した映画会社が事実上終わりを告げた八〇年代に出版された。私自身は、石原裕次郎や小林旭の全盛期にリアルタイムで出会っておらず、後年、渡辺の著作をひもときながら、レンタルビデオで少しずつそれらの作品に触れた追体験派である。公開当時は遠い存在だった日活アクションの中で起きていたことを、目の覚めるような思いで知ったのは、次のような文章からだった。

> 54年から71年までの一七年の間に日活が送り出した無数のアクション映画のカバーする領域は当然広範囲にわたり、さまざまのバリエーションを含んでいるが、その中に北極星のように決して動かなかった核心がある。それを具体的に論じるには、後にくるべき、個々の作品に即した叙述を待たねばならないが、今、仮に論証ぬきで述べておけば、それは、「我々には誰にも譲りわたせぬ〝自己〟というものがある」という信念である。（前掲書）

石原裕次郎は、兄・慎太郎の芥川賞受賞作『太陽の季節』（一九五五）の映画化（一九五六）に際して、学生言葉の指導役として撮影に参加するうちに才能を認められ、スクリーンデビューした。次作の『狂った果実』（一九五六）では、前作の端役から準主役に昇格し、避暑地特有の気怠《けだる》さと新しい若者像をみごとに体現してみせた。

個々の映画作品と渡辺の緻密な解説を紹介する余裕はないが、裕次郎は「太陽族」出身という階層的な虚構性、スポーツと格闘を同等にこなすしなやかな身体性を生かし、ブルジョワの子弟から一匹狼の刑事役まで多彩な役柄を演じながら、日活アクション特有の「一つの観念としての自己」（前掲書）を表現する独特な俳優に育っていった。

五〇年代の終わり、裕次郎は、出演した作品のタイプを問わず、社会から「プッンと切れている」ヒーローを演じ続けた。渡辺の分類のうち「孤狼型アクション」(『勝利者』『俺は待ってるぜ』『錆びたナイフ』など)はその典型だが、「家庭《ホーム》型アクション」と括られた『狂った果実』や『嵐を呼ぶ男』でも、アクションのない『陽のあたる坂道』でも、ヒーローは容易に社会と融和せず、その融和しない「自己」を——ある意味では——無謀な方法とけなげな情熱で、社会に向かって申し立てている。

『勝利者』(一九五七)のボクサー役のセリフはその起点である。彼は後援者の操り人形を脱し、「俺は自分を自分の手にとりもどすためにチャンピオンになるぞ!」と叫ぶ。自己とは「世界と調和したものではなく、世界に拮抗し、あるいは世界から奪回しなければならぬ何ものか」として認識され、裕次郎のアクションのすべては、この自己奪回闘争として組織されていくのである。

裕次郎の役柄は、先の二つの方向転換とナルシシズムをすべて併せ持っている。すでに世間を捨てているかのようなヒーロー(「孤独な自己」)は、振りかかる危機や逃れられない関係に迫られて、「本来の自己」を回復するために爆発的な闘いに立ち上がる。観客は、彼が「誰にも譲りわたせぬ自己」のために、静かな忍耐の構えから激しい格闘の動作(アクション)へ——逡巡しながらも迅速に——移行するのを見て、カタルシスを得た。★4

裕次郎の六〇年代半ばに始まる「ムードアクション」の中に、「誰にも譲りわたせぬ自己」はさらに鮮烈に(あるいは少々過剰に)描き込まれることになる。一九六四年の正月に公開された『赤いハンカチ』は、日活のムードアクション・シリーズの中心点に位置する作品である。主演は裕次郎と浅丘ルリ子、監督は、『錆びたナイフ』や『赤い波止場』（ともに一九五八）で、裕次郎とともに日活アクションのヒーロー像を定着させた舛田利雄である。

物語のエッセンスを紹介すれば、刑事役の裕次郎は、恋仲になりかかったルリ子の父親を殺したために、その「罪」を犯した自己を容赦できず、逃避するが、事件に疑念を持つ刑事（金子信雄）に促されて、ルリ子のいる横浜に帰ってくる。裕次郎を説得する金子の台詞はこうだ。

「あんたは自分の人生をとりもどしに帰っていくんだ！」。

渡辺はこの台詞に、『勝利者』の台詞の「木霊《こだま》」を聞いている。そして、裕次郎はでっち上げられた自身の「罪」の真相を暴き出し、ルリ子と元同僚の刑事（二谷英明）に迫る。二谷はそのときスーパーマーケット・チェーンのオーナーに成り上がっていたが、資金の出所は闇組織だった……。

真相に気づいたルリ子は裕次郎に身を任せようとするが、彼は応ぜず、こう語る。

「男には忘れられないことがある。それが済むまで俺はきみを抱くことさえできない……」。

このアイデンティティへの執着は、ムードアクションの中で発酵し、日活アクションの晩節において、独特の濃密なロマンチシズムへ結晶する。たとえば、『夜霧よ今夜もありがとう』（一九六七）は――『カサブランカ』（一九四三）の完全な模倣作だが――このシリーズのひとつの頂点であり、しかもある種の終焉を告げる作品である。

ルリ子は裕次郎の元恋人だが、結婚寸前に失踪した。裏切られたと思い込んだ男は、数年後に偶然再会した女を許さない。ルリ子の夫（二谷英明）は実は東南アジア某国の革命派リーダーで、運動が盛り上がる故国へ戻ろうとしている。密出国ルートの仲介を頼まれた裕次郎は、最初断るが、ルリ子の失踪と結婚の事情を知って、出国の援助を決心する。

二人はすでに愛を再確認し、女は日本に残るつもりになっている。ところが男は船出の場面で、女を夫に返し、いかにも日活アクションらしい台詞を吐く。

「ぼくたちは千五百回の昼と夜を取り戻した。これでいいんだ」。

男の方は、恋人に裏切られたという致命的な傷が縫い合わされ、自己が回復したことで満足を得ている。一方のルリ子は驚きながら、彼の真意に気づき、泣く。

当時の観客がどう感じたか、いま確かめるすべがないが、今となってみれば、裕次郎の決め台詞はやや子どもっぽい男の身勝手に聞こえる。おそらくこのあたりから、日活のつくる男のアイデンティティ・ドラマは、現実の手触りを失って、マンネリズムの斜面へ滑り込んでいったのではないか。

一時の支持を得た「誰にも譲りわたせぬ自己」という日活アクションの思想は、六〇年代後半には時代の空気から外れかかっていた。そして、そのようなズレがしだいに目につくようになると、日活の凋落も加速度を増していった。直営館を次々に売却しつつ、東映やくざ路線に追随した「任俠アクション」、若手の藤竜也、梶芽衣子らを中心とする「ニューアクション」などの新路線を打ち出したものの、退潮を押しとどめることはできなかった。「自己回復」は、日活自体にとっても叶わぬ夢になっていったのである。

一九六八年以降の「日活ニューアクション」について何かを述べる用意はあまりない。反体制的な気分を盛り込んだ青春映画を佳作とする向きもあるが、中途半端な風俗映画の浅さを感じて少々辛い。日活アクションの基軸である「自己回復」は残響しているものの、権力との対峙を描くことで自己を語ろうとすれば、却ってその自己は曖昧な自滅の中へ霧散し、緊張関係を失っていく。ただし、一九七一年八月に公開され、日活アクションの幕を引いた『八月の濡れた砂』については、多少述べておきたいことがある。[★5]

この映画の監督、藤田敏八《としや》は、裕次郎の全盛期を撮った舛田利雄や蔵原惟繕《くらはらこれよし》の次の世代である。舛田や蔵原とはわずか五歳の年齢差だが、日活アクションの正系を撮っていない。ニューアクションで「野良猫ロック」シリーズなどをいくつかこなした後、ふいに思いついたように、この湘南映画——湘南を舞台にした青春映画はいうまでもなく日活アクションの起点である——の佳品を撮ったのである。

ここには、ニューアクションの常連たちの顔はない。広瀬昌助、村野武範、テレサ野田などの役者陣はほぼ新人である。彼らが演じる若者たちは一様にいらだっているが、そのいらだちにははっきりした「芯」がない。親や家族や教師は小うるさくつきまとうものの、彼らが抑圧の代行者であるわけでもない。若者たちは何に向かってどんな異議申立てを行なえばいいのか見当がつかないままに、つまらない反抗にうつつを抜かしている。ストーリーもまた小さなエピソードが連なるだけで展開感に乏しい。ただ、その倦怠感だけが強いリアリティを持っていた。

日活アクションの核心的テーマである「自己」についていえば、この映画は奇妙なメッセージを発している。孤狼の役を振られた村野は、カラ元気で母の愛人（渡辺文雄）に歯向かい、あたかも「自己回復」を闘っているようだが切実感に乏しい。また、気弱な童貞役の広瀬も、自らは「自己」のテーマに関与しない。開巻直後、輪姦されたテレサを拾って助けた広瀬は、彼女に想いを寄せる中で、テレサの「自己回復」の方に強い関心を示すのである。[★6]

数日後、浜辺で広瀬はテレサに向かってこう訊ねる。

「やられた時のこと、思い出すかい？」

「忘れたわ」

「俺はこだわってるんだ……なあ、正直に言えよ。好きなんだぜ、俺」

広瀬は、テレサの心の傷を気にかけつつ、実は彼女が「自己回復」できるかどうかを訊ねている。むろん彼女は傷を負い、回復していないが、それを男に明かさない。広瀬は映画の終盤、ヨットの船上でもう一度、同様のこだわりを投げかけるが、テレサは再び軽く受け流し、心を開かない。

藤田監督がどこまで意識的だったか定かではないが、ここには日活アクションが触れることのなかった女の「自己回復」問題が投げ出されている。テレサは傷ついた自己を抱えているにもかかわらず、かつてのヒーローのようにロマンチックな解決に向かうことはしない。ただ、彼女の突き放すような奇妙な台詞回しは、今思えば理不尽な世界と無遠慮な男に対する反発として表象されていたことが分かる。

もう少しいえば、藤田自身もこの時点ではまだ、女の「自己回復」問題を描くドラマツルギーに自覚的ではなかった。それは、この後、七〇年代半ばにかけて、彼が自らつくりだしていった方法論である。ちなみにテレサと対照的な優等生の和子（隅田和世）は、ボーイフレンドとのペッティングを目撃されたことを苦に自殺を遂げる。藤田は、「性」が女の「自己回復」問題へ迫る有効な通路であると知りつつ、その話法について十分な準備を欠いていた。テレサや隅田の演じた少女は、すぐ後の桃井かおりや秋吉久美子が見せた新しい身体性——もっとリアルで冗長な発話や振る舞い——を持たず、女の「自己回復」問題の前でまだ言葉少なに佇んでいる。その意味で、『八月の濡れた砂』は過渡的な作品である。

物語の終局はヨットによる逃避行で、明らかに『狂った果実』のラストシーンを模倣している。母の愛人の大型ヨットの上で、テレサとその姉、村野と広瀬の四人がなんの勝算もない航海に呆然とする中で、石川セリの主題歌がヨットの俯瞰映像に重なる。船上の男や女たちの「自己」は、結局曖昧なまま、逃避によって繰り延べられていく。

藤田は、日活アクションの男の「自己回復」劇に終止符を打ち、そのような男たちに「シラケ」という文言を与えた。一匹狼も「渡り鳥」も反逆者もすでに空しい。「自己回復」の主役は、女たちに手渡されたのである。藤田敏八がきわめて七〇年代的な映像を生み出した主因には、そのような主役の置換があったにちがいない。

四　女の自己問題へ向かって

日活は経営難を抱えて路線を変更し、「ロマンポルノ」へ転進する。一九七一年十一月に、『団地妻 昼下りの情事』（西村昭五郎監督、白川和子主演）と、『色暦大奥秘話』（林功監督、小川節子主演）でスタートを切った。

日活は不思議な映画会社だった。五社協定に象徴される旧体制から自由であった分、戦後の新しい文化や風俗への感度が高く、大衆的な作品を量産する手さばきには屈託がなかった。松竹ヌーヴエルヴァーグのようなインテリ臭からも自由だったから、写実的な社会派作品も非現実的な娯楽作品も一緒くたにして平気だった。裕次郎のキザな決め台詞も、「渡り鳥」の無国籍風体も、ニューアクションの根拠不明の反逆も、日活の「度量」から生まれ出たものである。むろんロマンポルノも同様である。

藤田もこの伝統の上にいるが、すでに「自己問題」をユートピアの中で描くのは困難だと感じている。主人公を男から女に変えると、物語は急にどこにでもある現実の世界へ転がり出てしまうからだ。『八月の濡れた砂』で、早熟な少女（テレサ）がぼんやり示した女の「自己回復」問題は、次の『八月はエロスの匂い』では、デパートガール（川村真樹）の奇妙な性的衝動の物語によって、よりリアルに描かれた。★7

ただし、ロマンポルノがユートピアである以上、女は性的身体として単純化されてしまう。その限界を潜り抜けて、複雑な存在としての女がスクリーンの上で「自己回復」に取り組むには、秋吉久美子のような七〇年代ならではの女優が必要だった。

秋吉久美子は、一九七四年に藤田監督の『赤ちょうちん』『妹』『バージンブルース』に立て続けに出演し、第十一回ゴールデンアロー映画新人賞を受賞した。

七四年の三作で、藤田が秋吉の個性を通して描いたのは、相手の男を惹きつけながら、いつの間にか相手が設けた埒《らち》の外へ出ていってしまう遠心力の強い女性像だった。彼女の子どもっぽい顔のつくりと豊かな肉体のアンバランスは、軌道を外れて飛び出していく役柄（と彼女自身）のパワーを、メタフォリカルに示していた。

『赤ちょうちん』では、夫役の高岡健二とともに、幡ヶ谷、新宿柏木、葛飾と東京各地を転居しながら、大家や隣人などの介入者に圧迫されて被害妄想に苛《さいな》まれ、最後は「鶏癲癇《とりてんかん》」という神経症の発作で廃人と化す。『妹』では、離婚の後に失踪した夫を忘れられず、実兄の自分に対する過剰な気遣いから身を遠ざけるように、自身も身を隠してしまう。『バージンブルース』は、東京の予備校に通いながら万引きの常習で警察に追われ、長門裕之演じる中年男との逃避行の果てに入水する。いずれも悲劇的な結末だが、秋吉の童話的な語りと所作が生みだす虚実半ばの印象が、藤田演出がもたらす浮遊感と相俟って、独特の世界をつくりだしている。

藤田は、秋吉という女優を得て、「自己回復」問題の再定義を行なっている。日活アクションで基調をなした「誰にも譲りわたせぬ自己」をいったん武装解除し、いわば〝譲渡〟可能な自己に換えた。つまり映画の中で、男と女の関係はより相互作用性を強め、どちらかの行為が相手に敏感に影響するようになった。秋吉が演じる主人公は、男との関係や環境の変化によって廃人になったり、失踪したりする。同時に相手の男も彼女に振り回され、〝譲りわたせぬ自己〟に気遣ったり、「自己回復」に取り組んだりする余裕を失う。つまり、「自己回復」は、単純な「自己復旧」ではなく、他者との相互作用を含むより複雑な（めんどうくさい）「自己修繕」に変じている。「自己回復」は、もう少し幅と奥行きのある「自己問題」へ転じているのである。

もうひとつ、秋吉の演じるヒロインで特徴的なのは、彼女の「自己問題」が決まって、結婚や出産、バージニティなど、女性の性的関係性をめぐって語られることだ。そのつどの性的関係性によって女の「自己問題」も変化するという社会学的（フェミニズム的）な視点が持ち込まれたと言っていい。

これは藤田の着想だろう。従来の男の視線でつくった映画が、「性」を売買や所有の対象として捉え、「自己」を組織や世間の視線の中に捉えるのとは対照的に、女のよりリアルな身体性を起点に据えた映画は、彼女の性的関係をそのまま社会的な「自己」として表出してしまう。結果的に、彼女は男の都合に支配された組織や世間と鋭く対峙する。

秋吉は三本の映画の中で、家族や近隣住民などの「外部」と、繰り返し衝突する。従来のメロドラマのヒロインなら、「外部」の批判や指弾をひたすら耐え忍ぶだろうが、秋吉の演じるヒロインは、別の対応方法を選ぶ。この世を生きづらいと感じ、帳尻が合わないとなるやさっさと遁走し、自己を抹消してしまうのだ。先に述べた強い遠心力とはこの意味である。

秋吉三部作は、女の「自己問題」のとば口を示している。それは、男の「自己問題」とは種類の違うものだった。男の「自己問題」が「自己回復」であるなら、女の「自己問題」は、「自己修繕」であり、そのうちに「自己探索」的な欲求をかかえている。「探索的」とわざわざ「的」をつけたのは、秋吉のヒロインはまだ本格的な探索行に乗り出していないからである。後年、広く一般化した「自分探し」はまだ、〈社会意識〉の表面に浮上してきていない。しかし、日活アクションが等閑視していた女の「自己問題」は、こんなかたちで確かに語られ始めたのである。

日活ロマンポルノは、女子学生や団地の主婦などありふれた女性をモデルに、性的ファンタジーをつくりだし、成功を得た。それはおそらく七〇年代後半、女たちが自らの多様な性的可能性に気づいたこととつながっている。その一方、「性」を結婚や妊娠から相対化して眺め直した女たちには、大きな懐疑と不信が到来していた。

一九七〇年、田中美津は日本のリブの先頭を切って「便所からの解放」を唱えた。女の「性」を所有し、セックス処理の「便所」とやさしさの「母」の両方を求める男と、それを唯々諾々として受け入れる女——その腐れ縁こそが、この世の権力構造を成り立たせているのだという主張は、当の女たちに強い衝撃を与えた。

田中のリブは、旧習から自由であるはずの新左翼運動の中にも、男の支配が脈々と継承されていることに気づいたところから始まった。男たちのみならず、男への従属を再生産している女たちへの告発を通して、彼女が女の「自己問題」に新しい地平を切り開いたことはまちがいない。★8

その田中は「関係」について次のように書いた。

リブをやり始めてから初めて「とり乱す」ということを自己肯定しえるようになった。人間は愚かさ、弱さ、みっともなさという負の人間性でつながっていく、ということを前に述べたが、それは云ってみれば「とり乱す」ということを通じてつながっていくということなのだ。ひとりの人間の中には互いに矛盾し合う本音がいくつかあって、それが互いに出たり入ったりするから「とり乱す」のであって、だから本音でものを云うといっても、そもそもそれはことばで表現できるようなものではなく、その時々の本音はその時々の「とり乱し」を通じてしか表現しえないものなのだ。(『いのちの女たちへ』、一九七二)

やや穏やかに書いているが、彼女の正直な見解だと思う。「自己」の同一性(アイデンティティ)そのものは、六〇年代の〈社会意識〉において、あまり疑われることがなかった。冒頭に述べたように、「豊かな暮らし」の観念がステレオタイプであったのと同様に、それを追い求める「自己」の立てつけもさほど難しいものではなかった。多くの人は、経済成長の右肩上がりのカーブになぞらえて、「自己」の安定的な成長に期待していた。妙な言い方だが、ほとんどの人は、「自己」の本質が〝自分がそうだと思っている自己〟と違わないという信頼感を持っていた。それが「かけがえのない自己」だといわれれば、そうかもしれないと思う程度の、ゆるやかだが安定した意識があった。

もちろん、そこからこぼれ落ちる危険はあったから、「不遇な自己」に対する関心は継続的に存在していた。「受け入れられない自己」に対する共感も、そこに発している。

〝自分がそうだと思っている自己〟に疑惑の目が向けられるようになったのは、七〇年代に入ってからだろう。素朴な「自己確信」が、実は曖昧な「自己誤認」にすぎないことは——全共闘の「自己否定」を含め——ようやく、六〇年代末になって気づかれたことである。一元的な「主体」と信じられてきたものが、構造的にからめとられていて、半面の被抑圧者が半面の抑圧者と同居していることは——うすうす気づかれながら——表沙汰になることはなかった。もっといえば、〝自分がそうだと思っている自己〟とは、「自己」に対する主導権を比較的発揮しやすい抑圧者（リブはこれを「男」と呼んだ）の発想だったということになる。

男の「自己問題」が急速に人気を失くした背景には、このような事情がある。裕次郎が演じた、唇を嚙みしめる一匹狼から、原田芳雄や林隆三が体現した風来坊への変化には、自己同一性のゆらぎが兆している。要するに、七〇年代の能力主義的管理によって、「誰にも譲りわたせぬ自己」はかなりの程度解体され、譲渡されていたのである。「自己にこだわる男」はすでに、魅力的なテーマではなくなっていた。

女の自己が矛盾し合い、とり乱す多様性として自然に捉えられるようになったのは、こうした男の自己の失速が反映している。戦後的な自己の前提にあった「同一的な自己」とは、実のところ男の自己像だったのだ。

女にとって「自己」は、今ここで、とり乱しながらつくっていくものだ――この時点から、女（および我々）は、「自己回復」とか「自己奪回」という復旧的な方法を断念し、「自己発見」あるいは「自己探求」へ舳先を向け直すことになったのである。

すなわち、あてどない「自分探し」の始まりである。

藤田敏八はフェミニズムへのシンパシーを口にしたことはないだろうが、同世代の映画監督の中では、若者文化が「リブ」から受けたショックにもっとも自覚的だったように思う。藤田の七〇年代以後の作品が――傑作もそうでないものも――その多くが独特の「浮遊感」（難渋な曖昧といってもいい）を漂わせているのは、それらが新しい女の「自己問題」、すなわち「自分探し」の旅を扱いはじめたからだ、と私は考えている。

五　受け入れられない者への歌

中島みゆきは、ある時期まで「わかれ歌」（じつは「ふられ歌」）の歌い手だといわれていた。その象徴的な作品は、アルバム『生きていてもいいですか』（一九八〇）に収められた「うらみ・ます」だろう。歌いながら感極まって泣きだしたような声は衝撃的だった。谷川俊太郎との対談では、三度、本当に泣いていたのかと訊かれ、「教えてあげない」と三回応じている。

ただし、私はこの歌をあまり高く買わない。不実な男への恨みを一方的に語っていて、単調に感じられるからだ。いかにも「みゆき節」なのは、男が自分をだませるかどうかを誰かと賭けていたらしいという推測が挿入されているところだ。恋歌に第三者を入れて感情の揺れをつくりだすのは、このソングライターの技のひとつである。

七〇年代には、研ナオコに書いた「あばよ」や「かもめはかもめ」もあるが、注目すべきは、『愛していると云ってくれ』（一九七八）の冒頭の二曲「「元気ですか」」と「怜子」、そして五曲目の「化粧」だと思う。

「「元気ですか」」は、メロディも何もない詞の朗読である。自分が好きな男を横取りしようとする女にわざわざ電話をかけて、「元気ですか？」と問いかける主人公が登場する。中島は「うらやましくて」と繰り返し、「今夜は泣くでしょう」と締めくくる。自虐や自嘲を抑えた声には、冷たい微笑のようなものさえある。

そして詞が途切れた次の瞬間、二曲目の「怜子」が前奏なしでふいに始まる。意表を突いて呼びかけるように「れぇえいぃいこぉ！」と張り上げて歌い出す声はわずかに震えている。「怜子」は前曲の意趣を引きつぐ。他人の不幸を望むことはしたくないと言いつつ、男に好かれて美しくなり、自信をつけた女の姿が胸に痛くて仕方ない。「「元気ですか」」から「怜子」への、静から動への転回感は類がない。

三曲目が「わかれうた」。よく知られた歌である。

四曲目が残された女を歌う「海鳴り」。

そして五曲目が、エレキギターの短い前奏で始まる「化粧」である。「化粧」も「「元気ですか」」と同じように、男が別の女を好くようになって、置き去りにされた女の気持ちを歌っている。自分が書き送った手紙を返してもらうために、化粧をして男に会いにいく女が、せめて今夜はきれいになって、自分を捨てた男に後悔させたいと願っている。自分を「バカだね」と決めつけるリフレインには擦過傷のようなざらつきがある。

この一連の歌のコンセプトを天沢退二郎は、《いやな私》と呼んだ。向こう側にいる《いやな男》（女の手紙を別の女に読ませたりする男）と対をなすように、こちら側に《いやな女》（わざわざ恋敵に電話をかけたりする女）がいるというわけだ。

確かに歌の中の「あたし」は、相手の女をうらやみ、不幸を願う自分を「いやな私」と自認している。しかし、「いやな私」になったのは、彼女がはじかれ、閉め出され、受け入れられなかったからだ。「わかれ歌＝ふられ歌」とは、「受け入れられない自己」の観察であり、シンパシーを込めた証言のように聞こえる。

『愛していると云ってくれ』の最後の曲は「世情」である。この曲が何なのか、なぜここにあるのかはいまだに謎めいている。直前の曲、「おまえの家」には、昔つきあった男へのやや回顧的な視線があるから――アルバムの文脈というものを信じるなら――「世情」も少し前の時代の想起から発している可能性はある。導入の男性コーラスに、中島の怒りを潜めたような重い声が切り込む。「頑固者だけが悲しい思いをする」という最初のメッセージは、この歌が「敵」に対するまなざしを持つ歌であることを告げる。さらにリフレインは歌の場面を描き出しながら、象徴的な詩句で「戦い」の意味を伝えようとする。

シュプレヒコールの波　通り過ぎてゆく
変わらない夢を　流れに求めて
時の流れを止めて　変わらない夢を
見たがる者たちと　戦うため

デモ隊が〈おそらく〉夜の市街を通り過ぎてゆく。この難渋な歌詞は、「変わらない夢」をめぐる小さなちがいの中に、重大な差異を見出している。ともに「変わらない夢」を欲しながら、それを時の流れの中に求めるのか、流れを止めてつくりだそうとするのか——その差異が「われら」と「やつら」のちがいであると語っている。

さらに、二番の歌詞は「世情」の意味を解説しているように見える。

世の中はとても　臆病な猫だから
他愛のない嘘を　いつも　ついている
包帯のような　嘘を　見破ることで
学者は　世間を　見たような気になる

「世情」とは、手前勝手に言えば〈社会意識〉である。それは社会の動きを反映するように見せかけて、必ず歪んだ像を出現させる。「他愛のない嘘」は、見破られるたびにチェシャ猫のような笑みを浮かべ、その裏のもっと大きな嘘を隠蔽しているのではないか。

真相は分からないが、中島は男に受け入れられない女を歌いながら、女を受け入れない男の向こう側に、臆病な嘘をつく社会を見ていた可能性がある[★9]。

「世情」の系譜は、その後の作品にも登場する。これらを、私は勝手に〈世情歌〉と呼んでいる。八〇年代前半では、アルバム『予感』（一九八三）が圧倒的だが、ここにも「この世にふたりだけ」「夏土産」「髪を洗う女」などの「ふられ歌」と並んで、「誰のせいでもない雨が」と「ファイト！」という〈世情歌〉が収録されている。

「誰のせいでもない雨が」は、過去の闘争と挫折に思いを馳せながら、それらを振り切って時効を宣するような歌である。過去と現在の間には、「怒りもて石を握った指先」が赤子をあやし抱くようになった時間の推移がある。「きのう滝川と後藤が帰らなかった」日のことは、もう追憶の中の出来事である。

だから、「もう誰一人気にしてないよね」と始まるリフレインは、記憶を消すことはできないにしても、もう責め合うのをやめようという呼びかけに聞こえる。「誰のせいでもない雨」「仕方のない雨」、すなわち「日々の暮らし」が降る中で、闘いは別の場所へ移ったのだという苦い認識がある。それでも、「私たちの船は　永く火の海を　沈みきれずに燃えている」。六〇年代末に少なからぬ人々が共有した熱気と幻滅への穏やかな鎮魂歌であり、継続への静かな意思表明でもある。

それが、アルバムの最後の曲「ファイト！」につながる。

中卒だから仕事をもらえないという少女、ガキのくせに頬を張られた少年。駅の階段で子どもをつきとばした女を見て思わず逃げ出し、自分の敵は自分だと呟く少女。後足で砂をかける薄情者と田舎町で罵られ、身内も住めないようにしてやると脅される子。男に蹂躙されないように男に生まれたかったと悔しがる少女。これらの弱き者に対して、中島は「ファイト！」と声をかける。★10

ファイト！　闘う君の唄を
闘わない奴等が笑うだろう
ファイト！　冷たい水の中を
ふるえながらのぼってゆけ

音楽評論家の小西良太郎は、『予感』の発売当時、この歌が中島みゆきの世界に大きな変化を与えたと書いた。論旨は、「選ぶ男－選ばれた女－選ばれない女」の〝三極関係〟を設定し、一貫して「選ばれない女」の情話を歌ってきた彼女が、今度は「選ばれない人間」の支援に回ったというものである。

小西は、中島の歌が「次第に、社会的視野を拡大しながら、彼女なりのメッセージ・ソングに孵化しようとしているのか？　もともと根強くこの人にあった社会的関心の眼が、これまではたまたま、男女関係の中の人情の機微に、絞り込まれていただけなのか？」と自問し、その双方が表裏一体になって揺れているのが彼女の胸中だろうと自答している。

彼女の最初のピークが、デビューから『予感』までの十枚のアルバム、「時代」「わかれうた」「悪女」などのヒット曲で形成されていることは異論がないだろう。「ファイト！」は、この最初の頂点で発せられた確信に満ちたメッセージである。「受け入れられない者」へのシンパシーは、彼女の中でひとつの核になった。

以後、八〇年代半ばは、本人曰く「御乱心の時代」で、試行錯誤が続いたとされる。八八年、『グッバイ・ガール』における編曲者、瀬尾一三の起用、八九年にスタートした「夜会」の新しい可能性によって、中島は次のピークへ向かって猛然と進撃していく。

九〇年代にかけても、〈世情歌〉の系譜が途切れることはなかった。

かたちの描けない恐ろしいものが殺しにくると歌う「吹雪」（一九八八）、蔑まれた男と女が凍えながら町を追われていく「ふたりは」（一九九〇）、おだやかでないと生き残れない時代だと指摘する「おだやかな時代」（一九九一）、そして百四十万枚の大ヒット「空と君のあいだに」（一九九四）も、冷たい雨が降り続く世界との闘いを宣言している。

また、躓き疲弊した男たちへの応援歌もある。「ローリング」（一九八八）は遅れてきた者たちのいらだちを受け止めながら、愚痴を言わずに軽く傷つけと叱咤する。

さらに、世界の非情な事件を見つめた作品もある。天安門事件に言及した「ＥＡＳＴ ＡＳＩＡ」（一九九二）では、巨大な力に従わされても心まで縛られることはないと歌う。「4.2.3」（一九九七）は、ペルーの日本大使公邸への突入報道に取材した風変わりな作品だが、「日本人は元気です」と繰り返す実況中経への強い違和感が、十二分余にわたる克明な描写の中に込められている。

そして「夜会」。当初は、コンサートの新たなスタイルを探るための試行だったものが、三回目あたりから明確なストーリーを打ち出し、書き下ろしの曲が増えていく。ミュージカルでも演劇でもない、独特な舞台が生まれていく。

なぜ中島は「夜会」へ没頭していったのか。それに答える十分な用意は今はない。ただ、「受け入れられない自己」というテーマに照らしていえば、「受け入れられない女」から「受け入れられない者」へ戦線を拡大・深化させてきた彼女の中に、「受け入れられない」ことの意味（存在論的意味）を探り直そうとする機運が浮上していたことはまちがいない。その探求には、物語る時空間と新しい形式が必要だった。

ストーリー性が強くなった第三作以後、彼女は中国故事や「古事記」、小野小町伝説などを素材に、切り口をそのつど変えながら、「女の存在論」へアプローチしていく。第六作「シャングリラ」（一九九四）は、裏切られた母の復讐を縦糸に女の二面性へ迫る。そして、「2/2」と題された第七作（一九九五）では、人間の存在がもっとも身近な者の犠牲の上にしか成立しないという、奇妙な真実を語り出す。

「2/2」で、シリーズ主題歌の「二隻の舟」以外は、すべての曲が書き下ろしとなった。制作者クレジットの冒頭には「構成演出・脚本・作詞作曲　中島みゆき」が掲げられている。

ストーリーはそれほど複雑ではない。東京の出版社で働く上田莉花（中島）は、傷心を癒しに出かけたベトナムの街で遭遇したトラブルをきっかけに、自身の出生に関わる原罪意識に苛まれていく。自分のたび重なる不幸の原因は、「誰かが私を憎んでいる」からだ。その「誰か」とは、彼女が殺した双生児の姉である。死産の姉を犠牲にして生まれた自分は、その報いを受けている……。

ストーリーの端々には、莉花のトラウマのヒントが埋め込まれている。タイトルの「2/2」も、中ほどで歌われる「一人で生まれてきたのだから」も、彼女の「一人であって二人」という在り方を喩えている。

心痛のあまり自殺しようとする莉花を、彼女と瓜二つの茉莉（姉の霊）が制止する。莉花の原罪意識には根拠がないと説き、実はそれに寄りかかって生きてきた妹に、自身を解き放てと諭す。ここからがフィナーレで、姉役にすりかわった中島は妹に向かって「幸せになりなさい」と「二隻の舟」を歌いかける。やや隙のある脚本の欠点も、これらの歌が補ってくれる。

ここで、中島は二重のメッセージを発している。

まず、ドラマのつくり手として発しているのは、「自己」を不遇へ追いやる邪悪な者はすぐ身近にいるというメッセージである。それは家族であり、恋人であり、場合によっては「自己」自身である。裏を返せば、「自己」は「自己」を守るために、いちばん近い者を抹殺するか、その者から逃走することがある。

評論家の大須賀猛は、中島の歌の主人公について、孤独のヒロインになりたいために男と出会い、別れるのだと鋭く突いている。この観点から見れば、「ふられ歌」が、未練をアピールしながら、じつは「自己」を防衛するための逃走歌であると分かる。おそらく、「わかれうた」の一節、「それが私のくせなのか」は作者の予防線である。

歌い手としての中島が発する、もうひとつのメッセージは、ドラマのつくり手の意図を理解しながら、それを越えていく。

確かに我々は「自己」の闘いにおいて、もっとも身近な誰かを抹殺し、いちばん気に入った相手から逃走する。畢竟、人の存在とはこうしたものにちがいない。しかし、我々がそのような理不尽な存在であることは、すでに許されているのではないか。おそらく、「自己」は単一ではなく、せめぎあう二つの力がぶつかり合う場である。「自己」は、それを競い、制するもうひとりの「自己」との長い闘争と調停の過程である……。

「夜会」全体のテーマ曲「二隻の舟」は、合一できない男女の命運を歌っているように見えて、実はもう少し奥まった世界について言及しているらしい。暗い夜の海を二隻の舟が航海を続けていく情景は、「2/2」では、分裂的な自我の航跡を表わしている。二隻の舟は、けっして一緒にならないが、ともに相手の存在を間近に感じている。

「わたしたちは二隻の舟　ひとつずつの　そしてひとつの」と繰り返される歌詞は、「受け入れられない自己」の本質を伝えているのにちがいない。「自己」を受け入れないのは、まちがいなく、もう一人の「自己」である。受け入れてほしい「自己」と受け入れない「自己」は、分裂しながら一つであるために、解は永遠にやってこない。中島にとって、二つの「私」は絶対的な矛盾として認識されていた。

「2/2」は、そのような自縄自縛が、幻想にすぎないと思える瞬間を見せる作品である。その背景には、おそらく、「受け入れられない自己」こそ本来の「自己」の姿である、という理解が生まれていたにちがいない。

六　「豊かな暮らし」の終わり

「2/2」の主人公は出版社の編集者だったが、第八作の「問う女」(一九九六)では、地方のラジオ局に勤めるアナウンサー「綾瀬まりあ」の役を中島みゆきが演じている。人手の足りない現場で、

彼女はアシスタント・ディレクターからＤＪまでをこなし、走り回っているが、実は聴衆に向かって喋っているのは、すべて定められた台本通りの言葉である。マイクの前でつい口にした自身の言葉は、ディレクターの冷たい制止によって宙に消えていく……。「2|2」ではあまり前面に出ていなかった「女の仕事」について、この作品は触れている。それらしい肩書きと一見華やかな場を持たされながら、実際は操り人形のような口パクをさせられて、まりあは傷つき、悄然と街へ出ていく……。

熊沢誠は、女性労働について、九〇年代後半の到達地点を見回しながら、いまだに問題の本質が「男の仕事」と「女の仕事」の差別にあると述べている。

一九八六年施行の男女雇用機会均等法は、ＯＪＴを除く教育訓練、定年、解雇などの性差別は禁止したものの、募集と採用、配置と昇進については、機会の性差別撤廃を「努力義務」に留めていた。改正均等法によって、九八年から募集・採用、配置・昇進の性差別も禁止され、連動するように労働基準法の女性保護条例もほぼ完全に撤廃された。形式上は、企業が従業員の選別にあたって、性を基準とすることはできなくなった。

ただしその結果は、光の当たる部分より影になっている部分の方が大きい。一方では、性差別禁止に代わるように前面に出てきた能力主義的な管理によって、女もまた男と同様に、「競争する個」として扱われるようになった。またもう一方で、女性労働は第Ⅰ部で述べたように、非正規雇用の急速な拡大に巻き込まれていく。女性の非正規雇用は、二〇〇三年には五〇パーセントを超え、二〇一二年の現在は五〇パーセント台の半ばにさしかかっている（女性全体の平均値）。同年、男の方はそれぞれ一五パーセント未満、二〇パーセント前後だから、その差は歴然としている。

女性の非正規雇用には、短期、定型的または補助的な労働、低賃金という「三位一体」がついて回る。桐野夏生が『ＯＵＴ』（一九九七）で描いた武蔵村山市の弁当工場は、まさにそのような現場である。小説は、ここで働くパートタイマーの女たちが繰り広げるバラバラ殺人事件と、彼女たちの生々しい感情ドラマを描いているが、本章にとって興味深いのは弁当工場の様子だけではない。

主人公の香取雅子は、弁当工場に来る前は信用金庫で働いていた。入社した時とまったく同じ融資事務の仕事を二十二年間続けた。毎日九時近くまで残業しても、仕事の内容は変わらず、役職にもつけない。融資決定などの重要な仕事は男性社員がやり、雅子には補助の仕事しか回ってこない。同い年の男性社員の年間給与が自分より二百万円も多いのを知って頭に血が上り、上司に談判すると、翌日から露骨な嫌がらせが始まった。年少の男性社員の「ババア」呼ばわりに遭って、もうこれまでだと思っていた矢先、業績悪化に伴って起きた統合リストラが、まっさきに彼女に降りかかる……。

雅子のような女性はどこの職場にもいる。女性労働の「三位一体」は非正規雇用だけでなく、正規雇用にも広く深く浸透し、働く女たちの憤りを醸成してきた[★11]。

なぜ「男の仕事」と「女の仕事」があるのか。

〝女向きの仕事〟という通説にはマヤカシがある。高度に発達した、一見省力的な産業システムを維持するためには、システムの企画・設計・運用というコア業務（〝高度な仕事〟）のほかに、システムを維持するための膨大（で単調）なサブ業務が発生する。企業は、これらの「おもしろくない仕事」を担ってくれる人材を、長らく女性という人的資源に求めてきたのである。

その少なからぬ部分は、九〇年代以後、非正規雇用や派遣社員や機能分社などによって、「外部化」されてきた。しかし、外へ出せないコア業務の隣接作業、またある程度は変化対応の必要な仕事では、相変わらず社内の女性労働が当てにされる。しかし、彼女たちに対する男たちの態度には、〝高度な仕事〟につく者たちからの侮蔑や軽視が含まれている。

多少の自負心や使命感を持つ女は、それに敏感に反応する。おそらく、初の総合職として東京電力に入社した渡辺泰子もそのような一人だった。「東電ＯＬ殺人」として知られる事件が起きたのは、一九九七年三月十九日。東京渋谷区円山町の木造モルタルアパートの一室で、街娼（いわゆる「立ちんぼ」）をやっていた渡辺の死体が発見された。

慶應義塾大学を卒業し、亡父の後を継いで東電に就職した渡辺は、殺害当時三十九歳、調査室の副長だった。年収は一千万円を超えていたが、売春の値段は五千円（相手によっては二千円）程度だったという。この奇妙な副業の謎はいまだに解けていない。

ノンフィクション作家の佐野眞一は、彼女の自暴自棄とも見える行動を追いながら、それが「現実世界の底に潜む魔物のようなものを暴き映す」（『東電ＯＬ殺人事件』、二〇〇〇）ことに気づいていく。上野千鶴子は、事件をめぐる多様な心理学的・社会学的解釈を検討した上で、売春とは女性が身体をモノ化（売買可能な物件化）することを通して、逆に男をタダの性器へ還元してしまう復讐行為であると述べた。

「東電ＯＬ」は、大企業の中で「受け入れられない自己」に直面し、わずかな報酬とともに「受け入れられる自己」を実現する機会を求めて、夜の街へ出ていったとも考えられる。もっとも、彼女が死んだ九七年は、すでに女の「自己問題」はバブル期の「自分探し」ブームを経て、リストラの中で拡散し始めている。さらにいえば、「受け入れられない自己」という、戦後の一時を彩った問題系そのものが、別の問題系に置き換わっていく時代だったように思う。

新しい問題系は、企業の中では、ハラスメントやメンタルヘルスと呼ばれ、街頭では、貧困や格差と呼ばれるようになった。「自己」に関する悩ましい思いは、いったんカッコに括られ、この時期に鳴り物入りで始まった「自立」や「自律」のキャンペーンの中へ連れ込まれた。この新自由主義を背景にした標語は、産業社会のみならず、あらゆる社会的関係を席巻した。

第Ⅰ部で論じた雇用ポートフォリオは、労働の付加価値の質と量によって雇用方式を変えるべきだと経営者に説く一方、労働者には、組織に依存せず、「個」の自立的／自律的な力で問題解決に取り組めとハッパをかけていた。また、第Ⅱ部で述べたように、『新世紀エヴァンゲリオン』は、碇シンジにむりやり自立／自律を呑み込ませる物語だった。そのプレッシャーを真に受けて、「個」の神秘的強化に励んだのがオウム真理教である。

とはいうものの、「女の仕事問題」は、まだ問題のまま放置されている。それどころか、「雇均法」体制は、「均等」の幻想を与えつつ、容赦ない競争環境を隠蔽する装置として働いた可能性が大きい。競争の土俵に男のみならず女を引っ張り上げるには、それを合理化するイリュージョンも必要だったのである。

女性に対するメッセージは、いうまでもなく家庭からの自立／自律だった。新たな労働力として、またより強力な消費者として、女は大いに期待されていたからだ。男との公平や均等というタテマエは、彼女たちのモチベーションを高め、彼女たちの労働力と購買力の伸び代《しろ》を広げるために発信された、と考える方が理屈に合っている。

キャンペーンは一部成功した。肩パッドの入ったスーツを着てオフィス街を闊歩する女が、女性労働の象徴にもなった。その幻想は根強く残り、自身の「伸び代」への幻想を持てない女性にも、消費で参加する機会を与えることに成功した。

「東電ＯＬ」が殺されたのは、ちょうどこうした新旧の問題系が入れ替わる端境《はざかい》の時期である。九〇年代半ばが日本社会の大きな構造転換期であったことは、本書で繰り返し述べてきた。これまでの社会が「豊かな暮らし」を求める社会であったとすれば、これからの社会は「豊かな暮らし」を諦めざるをえない社会である。

これまでの社会に受け入れられなかった〈彼女〉は、これまでの社会とこれからの社会の裂け目に佇んでいたようなところがある。極端に安い売春料もお定まりの夜食（つゆだくおでん）も、これからの社会の貧しさへの表徴のように見える。当時もっとも先鋭な若者文化の基地だった――同時に「援交」と呼ばれる未成年売春のメッカでもあった――渋谷の街で、〈彼女〉はその見えない裂け目を見ていた可能性がある。

「豊かな暮らし」という大きな物語（〈社会意識〉）が終了した時点で、その「裏筋」にうずくまっていた「受け入れられない自己」にまつわる物語も本質的には終わった。こうして、我々の〈これからの社会〉は二〇〇〇年代を迎えるのである。

「夜会」第八作の「問う女」は、主人公の綾瀬まりあと、街中で出会ったアジア系の売春婦との交流を縦糸にして進行する。売春婦はカタコトで「ニマンロクセンエン」と自分の値段を告げる。

この作品が上演された渋谷文化村のシアターコクーンは、渡辺泰子が男の相手をしていた円山町のアパートからわずか五〇〇メートルほどの至近距離にある。「問う女」が上演された一九九六年の暮れ、〈彼女〉はまだ、路上で奇妙な副業についていたはずである。中島が「問う女」のエンディングで歌ったのは、「ＰＡＩＮ」と題された曲だった。

註

★1　円谷幸吉の「自己」は、父・幸七の厳しい教育に影響されたらしい。末っ子の幸吉だけが、他のきょうだいとは異なるやり方で父親の教えを受容した節もある。国立競技場のトラックで、後ろを振り返ってヒートレーの猛追を確認しなかったのは、父親の教えによるものだった。幸七は、小学生の幸吉が徒競走で後ろを振り返ったのを見て、「男が一度こうと決めて走り出した以上、どんなことがあっても後ろを振り返るなんてことを、するじゃねえ」と叱った。以来、円谷はどんなレースに出てもけっして後ろを振り返らないようになったという。

★2　沢木は、体育学校校長が示した「結婚反対」に父・幸七が従ったらしいという伝聞を紹介しているが、後に橋本克彦は、幸七が校長に面と向かって異論を呈したと書いている。

★3　永山は、小説『木橋《きはし》』で第十九回新日本文学賞を受賞した。一九九〇年には、秋山駿と加賀乙彦の推薦を受けて日本文藝家協会に入会を申し込むが、青山光二、佐伯彰一など理事の一部が反対した結果、入会を認められなかった。抗議した中上健次、筒井康隆、柄谷行人らは、日本文藝家協会から脱会した。

『木橋』は自伝的な小説である。主人公の「N少年」は兄から暴行を受け、二十数回の家出を繰り返す。そのたびに未遂に終わる家出は、循環する悪夢のような印象を与える。脱出はかなわず、「N少年」は木橋から川面を見つめるばかりだ。

★4　裕次郎の演じた「戦う孤狼」をさらに純化し、旅する孤独者を造形したのが、小林旭の「渡り鳥シリーズ」と「流れ者シリーズ」である。旭は日活アクションの全盛期を裕次郎、赤木圭一郎、和田浩治とともに「ダイヤモンドライン」の一翼として支えたが、両シリーズで、裕次郎よりもっと徹底的に、戯画的なほどに社会と〝切れている〟ヒーローを演じてみせた。大ヒットし、これらのシリーズの原型となった『南国土佐を後にして』（一九五九）で、主人公はまだ故郷や家族を持ち、浅丘ルリ子との結婚を通じて社会復帰を願っていた。ところが、二カ月後に封切られた『ギターを持った渡り鳥』（一九五九）以後、旭演ずるヒーローは、実体の乏しい「誰でもない人物」として、「どこでもない場所」を流れ続け、二度と実社会へ戻らなかった。

「渡り鳥シリーズ」「流れ者シリーズ」の主人公、滝伸次や野村浩次は、たびたび西部劇の登場人物のような奇抜な格好で馬に乗って現われ、土地や事業の乗っ取りに対抗する「義」の闘いに参じる。勧善懲悪の闘いが終了すると、彼に恩義と好意を感じているヒロイン（ルリ子）に素っ気ない別れを告げてどこかへ去っていく。旭演じるヒーローは社会への復帰を固辞し続けるが、その「自己」への屈託はない。

★5　『八月の濡れた砂』について、私ごとを記しておく。正直にいうと、この映画をいつどこで見たか覚えていない。その時強く残ったのは、映画の印象よりも主題歌の方だった。石川セリのアルバムを買い、新宿のルイードにライブを聴きにいった。彼女が一九七八年に結婚してからは、歌手業はほぼ休業状態だったので、よもやお目にかかることはないと思っていたが、二〇〇八年、新曲を含むアルバム「Re：SEXY」を出すと聞いて、私がパーソナリティを務めるラジオ番組「ラジオの街で逢いましょう」に出演してもらった。その時初めて知ったのだが、彼女は二〇〇四年に大動脈解離を発症して声を失いかけ、それでも歌を断念せず、懸命のトレーニングを経て復帰したばかりだった。

★6　藤田敏八は後年、『スローなブギにしてくれ』（一九八一）で、浅野温子に輪姦された少女を演じさせている。彼女のボーイフレンド役の古尾谷雅人は、『八月の濡れた砂』の広瀬同様、彼女を追及する。非を責められて、浅野は取り乱し、放心しながら、「自己回復」を単身で遂行する強い女として造形されていた。

★7　藤田は、『八月の濡れた砂』の一年後に、『八月はエロスの匂い』（一九七二）を送り出している。「八月」が作品の符丁として使われたのは、前作の評判が高かったからだ。ただし、前作と異なり、主人公の圭子はデパートで働く成熟した女性（川村真樹）であり、年長の愛人との関係から抜け出せない優柔不断な女である。ところが、職場で遭遇した強盗・傷害事件をきっかけに、彼女の中で正体不明の「衝動」が動き出す。強盗の少年（「シラミ」と呼ばれている）を遊園地で偶然発見し、さらに房総半島へ向かうフェリーボートの中で再び少年を見出して追跡、脅すようにして海岸で交接を迫る。

この映画が商品として表に打ち出しているのは、女性の性衝動である。自分を傷つけた相手に性欲を感じてしまう女性の性の非合理に注目を集めようとしている。しかし、誰の目にも明らかなように、物語の本質は、少年を自身の性的関係に取り込むことで、愛人との関係を相対化しようとする女の「自己回復」、さらにいえば「自立」の闘いだ。「シラミ」に服従を強いる圭子は、性的関係においても主導権を握る。さらにラストシーンで、愛人とシラミを乗せて海岸を離れる車を運転しているのは、勝ち誇った表情の圭子である。藤田なりの「自己回復」物語の主人公には、タフガイの代わりに、ありふれた女性労働者がついたのである。

ロマンポルノには、女の「自律」や「闘い」が仕込まれた作品がかなりある。男性向けのエンタテインメント作品群は、実は女を主人公に据えた巨大なプログラムピクチャーであった、という見方も可能だろう。ヒロインたちは、文字通り裸一貫で、虐げられ、捨てられ、とり乱しながら、欲望や野望にまみれた男たちを圧倒し続けたのである。

★8　田中美津自身が書いているように、七〇年代初頭の入管闘争（出入国管理法制定反対闘争）がリブに与えた影響は大きい。もともと新左翼運動の中で、入管闘争は副次的なテーマとして扱われ、これを民族差別とする批判が根強くあった。一九七〇年七月七日の盧溝橋記念集会に対する中核派など諸派の介入と差別的発言に対して、華青闘（華僑青年闘争委員会）およびこれを支持するノンセクト層が厳しい告発を行なった。この事件を機に、多くの党派は自己批判を行なった。この差別糾弾の運動の中から、抑圧されたマイノリティこそ正義を語る資格があるという発想が急速に伸長し、リブとつながっていったといわれる。リブは、性差別の実態と意味を暴露することで、「男社会」に痛撃を与えただけでなく、戦後的「自己」の欺瞞も鋭く突いてみせた。

★9　「世情」は、発表から三年後、テレビドラマ『3年B組金八先生』第二シリーズ第二十四話「卒業式前の暴力②」（一九八一年三月二十日放映）の挿入歌に用いられた。金八の生徒、直江喜一扮する加藤優と沖田浩之扮する松浦悟は、荒谷二中の放送室に立て籠もり、自分を含めて落ちこぼれた生徒たちをいたぶった責任を取れと、校長に要求する。警察と生徒たちの睨み合いの末、校長の謝罪を勝ち取るが、加藤たちは手錠をはめられて、護送車に乗せられる。このシーンで「世情」が流れる。

★10　「ファイト！」は、九四年に百四十七万枚のセールスを記録した「空と君のあいだに」と両A面シングルとして発売された。「空と君のあいだに」は、安達祐実主演の日本テレビ系列『家なき子』の主題歌として書き下ろされた作品である。

★11　熊沢誠によれば、一九九五年は、より充実した仕事や性差別のない昇格・昇給を求めて、十年前から活動してきた女性たちが、ほぼいっせいに提訴に踏み切った年だという。原告たちは二十〜三十年という長いキャリアの持ち主が多く、業務に精通し、時には臨機応変の判断も求められる立場にあった。こなしている仕事とアンバランスな低い職務グレード、結果として男性より低い賃金に対する怒りが、彼女たちの行動を促した。

エピローグ

I

九〇年代末から二〇〇〇年代初頭に「リストラ中高年」と呼ばれた人々は、今、六十代から七十代を迎えている。もちろん現役で働いている人も多いだろうが、大半は、そろそろ本格的な引退を考える時期にさしかかっている。

もっとも、リストラは、彼らの世代に特有の体験ではなく、いつでもどこにでもある風景になってしまった。二〇一二年の上場企業の希望・早期退職者募集は、十月末までに一万六千人を超え、リーマン・ショック後の二〇〇九年を超えそうな勢いだった。

また、リストラの手法も「進化」を遂げ、第四期に突入したという。九〇年代の中高年管理職の狙い撃ちが、二〇〇〇年代にはあっという間に全従業員に対象を広げ、二〇一〇年代には整理解雇も辞さないようになった。第四期は、二〜三回が限度とされた退職勧奨を十回以上強要したり、能力不足を理由に普通解雇を告げて職場から追放したりする強硬なやり方が表面化している。

一方、「就職氷河期」の若者たちは、三十代から四十代を迎えている。彼らは、リストラ中高年の子弟子女にあたる世代だ。第Ⅰ部第1章で述べたように、「氷河期世代」は、親の世代の既得権に阻まれて、正規雇用の恩恵に与れなかったところがある。戦後の二世代連携の階層上昇プロジェクトは、この時期にくるりと反転して、想定外の犠牲を強いられたのである。

「氷河期」以後の格差が、非正規雇用の拡大によるものであることはほぼ確かである。一人あたりの所得は、非正規の場合、決して五百万円を上回ることはなく、二百万円前後に集中している。その非正規雇用の内訳を年齢別に見ると、二〇一〇年現在で、五十五歳以上と二十五〜三十四歳の二つのグループが双璧を成している。ちなみに、非正規雇用者比率は二〇一一年一〜三月期に、過去最高の三五・四パーセント（全体平均）を記録した。

すったもんだの末に、二〇一〇年の春、通常国会に提出された労働者派遣法改正案は、審議未了のまま、衆議院厚生労働委員会の継続審議扱いとなった。改正案は派遣事業の規制強化、派遣労働者の無期雇用化や待遇改善を盛り込んでいたが、二〇一一年の暮れ、大幅な修正を施されて同委員会を通過した。明けて二〇一二年三月、通常国会で成立。「骨抜き」にされた修正案が施行されたのが、同年十月一日である。

Ⅱ

キューポラのある街に生まれたジュンの消息は、一九七〇年代の初頭までたどることができる。

原作者の早船ちよは、映画のヒットに押されるように、「キューポラのある街」を連作として書き継いだ。第二作の『未成年』（一九六五）は日活で映画化され、吉永小百合が引き続きジュンを演じた。第三作は『赤いらせん階段』（一九六七）と命名された。

物語はさらに続き、一九六七年から六九年にかけ、「民主青年新聞」に「さくらさくら」として連載された。この連載は、後に『さくらさくら』（一九七〇）と『青い嵐』（一九七二）に分けて刊行された。

ジュンは原作では、大宮シルクという繊維メーカーの工場で働いている。定時制高校への通学は厳しい労働条件の中でままならない。『さくらさくら』では、検査部門へ配転され、障害のある年長の同僚と地下室で働いている。工場ではZD運動（無欠点運動）が推進され、QC活動が始まろうとしている。腕に走る鋭い痛みは頸腕症候群と診断された。

『青い嵐』で、彼女は自分を守ってくれない労働組合に愛想を尽かして、大宮シルクを離れ、キューポラの街の共同工員寮の寮母に就く。ジュンとその同級生たちは、十九歳から二十歳になっている。物語は反戦・反体制運動の盛り上がりを背景に、母校の中学校教師の職場復帰闘争を軸に進むが、若者たちの様子は、時代の空気を反映して少しずつ異なってくる。

大学へ進学したノブ子は全共闘へ傾き、ジュンは（いつの間にか！）共産党系の青年組織に加盟している。

浦山桐郎は、七〇年代には『青春の門』（一九七五）と『青春の門・自立篇』（一九七六）を撮った。大竹しのぶはこの作品でデビューした。一九八五年に五十五歳で亡くなる直前の、最後の監督作品は、吉永小百合主演の『夢千代日記』である。

山田洋次は「男はつらいよ」シリーズを一九九五年まで撮り続けた。最後の作品、『男はつらいよ　寅次郎紅の花』で、山田は病身の渥美清を伴って震災直後の神戸で撮影を敢行した。マドンナ役は、『男はつらいよ　寅次郎忘れな草』（一九七三）以来、四回目の共演となる浅丘ルリ子だった。山田監督の最新作は『東京家族』（二〇一二）である。小津安二郎監督の『東京物語』（一九五三）をモチーフにした作品として、二〇一一年四月一日にクランクインの予定だったが、３・11に遭遇して制作を延期した。書き直された脚本は、二〇一二年の東京を舞台にしている。

作家の庄司薫は、二〇一二年、七十六歳を迎えた。登場人物の庄司薫もすでに還暦を超えている。作家の庄司は、一九七七年の『ぼくの大好きな青髭』以来、まとまった作品を発表していない。一九九五年に改版された中公文庫の『赤頭巾ちゃん気をつけて』には、単行本に添えられていた「翌日読んでもらいたいささやかなあとがき」に加えて、「四半世紀たってのあとがき」が付されている。四部作について、主人公は赤白黒青（朱雀・白虎・玄武・青龍）、つまり世界の四方へ出かけていって、「なにかを予感してはそれを「封印」するという一種の輪廻転生」を繰り返したという解釈が語られている。彼が「封印」したのは、世界に太古から存在する「言ってはならないこのひとこと」だという、不可解な言葉が記されている。

宮崎勤の裁判では二回の精神鑑定が行なわれた。弁護側が、宮崎の人肉・人骨食などの事実を明かしたことが大きなインパクトを与えたからだ。六人の専門家が関わった第一次鑑定では、人格障害を認めつつ、責任能力に問題はないと判定したが、弁護側はこの鑑定に不服を示し、第二次鑑定を実現させた。宮崎は、幼女が泣きだすと決まってネズミ人間が現われ、恐怖で何も分からなくなるなどと証言した。三人の専門家の判定は、統合失調症と解離性同一性障害に割れた。

一九九七年、東京地裁は死刑判決を言い渡した。二〇〇七年、最高裁は弁護側の上告を棄却。二〇〇八年六月十七日に死刑が執行された。

七〇年代の日本を埋め尽くした「中間層」はどこへ行ったのか。

二〇一一年九月、内閣総理大臣に任命された野田佳彦は、所信表明演説で、「分厚い中間層の復活」を訴えた。この発言は、経済発展と社会の安定の基礎になっていた中間層の崩壊が進み、日本社会の安定が根底から崩れかけているという認識に基づいている。

厚労省の『平成24年版労働経済の分析』も、「分厚い中間層の復活に向けた課題」をテーマに取り上げた。格差と貧困の元凶を非正規雇用の拡大に求め、人件費の削減が消費の不活性を招く「合成の誤謬」からの脱却こそ、日本の課題であると論じている。キーワードは、誰もが持続的に働ける「全員参加型社会」である。

もっとも、二〇一二年の内閣府の調査では、自身の生活程度を「中の中」と答えた人は五五・七パーセントもいる。なぜか、一九七一年の五六・三パーセントから微減したにすぎない。

『新世紀エヴァンゲリオン』は、まだ続いている。

庵野秀明は、二〇〇六年に株式会社カラーを起こし、翌年、ガイナックスを退社した。二〇〇七年には『ヱヴァンゲリヲン新劇場版：序』、〇九年には『ヱヴァンゲリヲン新劇場版：破』、二〇一二年十一月には、『ヱヴァンゲリヲン新劇場版：Q』を公開した。今回の劇場版は四部作とされている。

また、二〇〇四年には、フィールズ株式会社によって、パチンコ機「CR新世紀エヴァンゲリオン」がリリースされ（CRとはプリペイドカード対応機）、「暴走モード」などの特殊な確率変動システムによって人気を得た。バージョンごとに「セカンドインパクト」「奇跡の価値は」「使徒、再び」などの副題が付されている。二〇一二年には、「CRヱヴァンゲリヲン7」が登場した。

オウム真理教事件で指名手配され、逃亡を続けていた最後の三人が逮捕された。

平田信は、二〇一一年の大晦日、警視庁丸の内署へ出頭。少し遅れて、平田の逃亡生活を支えた女性も自首した。女性が弁護士を通じて出したコメントによれば、東日本大震災が大きなショックだったという。二人は東大阪市に十四年間潜伏していた。女性が整骨院で働き、平田はほぼ自宅の外へ出ることがなかった。

この二人を登場人物とする映画『愛のゆくえ（仮）』（木村文洋監督）が、二〇一二年の東京映画祭で公開された。

菊地直子は高橋克也と共に逃亡していたが、二〇〇五年に別の男性と知り合い、高橋と別れた。その男性に求婚され、二人の同棲生活が始まる。菊地は介護会社に勤め、経理事務に就いていた。逮捕のきっかけは、彼女の乳癌を案じた男性が、実兄に健康保険の相談をしたことだったという。

通報を受けた警察は、二〇一二年六月三日、相模原市緑区のあばら屋のような自宅の付近で、彼女の身柄を拘束した。

高橋克也は、菊地の逮捕の報を聞いて建設会社の社員寮を飛び出し、逃亡を再開した。鶴見・蒲田・大森などの京浜東北線沿線を転々としながら、マンガ喫茶と個室ビデオ店で警察の目を逃れた。六月十五日、逃亡開始から十一日後に蒲田で確保された。高橋はキャリーバッグの中に麻原の著書や写真を所持し、自身の信仰が持続していることを表明した。

Ⅲ

アメリカの経営を日本にもたらした二人の米国人は、それぞれの遺産をこの国に残した。

「日本的経営」を生涯にわたって論じたジェームズ・アベグレンは、日本人女性と結婚し、八二年から日本に住み、九七年に日本国籍を取得した。彼は「日本的経営」の優位性をやや頑固なほどに主張し、九〇年代のアメリカン・マネジメントの大攻勢に抵抗した。上智大学で教え、二〇〇六年にはグロービス経営大学院大学の名誉学長に就き、翌年癌で亡くなった。

「日本のQCの父」ウィリアム・デミングは、一九五〇年に来日した際の講演録の印税を日科技連に寄付した。日科技連はこれを基金として、品質管理の進歩に功績のあった組織と個人を顕彰するデミング賞を設置した。同賞を目指す企業革新運動は、七〇年代から八〇年代にかけて産業界を席巻した。その効能は——日科技連によれば——新製品の開発、新技術の獲得、継続的な売上目標の達成、方針・目標達成能力の獲得、組織の機能的活動能力の向上など経営全般にわたる。

こうした効能が今、どこまで信じられているかは不明だが、デミング賞は続いている。二〇〇〇年代に入って海外企業の受賞が増えたのは大きな変化だ。二〇一一年の受賞企業は、インドのラネ・TRWステアリングシステムズである。

アメリカに対する深い洞察を披瀝した二人の書き手は、すでにこの世を去った。『何でも見てやろう』を書いた小田実は、二〇〇六年に最後の長編小説『終わらない旅』で、戦争と成長と落胆の時代を生きた男女とその恋を描いた。熱烈に語り合った彼らの思いは、二人の娘たちの世代に引き継がれ、旅はつづくというストーリーである。

江藤淳は、一九九八年に妻・慶子を亡くした。翌年、その闘病記『妻と私』を書き上げ、さらに母と幼い自分を想起する「幼年時代」を書き始めたが、脳梗塞の発作に見舞われた。「以来の江藤淳は形骸に過ぎず、自ら処決して形骸を断ずる」のは、約一カ月後のことだ。「幼年時代」には、残された手紙をたよりに、江藤が四歳で死別した「母の声」を聴き取る場面がある。「〝母〟の崩壊」を論じた批評家は、最期に近づいて、本能に従うかのように、自ら母の声へ赴いたようである。

戦後日本でアメリカの暮らしを模して群生した「団地」は、その当初の使命をほぼ終え、新たな役割を模索している。私が父母と暮らしたひばりヶ丘団地も、「ひばりが丘パークヒルズ」へ建て替えが進んでいる。我が家のあった住棟はもう残っていない。当時、まだ頼りなかった並木の若木は大きく枝を張る巨木になっている。

六〇年代の幕開けには、「二人の美智子」が立ち並んでいた。

ひとりは、安保闘争のさなか、一九六〇年六月十五日に国会南門の近くで亡くなった樺美智子である。彼女は、六〇年代を通して「反安保」の至上の象徴の位置にあったが、その像がかなり脚色されていたことは最近になって明かされた。樺はまちがいなく、共産主義者同盟（ブント）の草創期のコアメンバーであり、民主主義の危機に感じて立ち上がった一般学生ではなかった。彼女の教条的な発言や行動は、少なからず大学の級友たちの反発をかっていたが、その死とともに、すべては美化された。彼女の両親もまた、死んだ娘を最大限に「聖化」することに尽くした。人々は、安保闘争の「敗北」の中で時代の変貌を鋭敏に感じ取り、「聖少女」を犠牲者に祭り上げることで自身の免罪を図ったのではないか。

もうひとりは言うまでもなく、皇太子の妻、美智子である。軽井沢のテニスコートに降り立った彼女は、戦後の新しい結婚や家族を象徴する女性であり、アメリカン・ウェイ・オブ・ライフの匂いさえ放っていた。しかし、新しい「聖家族」の象徴である美智子妃には、そのひきかえのようにバッシングが加えられた。香淳皇后との確執を含め、内部の闘いは絶えることがなく、マスメディアなど外部の批判も繰り返された。一九九三年、五十九歳の誕生日に倒れ、「失声症」に見舞われたのも、週刊誌によるバッシング報道が原因だったらしい。それでも、立ち直った美智子皇后は、マスメディアに対する意見を述べつつ、「堅く、もろくなっていた自分の心を恥ずかしく」思うと語った。

堤清二は、一九九一年にセゾングループ代表の座を下りた。バブルの崩壊はまだ全面化していなかったものの、セゾンの多角化は早々に軋み始めていた。特に西洋環境開発と東京シティファイナンスの多額の負債は、グループの屋台骨を揺るがした。九〇年代後半の一連のリストラ、資産売却に併せて、堤個人も百億円を拠出したという。

しかし、グループ解体のさなかに、著述活動はかえって旺盛になった。九五年には、中央大学に提出した堤清二名の論文『消費社会批判』によって経済学博士号を取得。また、辻井喬名で書き続けてきた詩と小説の分野では、堤康次郎を描いた『父の肖像』（二〇〇四）を含め、代表作となる作品がいくつも生み出された。

ちょうどこの頃、私はホテル西洋銀座のラウンジで堤を見かけたことがある。元総帥は、まるでオーラと見紛うような重い疲労の影をまとっていた。

村上春樹は、何度かノーベル文学賞の有力候補とされながらいまだ受賞していない。

個人的な体験でいえば、『1Q84』は、BOOK2の途中で放り出し、二カ月後に読書を再開した。しかし、ペースはいっこうに上がらず、BOOK3の最終頁に辿りついたのは、その二カ月後だった。遅読の理由は、ひとつにはBOOK2の二九〇頁あたりでひと通りのことがすんでしまったからだ。

「リーダーと呼ばれる男」は、まちがいなく麻原ではないし、おそらくヤマギシの領袖にも似ていない。彼が「青豆」と交わす言葉には、ヴァジラヤーナに対する暗い熱気も、コミューンへの切迫した想いもない。ホテル・オークラのスイートルームに横たわった男は、村上春樹の小説にたびたび登場する、警句好きのお喋りオヤジにすぎない。

『1Q84』がつまらないのは、物語を発生させ、その展開をすべて管理しているストーリーオーナーがそこにいるからだ。いうまでもなく、麻布の老婦人である。彼女が自分の思想的テロのために青豆を雇った時に物語が始まり、その物静かだが暴力的な管理は全編にわたっている。老婦人が正義の側にいるようで、実のところは怪しいのに、作家はその両義性に言及しようとしない。BOOK3はパラレルワールドのメロドラマにすぎない。

FIN

もし二〇一二年まで生きていたら、円谷幸吉は七十二歳、奥浩平は六十九歳、永山則夫は六十三歳、渡辺泰子は五十五歳になっている。

円谷は自衛隊を勤め上げ、引退後はシニアランナーとして、地域のマラソン大会に参加したかもしれない。奥は中原素子と結婚し、夫婦揃って労働運動を続け、一緒に母校・青山高校の同窓会に参加したかもしれない。

永山は——もしあの時、ピストルを撃っていなかったら——東京の街に少しずつなじみ、友人をつくり、下積みの労働者として働き続けたかもしれない。そして、渡辺は渋谷円山町の「仕事」を引退し、ふつうの東電社員に戻って3・11を迎えたかもしれない。

もちろん、そのような「もし」などない。彼らの「受け入れられない自己」は、その死の時点で完了し、その他の可能性を封じてしまっている。

そして、戦後のあとの時間にも「もし」はない。すべては起きてしまったようにしか起きなかったのであって、その取り返しのつかない歴史に対して我々はなす術《すべ》を持たない。

しかし、その歴史を振り返ることはできる。我々は長きにわたる戦後と、そのあとの時間を検証することで、自身の立つ場所と向かう先を考え直す時期に立ち至っている。本書はそのための小さな手がかりである。

あとがき

自分の生きてきた時代を書いてみたいという、ある年齢に達した人間が抱きがちな欲望に、素直に従って書いた結果が、このような本になった。

当初目論んでいたのは〈社会組織〉論のようなものだったが、途中からその内実はどんどん〈社会意識〉論の方へ滑り込んでいった。「組織」とは、結局のところ、それを構成し、運営する人々の「意識」の反映だからである、というのは後からの理屈で、実際は「時代の感情」を描きたいという、どこかに眠っていた欲求が目を覚ましたのである。

また、はじめは一九九〇年代の事象を主に論じるつもりだったのが、それらが起きた背景へ目を遣るうちに、因果の連鎖に引きこまれ、高度成長期や戦後復興期へ遡るばかりでなく、二〇〇〇年代へも降り来たることになった。労働や家族や「個」など〝九〇年代の問題〟を考えるには、そうやって、問題が生起し変容した数十年を、異なるルートで幾度も往復する作業を求められた。そして結果的には、敗戦から〈3・11〉までの六十余年を、蛇行しながら旅することになった。

本書のタイトルについて、二つのことを記しておきたい。

一つ目は、「幸せ」について。

巻頭のエピグラフのように、戦後日本の〈社会意識〉は、「幸せ」を遙か上方に位置するものと考えていたような気がする。記憶のなかの坂本九は、「幸せは雲の上に　幸せは空の上に」というサビの部分を歌うとき、やや顔を上げて、ずっと上空にある「幸せ」を眺めやるような所作をしていた。

たしかに我々は、この歌が流行った時代からずっと「上」を見ることを続けてきた。「上」を望み、「上」に憧れ、「上」へ昇ろうとしてきた。それは、我々の習性のようなものになった。今、この歌が切ないのは此方《こちら》にはなくて彼方《かなた》にある「幸せ」へ近づくために、戦後の日本人が重ねてきた努力や苦労や失敗が少し虚しく見えるからである。

二つ目は、「戦後史」について。

〝戦後は終わった〟とする言説が大勢である。二〇一〇年代の現在を「戦後」と感じる人は少数派であろう。ところが、この現在を適切に表現する別の言葉があるかと問えば、すぐに口をついて出るものはない。「ポスト戦後」と言うなら、それはやはり「戦後」の内にある概念である。

むろん、一九四五年以後、現在までの時間を区切る事件や現象はいくつも観察される。本書でも、通説と自説を交叉させて、いくつかの画期を置いた。歴史を破断するさまざまな亀裂や断層を数え挙げるなら、現在に至る時間の集積を、「戦後史」と一括りにするのは困難かもしれない。

しかし、にもかかわらず、我々は相変わらずまだ「戦後」のさなかに生きている。いうまでもなく、「戦後」を強制的にもたらしたアメリカとの関係は、さまざまな摩擦を経ながら、非対称な同盟関係を続けている。つきあい方は少しずつ変わってきたものの、向こうが圧倒的な主導権を握り続けているのは明白である。

たとえば、炉心溶融と建屋爆発を起こした福島第一原発の、〝その時〟へと至る歴史は、日本の原子力政策が、一貫してアメリカの核戦略のもとに位置づけられていたことを示している。最初期の「原子力の平和利用」キャンペーンに、アメリカが正力松太郎などを介して積極的に関わったことはよく知られている。アメリカは、第五福竜丸の被曝事件（一九五四年三月一日）を機に盛り上がった反核・反米運動に危機感を覚え、「平和利用」で「原子爆弾」を忘れさせようとした。この策を進言し、「毒を以て毒を制する」と唱えたのは、正力の懐刀、柴田秀利という人物だった。

アメリカは原発の実用化には十年かかると踏んでいたが、冷戦を有利に導くには日本への原子力協力は不可欠と考えていた。電力不足に悩む日本は格好のターゲットだったのだ。代々の日米原子力協定は、日本が米国核技術の「出先実験所」の役割を果たすために結ばれた。濃縮ウランの提供を受けた一九五五年の協定から、プルトニウムの抽出を許可された一九八八年の協定まで、日本の原子力政策は常にアメリカの方を向いていた。

つまり、福島第一原発の〝その時〟も、その後の時間も、「戦後史」の中にある。

日本がいまだに「戦後史」を刻んでいるのは、朝鮮半島の二つの国が一九五〇年代の戦争の「戦後史」を、イスラエルと周辺アラブ国家が四度の戦争の「戦後史」を刻んでいるのと同様である。「戦後」とは、二十一世紀の日本にとって、なお渦中の情勢だと私は考えている。

本書の執筆は、二〇〇九年八月に開始され、二〇一三年二月に終了した。三年はかかるだろうなと思っていたが、予定をだいぶ越えてしまった。この間に父が逝った。

書くことは嫌いでないものの、知識と発想の不足に愕然とし、「その先」へ進む道筋が読めなくなって、何度も天を仰いだ。トランスビューの中嶋廣氏は、そのたびに、実に気の利いた（これが重要である）叱咤と激励の言葉をかけてくださった。

三十年来の知己である中嶋氏が、久々に会った折に、「そろそろモノを書いてみないか」と言ってくれたのがコトの始まりである。その一言がなければ、私はこのようなものを思いつくことさえなかった。

また、素晴らしい装幀をしてくださった菊地信義氏にも御礼を申し上げたい。

二〇一三年二月

菊地史彦

見田宗介「まなざしの地獄」、『現代社会の社会意識』、弘文堂、1979、所収
渡辺武信『日活アクションの華麗な世界』(上・中・下)、未来社、1981 〜 1982

エピローグ

江刺昭子『樺美智子　聖少女伝説』、文藝春秋、2010
江藤淳『妻と私　幼年時代』、文藝春秋、1999(文春文庫、2001)
樺光子『人しれず微笑まん——樺美智子遺稿集』、三一新書、1960
厚生労働省『平成24年版労働経済の分析』、厚生労働省、2012
庄司薫「四半世紀たってのあとがき」、『赤頭巾ちゃん気をつけて』、中公文庫、1995
関口安義『キューポラのある街　評伝早船ちよ』、新日本出版社、2006
内閣府『国民生活に関する世論調査　平成24年6月』、内閣府、2012
早船ちよ『キューポラのある街　第4部　さくらさくら』、理論社、1970(講談社文庫、1977)
早船ちよ『キューポラのある街　第5部　青い嵐』、理論社、1972(講談社文庫、1977)
一橋文哉『宮崎勤事件——塗り潰されたシナリオ』、新潮社、2001(新潮文庫、2003)
宮原安春『祈り　美智子皇后』、文藝春秋、1999(文春文庫、2001)
村上春樹『1Q84』、新潮社、2009 〜 2010
『週刊東洋経済』2012年11/17号(「特集／明日はわが身の「解雇・失業」」)、東洋経済新報社

全体にわたって参照したもの

岩波書店編集部『近代日本総合年表　第四版』、岩波書店、2000
世相風俗観察学会『現代風俗史年表』(増補2版)、河出書房新社、2001
中村正則・森武麿『年表　昭和・平成史1926 〜 2011』、岩波ブックレット、2012
平凡社『昭和・平成史年表』、平凡社、2009

村上春樹『風の歌を聴け』、講談社、1979（講談社文庫、2004）
村上春樹『1973年のピンボール』、講談社、1980
村上春樹『羊をめぐる冒険』、講談社、1982
村上春樹『ダンス・ダンス・ダンス』、講談社、1988
村上龍『限りなく透明に近いブルー』、講談社、1976（講談社文庫、2009）
村上龍『海の向こうで戦争が始まる』、講談社、1977（講談社文庫、1980）
村上龍『コインロッカー・ベイビーズ』、講談社、1980
村上龍『アメリカン★ドリーム』、講談社文庫、1985
第二十二回群像新人文学賞選評、『群像』一九七九年六月特大号、講談社

終　章

天沢退二郎『《中島みゆき》を求めて』、創樹社、1986（河出文庫、1992）
上野千鶴子『女ぎらい――ニッポンのミソジニー』、紀伊國屋書店、2010
大須賀猛「アルバムお蔵出しレビュー『miss M.』」、『別冊宝島760　音楽誌が書かないJポップ批評24』宝島社、2003、所収
奥浩平『青春の墓標――ある学生活動家の愛と死』、文藝春秋新社、1965
小熊英二『〈民主〉と〈愛国〉――戦後日本のナショナリズムと公共性』、新曜社、2002
桐野夏生『OUT　アウト』、講談社、1997
熊沢誠『女性労働と企業社会』、岩波新書、2000
佐野眞一『東電OL殺人事件』、新潮社、2000（新潮文庫、2003）
沢木耕太郎『敗れざる者たち』、文藝春秋、1976（文春文庫、1979）
田中美津『いのちの女たちへ――とり乱しウーマン・リブ論』、田畑書店、1972（パンドラ、2004）
谷川俊太郎ほか『中島みゆき　ミラクル・アイランド』、創樹社、1983（新潮文庫、1986）
中上健次『鳥のように獣のように』、講談社、1981（講談社文芸文庫、1994）
中島みゆき『愛が好きです』、1982、新潮文庫
中島みゆき『愛が好きですⅡ』、1993、新潮文庫
中島みゆき『$\frac{2}{2}$』、幻冬舎、1996
永山則夫『無知の涙』、合同出版、1971（河出文庫、1990）
永山則夫『木橋』、立風書房、1984（河出文庫、1990）
橋本克彦『オリンピックに奪われた命――円谷幸吉、30年目の新証言』、小学館文庫、1999

三浦展『「家族」と「幸福」の戦後史』、講談社現代新書、1999
宮台真司「なぜ人格障害はすわりが悪いのか」(座談会)、高岡健・岡村達也編『人格障害のカルテ　理論編』、批評社、2004、所収
光澤滋朗『マーケティング管理発展史』、同文館出版、1987
山崎正和『おんりい・いえすたでい'60s――脱産業化の芽生えたとき』、文藝春秋、1977(文春文庫、1985)
山崎正和『柔らかい個人主義の誕生――消費社会の美学』、中央公論社、1984(中公文庫、1987)
山田鋭夫『レギュラシオン理論――経済学の誕生』、講談社現代新書、1993
山田鋭夫「フォーディズムとポスト・フォーディズム」、山田鋭夫・須藤修編著『ポストフォーディズム』、大村書店、1991、所収
吉見俊哉『親米と反米――戦後日本の政治的無意識』、岩波新書、2007

第3章

東浩紀『動物化するポストモダン――オタクから見た日本社会』、講談社現代新書、2001
加藤典洋『アメリカの影――戦後再見』、河出書房新社、1985(講談社学術文庫、1995)
加藤典洋『村上春樹イエローページ――作品別(1979～1996)』、荒地出版社、1996(幻冬舎文庫、2006)
小島信夫『アメリカン・スクール』、みすず書房、1954(新潮文庫、1967)
鈴木直次『アメリカ産業社会の盛衰』、岩波新書、1995
五百旗頭真編『日米関係史』、有斐閣ブックス、2008
田中康夫『なんとなく、クリスタル』、河出書房新社、1981(新潮文庫、1985)
マイケル・L・ダートウゾス他『Made in America――アメリカ再生のための米日欧産業比較』(依田直也訳)、草思社、1990
M・ハマー、J・チャンピー『リエンジニアリング革命――企業を根本から変える業務革新』(野中郁次郎監訳)、日本経済新聞社、1993(日経ビジネス人文庫、2002)
古矢旬『アメリカ 過去と現在の間』、岩波新書、2004
ズビグニュー・ブレジンスキー、「日本――大国の条件」、梅垣理郎編訳『戦後日米関係を読む――「フォーリン・アフェアーズ」の目』、中公叢書、1993、所収
水野和夫『金融大崩壊――「アメリカ金融帝国」の終焉』、NHK出版、生活人新書、2008

磯田光一『戦後史の空間』、新潮選書、1983
石田あゆう『ミッチー・ブーム』、文春新書、2006
薄井和夫「R・S・バトラー――忘れられた先駆者」、マーケティング史研究会編『マーケティング学説史　アメリカ編』、同文館出版、1993、所収
江藤淳『アメリカと私』、朝日新聞社、1965（文春文庫、1991）
江藤淳『文学と私　戦後と私』、新潮社、1974（新潮文庫、2007）
小熊英二『〈民主〉と〈愛国〉――戦後日本のナショナリズムと公共性』、新曜社、2002
小田光雄『〈郊外〉の誕生と死』、青弓社、1997
小田実『何でも見てやろう』、河出書房、1961（角川文庫、1979）
川本三郎「解説　サバービアの発見――山田太一の世界」、山田太一『沿線地図』、角川文庫、1983、所収
北田暁大『嗤う日本の「ナショナリズム」』、NHK ブックス、2005
北野利信「合理性の追求」、北野利信編『経営学説入門』（第１章）、有斐閣新書、1977、所収
桐島洋子『淋しいアメリカ人』、文藝春秋、1971（文春文庫、1975）
佐伯啓思『増補版「アメリカニズム」の終焉――シヴィック・リベラリズム精神の再発見へ』、TBS ブリタニカ、1998
坂本旬「日本型フォーディズムの形成と能力主義の変容構造（下）」、1992、首都大学東京機関リポジトリ
下川浩一『日本の企業発展史――戦後復興から五〇年』、講談社現代新書、1990
鈴木直次『アメリカ産業社会の盛衰』、岩波新書、1995
筒井康隆『家族八景』新潮社、1972（新潮文庫、1975）
辻井喬・上野千鶴子『ポスト消費社会のゆくえ』、文春新書、2008
常松洋『大衆消費社会の登場』、山川出版社、1997
中西新太郎『若者たちに何が起こっているのか』、花伝社、2004
原彬久『岸信介――権勢の政治家』、岩波新書、1995
原武史『団地の空間政治学』、NHK ブックス、2012
原武史・重松清『団地の時代』、新潮社、2010
平川克美『移行期的混乱――経済成長神話の終わり』、筑摩書房、2010
松原隆一郎『消費資本主義のゆくえ――コンビニから見た日本経済』、ちくま新書、2000
三浦信「A・W・ショー――マーケティング論のパイオニア」、マーケティング史研究会編『マーケティング学説史　アメリカ編』、同文館出版、1993、所収

大野耐一『トヨタ生産方式――脱規模の経営をめざして』、ダイヤモンド社、1978
尾高邦雄『日本の経営』、中央公論社、1965
鎌田慧『新装増補版　自動車絶望工場』、講談社文庫、2011（初版は、現代史出版会、1973）
熊沢誠『能力主義と企業社会』、岩波新書、1997
熊沢誠『新編 日本の労働者像』、ちくま学芸文庫、1993
小池和男「労働運動の展開」、『現代日本経済史――戦後三〇年の歩み　上』（共著）、筑摩書房、1976
バンジャマン・コリア『逆転の思考――日本企業の労働と組織』（花田昌宣・斉藤悦則訳）、藤原書店、1992
佐伯啓思『増補版「アメリカニズム」の終焉――シヴィック・リベラリズム精神の再発見へ』、TBSブリタニカ、1998
柴田高「日本的経営研究におけるアベグレン的解釈の影響と限界」、『東京経大学会誌（経営学）』第252号、東京経済大学経営学会、2006、所収
下川浩一『日本の企業発展史――戦後復興から五〇年』、講談社現代新書、1990
谷川雁『戦闘への招待』、現代思潮社、1961
徳丸壮也『日本的経営の興亡――TQCはわれわれに何をもたらしたのか』、ダイヤモンド社、1999
野口悠紀雄『1940年体制――さらば「戦時経済」』、東洋経済新報社、1995
日経連能力主義管理研究会『能力主義管理――その理論と実践』、日経連出版部、1969（新装版、2001）
濱口桂一郎『新しい労働社会――雇用システムの再構築へ』、岩波新書、2009
正村公宏『戦後史』、筑摩書房、1985
村上泰亮『新中間大衆の時代――戦後日本の解剖学』、中央公論社、1984（中公文庫、1986）
山田鋭夫『レギュラシオン理論――経済学の誕生』、講談社現代新書、1993
山田鋭夫「日本型資本主義と企業主義的レギュラシオン」（『国際経済環境と産業構造が変化する中での日本型資本主義の調整様式の変容に関する研究』（平成7～9年度科学研究費補助金研究成果報告書、1998、所収）

第2章

F・L・アレン『オンリー・イエスタデイ――1920年代・アメリカ』（藤久ミネ訳）、研究社、1975（筑摩叢書、1986）
池尾恭一『日本型マーケティングの革新』、有斐閣、1999

1996（角川文庫、2001）
大澤真幸『虚構の時代の果て――オウムと世界最終戦争』、ちくま新書、1996
越智道雄『アメリカ「60年代」への旅』、朝日選書、1988
苅谷剛彦『大衆教育社会のゆくえ――学歴主義と平等神話の戦後史』、中公新書、1995
ツルティム・ケサン、正木晃『増補 チベット密教』、ちくま学芸文庫、2008
佐藤俊樹『不平等社会日本――さよなら総中流』、中公新書、2000
島田裕巳『オウム――なぜ宗教はテロリズムを生んだのか』、トランスビュー、2001
高橋英利『オウムからの帰還』、草思社、1996
高山文彦『麻原彰晃の誕生』、文春新書、2006
中沢新一『チベットのモーツァルト』、せりか書房、1983（講談社学術文庫、2003）
中沢新一、ラマ・ケツン・サンポ『虹の階梯――チベット密教の瞑想修行』、平河出版社、1981
林郁夫『オウムと私』、文藝春秋、1998
松永有慶『密教』、岩波新書、1991
三浦展『団塊世代の戦後史』、牧野出版、2005（文春文庫、2007）
宮台真司『終わりなき日常を生きろ――オウム完全克服マニュアル』、筑摩書房、1995（ちくま文庫、1998）
村上春樹『約束された場所で』、文藝春秋、1998（文春文庫、2001）
村上春樹『アンダーグラウンド』、講談社、1997（講談社文庫、1999）
『週刊朝日　緊急増刊オウム全記録』（2012年7月15日号）、朝日新聞出版、2012

第Ⅲ部

第1章

J・C・アベグレンン『日本の経営』（占部都美監訳）ダイヤモンド社、1958
ジェームズ・C・アベグレンン、『日本の経営〈新訳版〉』（山岡洋一訳）、日本経済新聞社、2004
エズラ・F・ヴォーゲル『ジャパンアズナンバーワン――アメリカへの教訓』（広中和歌子／木本彰子訳）、TBSブリタニカ、1979
占部都美『日本的経営は進化する』、中央経済社、1984
ウィリアム・G・オオウチ『セオリーZ――日本に学び、日本を超える』（徳山二郎監・訳）、CBSソニー出版、1981

上野千鶴子『増補〈私〉探しゲーム――欲望私民社会論』、ちくま文庫、1992
上野千鶴子「『成熟と喪失』から三十年」、江藤淳『成熟と喪失――“母”の崩壊』解説、講談文芸文庫、1993
上野千鶴子『近代家族の成立と終焉』、岩波書店、1994
大塚英志『「おたく」の精神史――一九八〇年代論』、講談社現代新書、2004
大塚英志『サブカルチャー文学論』、朝日文庫、2007
大塚英志『物語消費論――「ビックリマン」の神話学』、新曜社、1989（角川文庫、2001）
大塚英志・中森明夫「ぼくらはメディアの子供だ」、太田出版編『Mの世代――ぼくらとミヤザキ君』、太田出版、1989、所収
岡田斗司夫『オタク学入門』、太田出版、1996（新潮文庫、2008）
岡田斗司夫『オタクはすでに死んでいる』、新潮新書、2008
加藤典洋『村上春樹イエローページ――作品別（1979～1996）』、荒地出版社、1996（幻冬舎文庫、2006）
岸本重陳『「中流」の幻想』、講談社、1978（講談社文庫、1985）
小山昌宏「忘れ去られた東映動画問題史」（http://www1.odn.ne.jp/~ccu48870/wasurera.htm）
斎藤環『戦闘美少女の精神分析』、太田出版、2000（ちくま文庫、2006）
佐藤俊樹『不平等社会日本――さよなら総中流』、中公新書、2000
芹沢俊介『家族の現象論』、筑摩書房、1981
橘木俊詔『日本の教育格差』、岩波新書、2010
富永健一『日本の近代化と社会変動――テュービンゲン講義』、講談社学術文庫、1990
中西新太郎『若者たちに何が起こっているのか』、花伝社、2004
中村政則『戦後史』、岩波新書、2005
宮台真司・石原英樹・大塚明子『増補　サブカルチャー神話解体――少女・音楽・マンガ・性の変容と現在』、ちくま文庫、2007
村上泰亮『新中間大衆の時代――戦後日本の解剖学』、中央公論社、1984（中公文庫、1986）
吉本隆明『マス・イメージ論』、福武書店、1984（福武文庫、1988）

第３章

麻原彰晃『イニシエーション』、オウム出版、1987
大塚英志『「彼女たち」の連合赤軍――サブカルチャーと戦後民主主義』、文藝春秋、

第Ⅱ部

第１章

浦山桐郎「考える少女」、和田誠監修、本田英昭責任編集『吉永小百合――美しい暦』、芳賀書店、1983、所収
遠藤周作『わたしが・棄てた・女』、文藝春秋、1964（講談社文庫、1972）
大塚英志『サブカルチャー文学論』、朝日文庫、2007
鴨下信一『誰も「戦後」を覚えていない』文春新書、2005
川本三郎『銀幕の東京――映画でよみがえる昭和』、中央新書、1999
切通理作『山田洋次の〈世界〉――幻風景を追って』、ちくま新書、2004
熊沢誠『新編 日本の労働者像』、ちくま学芸文庫、1993
小池和男「戦時経済の遺産」、『現代日本経済史――戦後三〇年の歩み　上』（共著）、筑摩書房、1976、所収
佐藤忠男『みんなの寅さん――「男はつらいよ」の世界』、朝日新聞社、1988（朝日文庫、1992）
庄司薫『赤頭巾ちゃん気をつけて』、中央公論社、1969
庄司薫『ぼくの大好きな青髭』、中央公論社、1977
下川浩一『日本の企業発展史――戦後復興から五〇年』、講談社現代新書、1990
関川夏央『昭和が明るかった頃』、文藝春秋、2002（文春文庫、2004）
田山力哉『小説　浦山桐郎　夏草の道』、講談社、1993（講談社文庫、1996）
富永健一「社会階層と社会移動へのアプローチ」、富永編『日本の階層構造』、東京大学出版会、1979、所収
富永健一『日本の近代化と社会変動――テュービンゲン講義』、講談社学術文庫、1990
中村政則『戦後史』、岩波新書、2005
一般社団法人日本映画製作者連盟、公式ウェブサイト（http://www.eiren.org/）
橋本健二『「格差」の戦後史――階級社会　日本の履歴書』、河出ブックス、2009
早船ちよ『キューポラのある街』、弥生書房　1961（講談社文庫、1977）

第２章

東浩紀『動物化するポストモダン――オタクから見た日本社会』、講談社現代新書、2001
東浩紀『郵便的不安たち』、朝日新聞社、1999
上野千鶴子『女ぎらい――ニッポンのミソジニー』、紀伊國屋書店、2010

第３章

今井賢一『情報ネットワーク社会』、岩波新書、1984
今井賢一・金子郁容『ネットワーク組織論』、岩波書店、1988
伊豫谷登士翁『グローバリゼーションとは何か――液状化する世界を読み解く』、平凡社新書、2002
内田樹『下流志向――学ばない子どもたち　働かない若者たち』、講談社、2007
玄田有史『仕事のなかの曖昧な不安――揺れる若年の現在』、中央公論新社、2001（中公文庫、2005）
内閣府『平成19年版国民生活白書――つながりが築く豊かな国民生活』、内閣府、2007
小池和男『日本企業の人材形成――不確実性に対処するためのノウハウ』、中公新書、1997
小池和男『仕事の経済学［第2版］』、東洋経済新報社、1999
小林美希『ルポ〝正社員〟の若者たち――就職氷河期世代を追う』、岩波書店、2008
城繁幸『若者はなぜ3年で辞めるのか？――年功序列が奪う日本の未来』、光文社新書、2006
高橋克徳・河合太介・永田稔・渡部幹『不機嫌な職場――なぜ社員同士で協力できないのか』、講談社現代新書、2008
中西新太郎『若者たちに何が起こっているのか』、花伝社、2004
ピーター・ドラッカー「情報が組織を変える」、ハーバード・ビジネス・レビュー編『ナレッジ・マネジメント』、ダイヤモンド社、2000、所収
水野和夫『人々はなぜグローバル経済の本質を見誤るのか』、日本経済新聞出版社、2007
水野和夫『100年デフレ――21世紀はバブル多発型物価下落の時代』、日本経済新聞社、2003（日経ビジネス人文庫、2009）
宮本みち子『若者が《社会的弱者》に転落する』、洋泉社新書ｙ、2002
宮本みち子「失われた10年と若者」、『生涯学習研究年報』第2号［通巻第11号］、長岡大学、2008
湯浅誠『反貧困――「すべり台社会」からの脱出』、岩波新書、2008

角川 one テーマ 21、2001

第2章

雨宮処凛『プレカリアート――デジタル日雇い世代の不安な生き方』、洋泉社新書y、2007
金子勝『長期停滞』、ちくま新書、2002
ジョン・クランプ『日経連――もうひとつの戦後史』(渡辺雅男・洪哉信訳)、桜井書店、2006
熊沢誠『能力主義と企業社会』、岩波新書、1997
黒田兼一「職能資格制度と人事考課――「能力主義」から成果主義へ」、原田・安井・黒田編著『新・日本的経営と労務管理』、ミネルヴァ書房、2000、所収
小林美希『ルポ〝正社員〟の若者たち――就職氷河期世代を追う』、岩波書店、2008
今野浩『金融工学の挑戦――テクノコマース化するビジネス』、中公新書、2000
新・日本的経営システム等研究プロジェクト『新時代の「日本的経営」――挑戦すべき方向とその具体策』、日本経営者団体連盟、1995
高橋伸夫『虚妄の成果主義――日本型年功制復活のススメ』、日経 BP 社、2004
浪江巌「雇用形態の多様化と正規雇用の変容――「新・日本的経営」と雇用管理の再編」、原田・安井・黒田編著『新・日本的経営と労務管理』、ミネルヴァ書房、2000、所収
ピーター・バーンスタイン『リスク――神々への反逆』(青山護訳)、日本経済新聞社、1998
ウルリッヒ・ベック「政治の再創造――再帰的近代化理論に向けて」、ベック、ギデンス、ラッシュ『再帰的近代化――近現代における政治、伝統、美的原理』(松尾・小幡、叶堂訳)、而立書房、1997、所収
牧野富夫「「新・日本的経営」の 21 世紀展開――「構造改革」との関連を中心として」、『労務理論学会誌第 16 号「新・日本的経営」のその後』、晃洋書房、2007、所収
水越豊『BCG 戦略コンセプト――競争優位の原理』、ダイヤモンド社、2003
ジョック・ヤング『排除型社会――後期近代における犯罪・雇用・差異』、(青木・伊藤・岸・村澤訳)、洛北出版、2007
『日経ビジネス』2004 年 3 月 1 日号(特集「社員の寿命は 15 年」)、日経 BP 社、2004

大澤真幸『虚構の時代の果て——オウムと世界最終戦争』、ちくま新書、1996
小川一夫『「失われた10年」の真実——実体経済と金融システムの相克』、東洋経済新報社、2009
小此木啓吾『モラトリアム人間の時代』、中央公論新社、1978（中公文庫、1981）
門倉貴史・雇用クライシス取材班『リストラされた100人　貧困の証言』、宝島社新書、2009
熊沢誠『リストラとワークシェアリング』岩波新書、2003
経済企画庁『平成11年度年次経済報告（経済白書）』、経済企画庁、1999
玄田有史『仕事のなかの曖昧な不安——揺れる若年の現在』、中央公論新社、2001（中公文庫、2005）
玄田有史「リストラ中高年の行方」、玄田有史・中田喜文編『リストラと転職のメカニズム』、東洋経済新報社、2002、所収
後藤和智『「若者論」を疑え！』、宝島社新書、2008
櫻井稔『雇用リストラ——新たなルールづくりのために』、中公新書、2001
下川浩一『「失われた十年」は乗り越えられたか——日本的経営の再検証』、中公新書、2006
鈴木直次『アメリカ産業社会の盛衰』、岩波新書、1995
田中明彦『新しい中世——相互依存深まる世界システム』、日本経済新聞社、1996（日経ビジネス人文庫、2003）
中西新太郎「序論　1995年から始まる」、中西新太郎編『1995年——未了の問題圏』、大月書店、2008、所収
ウルリッヒ・ベック「政治の再創造——再帰的近代化理論に向けて」、ベック、ギデンス、ラッシュ『再帰的近代化——近現代における政治、伝統、美的原理』（松尾・小幡、叶堂訳）、而立書房、1997、所収
水野和夫『金融大崩壊——「アメリカ金融帝国」の終焉』、NHK出版、生活人新書、2008
水野和夫『人々はなぜグローバル経済の本質を見誤るのか』、日本経済新聞出版社、2007
宮崎義一『複合不況——ポスト・バブルの処方箋を求めて』、中公新書、1992
森永卓郎『リストラと能力主義』、講談社現代新書、2000
山田昌弘『パラサイト・シングルの時代』、ちくま新書、1999
ジョック・ヤング『排除型社会——後期近代における犯罪・雇用・差異』、（青木・伊藤・岸・村澤訳）、洛北出版、2007
夕刊フジ特別取材班『こんな人が「解雇《クビ》」になる——リストラされた78人の教訓』、

引用・参考文献

（初版の出版社名と刊行年、括弧内は参照した本を示す）

序　章

阿久悠『夢を食った男たち――「スター誕生」と歌謡曲黄金の70年代』、毎日新聞社、1993（文春文庫、2007）
天沢退二郎『《中島みゆき》を求めて』、創樹社、1986（河出文庫、1992）
池井望「「社会意識論」の前提」、池井望・仲村祥一編『社会意識論を学ぶ人のために』、世界思想社、1998 、所収
上野千鶴子、上野編『構築主義とは何か』所収「はじめに」、勁草書房、2001
北中正和『[増補] にほんのうた――戦後歌謡曲史』、平凡社、2003
アンソニー・ギデンス『近代とはいかなる時代か？――モダニティの帰結』（松尾精文・小幡正敏訳）、而立書房、1993
竹田青嗣『陽水の快楽――井上陽水論』、河出書房新社、1986（河出文庫、1990）
原田達「社会意識の現在」、池井望・仲村祥一編『社会意識論を学ぶ人のために』、世界思想社、1998、所収
見田宗介『近代日本の心情の歴史』、講談社、1967（講談社学術文庫、1978）
見田宗介「社会意識論の方法」、綿貫・松原編『社会学研究入門』、東京大学出版会、1968、所収（『現代日本の心情と論理』、筑摩書房、1971）
見田宗介「「立身出世主義」の構造」、『現代日本の心情と論理』、筑摩書房、1971、所収
見田宗介「現代社会の社会意識」、見田編『社会意識論』（〈社会学講座〉第12巻）、東京大学出版会、1976、所収（『現代社会の社会意識』、弘文堂、1979）

第Ⅰ部

第1章

ジャック・ウェルチ、ジョン・A・バーン『わが経営』（宮本喜一訳）、日本経済新聞社、2001（日経ビジネス人文庫、2005）
カレル・ヴァン・ウォルレン『人間を幸福にしない日本というシステム』（篠原勝訳）、毎日新聞社、1994
江波戸哲夫『退職勧告』、立風書房、1994（祥伝社ノン・ポシェット、1997）

JASRAC出 許諾番号 1302365-301

菊地史彦（きくち　ふみひこ）

1952年、東京生まれ。76年、慶應義塾大学文学部卒業。同年、筑摩書房入社。89年、同社を退社。編集工学研究所などを経て、99年、ケイズワークを設立し、企業の組織課題やコミュニケーション戦略を中心にコンサルティング活動を行なう。現在、株式会社ケイズワーク代表取締役。国際大学グローバル・コミュニケーションセンター客員研究員。著書に『情報文化の学校――ネットワーク社会のルール・ロール・ツール』（共著、NTT出版、1989）がある。

「幸せ」の戦後史

二〇一三年四月五日　初版第一刷発行
二〇一三年八月五日　初版第三刷発行

著者　菊地史彦
発行者　中嶋廣
発行所　株式会社トランスビュー
東京都中央区日本橋浜町二-一〇-一
郵便番号一〇三-〇〇〇七
電話〇三（三六六四）七三三四
URL http://www.transview.co.jp

印刷・製本　中央精版印刷

ISBN978-4-7987-0136-3　C1036